中国法院2023年度案例

国家法官学院 最高人民法院司法案例研究院 / 编

买卖合同纠纷

中国法制出版社
CHINA LEGAL PUBLISHING HOUSE

《中国法院2023年度案例》通讯编辑名单

序

法治是治国理政的基本方式，司法是法治体系的重要基石。党的二十大报告指出，要坚持走中国特色社会主义法治道路，建设中国特色社会主义法治体系、建设社会主义法治国家。加快建设公正高效权威的社会主义司法制度，努力让人民群众在每一个司法案件中感受到公平正义。人民法院始终坚持以习近平新时代中国特色社会主义思想为指导，深入学习贯彻习近平法治思想，围绕“公正与效率”这一主题，践行新时代能动司法理念，把加强司法案例研究作为加快建设公正高效权威社会主义司法制度，坚持为大局服务、为人民司法的重要途径，通过发布具有普遍指导意义的典型案例，统一法律适用，提高审判质效，提升司法公信力，努力让人民群众在每一个司法案件中感受到公平正义。

“中国法院年度案例系列”丛书，是国家法官学院和最高人民法院司法案例研究院精选全国各高级人民法院每年选送的优秀案例，深入挖掘典型案例内在价值编辑的实用精品丛书，旨在总结提炼典型案例的裁判规则和裁判方法，发挥司法规范、指导、评价、引领的重要作用，大力弘扬社会主义核心价值观，增强全民法治意识和法治素养，展现新时代我国司法领域新发展、新成就。

本丛书自2012年编辑出版以来，已连续出版12年，每年年初出版，受到读者广泛好评。本丛书出版之初有15个分册。近年来，为顺应审判执行实践需要，更加全面反映我国司法审判执行工作的发展进程，响应读者需求，2014年度新增金融纠纷、行政纠纷、刑事案例3个分册，2015年度将刑事案例调整为刑法总则案例、刑法分则案例2个分册，2016年度新增知识产权纠纷分册，2017年度新增执行案例分册，2018年度将刑事案例扩充为4个分册，2022年度将土地纠纷（含林地纠纷）分册改为土地纠纷（含环境资源案例）分册。在全国各级人民法院的大力支持下，丛书编委会现编辑出版《中国法院2023年度案例系列》丛书，共23个分册。

“中国法院年度案例系列”丛书以开放务实的态度、简洁明快的风格，追求“好读有用”，主要体现出以下特色：一是选编案例来源广泛、时效性强。

国家法官学院和最高人民法院司法案例研究院每年通过各高级人民法院汇集全国范围内上一年度审结生效的典型案例近万件，使该丛书有广泛的精选基础，可及时、定期提供全国范围内新近发生的多种类型的新型、疑难案例。二是由法官释理说法，全方位深度挖掘案例价值。大多数案例由主审法官撰写“法官后语”，深入阐释案例的裁判思路和相关考量，充分发挥典型案例在司法裁判、类案参考、法学研究、行为指引、宣示教育等方面的价值，力求引发读者的共鸣与思考，为读者提供借鉴和启迪。三是编排依次以案由和法律适用问题为序，方便读者检索。丛书充分体现“以读者为中心”的理念，每册内容主要根据案由分类编排，每个案例主要围绕法律适用问题，用一句话精要概括裁判规则、裁判思路或争议焦点，以其作为主标题，让读者能一目了然，迅速找到所检索的目标案例。四是注重裁判文书再加工，高度提炼案例内容。案例编写突出争议焦点以控制篇幅，剔除无关信息，尽可能在有限的篇幅内为读者提供更多与争议焦点、所查类案相关的有效、有益信息。

中国法制出版社始终全力支持“中国法院年度案例系列”丛书的出版，给了作者和编辑们极大的鼓励。2023 年，这套丛书将继续提供数据库增值服务。购买本书，扫描前勒口二维码，即可在本年度免费查阅往年同类案例数据库。我们在此谨表谢忱，并希望通过共同努力，逐步完善，做得更好，真正探索出一条编辑案例书籍、挖掘案例价值的新路径，更好地服务司法审判高质量发展、服务法治社会建设、服务学习研究法律的读者。

“中国法院年度案例系列”丛书既是法官、检察官、律师等法律工作者的办案参考和司法人员培训的实用教材，也是社会大众学法用法的经典案例读本，同时是教学科研机构与人员从事案例研究的良好系列素材。当然，案例作者和编辑在编写、编审过程中也难以一步到位实现最初的愿望，客观上会存在各种不足甚至错误，欢迎读者批评指正。我们愿听取各方建议，不断拓宽深化司法案例研究领域，立足新发展阶段，推动实现中国特色司法案例事业的高质量发展。

国家法官学院

最高人民法院司法案例研究院

2023 年 5 月

目　录

Contents

一、买卖合同的标的物质量

二、买卖合同的订立与成立

三、买卖合同的效力

四、买卖合同的履行

五、买卖合同的变更、转让和解除

六、买卖合同的违约责任

七、买卖合同的证据与时效

八、买卖合同的其他问题

九、信息网络买卖合同纠纷

一、买卖合同的标的物质量

1

买受人提出质量异议的合理期限认定

——机械设备公司诉S公司买卖合同案

【案件基本信息】

1. 裁判书字号

浙江省台州市椒江区人民法院（2021）浙1002民初994号民事判决书

2. 案由：买卖合同纠纷

3. 当事人

原告（反诉被告）：机械设备公司

被告（反诉原告）：S公司

【基本案情】

2017年5月19日，机械设备公司为供方与S公司为需方签订《精密多线切割机购销合同》一份，约定S公司采购精密多线切割机两台，单价430000元，合计860000元；交货日期60个工作日；质量要求及验收方式为按机械设备公司生产出厂要求（见附件），设备整机保修一年（消耗品除外），终身有偿维护；付款方式及期限为S公司预付设备款30%（258000元），设备生产完成发货前S公司支付设备款30%（258000元），设备到S公司工厂安装调试完成后，余下344000元在六个月内分期付清（每月支付57000元整，最后一个月支付59000元整）。合同签订后，机械设备公司于2017年底向S公司交付了两台精密多线切割机。S公司陆续向机械设备公司支付货款650000元。机械设备公司法定代表人金某于2018年4月14日通过微信向王某催讨案涉货款，王某回复“可以的，你和小王联系一下”。2018年11月30日，金某再次通过微信催讨货款，王某回复“拿回来大半年都没有做，一直在修修修，所以跟你聊一下嘛”。2019年1月21日，金某通过微信再次向王某催讨案涉货款，王某询问已经付了多少，并表示“那台机器老修不好，怎么办呢，要不换一台啊”，金某未作回复。2019年2月2日，王某通过微信将承兑汇票拍照给了金某，并邮寄了该承兑汇票。机械设备公司自2018年4月起至2019年12月止多次向S公司发送了案涉机器设备密码，其中一号机5次、二号机6次。2019年12月17日，S公司员工与金某沟通设备无法使用，金某表示派人看一下。现机械设备公司认为S公司未支付货款，故请求S公司支付机械设备公司货款223700元及利息损失。而S公司认为机械设备公司提供的设备存在质量问题，其购买两台机器设备进行生产经营的目的不能实现，故反诉请求解除双方签订的《精密多线切割机购销合同》，机械设备公司返还S公司已经支付的设备款650000元及利息损失。

【案件焦点】

案涉两台精密多线切割机是否存在质量问题。

【法院裁判要旨】[①]

浙江省台州市椒江区人民法院经审理认为：《精密多线切割机购销合同》约定设备到S公司工厂安装调试完成后，S公司在六个月内支付余款344000元。机械设备公司于2017年底交付完两台精密多线切割机，并进行了安装调试。机械设备公司主张当时设备已经调试成功并投入生产，而S公司主张案涉

① 本书【法院裁判要旨】适用的法律法规等条文均为案件裁判当时有效，下文不再对此进行提示。

设备未调试成功。本院认为，首先，从原告提供的微信聊天记录反映，S公司自2018年4月至2019年12月向机械设备公司索要设备密码，机械设备公司也向S公司提供了一号机5次密码、二号机6次密码；其次，2018年4月14日，在机械设备公司向S公司催讨货款时，S公司并未提出未调试成功以及质量存在问题，而是回复“可以的”，并在2018年、2019年陆续支付了多笔货款。从上述两项事实表明，S公司对机械设备公司的调试应已验收合格，且案涉设备也已经投入生产使用。S公司抗辩设备未调试成功，与事实不符，本院不予采信。另外，根据相关法律规定，买受人收到标的物时应当在约定的检验期间内检验。没有约定检验期间的，应当及时检验。当事人没有约定检验期间的，买受人应当在发现或者应当发现标的物的数量或质量不符合约定的合理期间内通知出卖人。买受人在合理期间内未通知或者自标的物收到之日起两年内未通知出卖人的，视为标的物数量或质量符合约定。S公司提供的证据显示，其在2018年11月30日机械设备公司向其催讨货款时反馈设备大半年没做，一直在修理，在这之前均无证据反映其就设备质量不符合约定通知机械设备公司，且机械设备公司在2018年4月3日、4月9日、11月8日、11月27日均向S公司发送了设备密码，与S公司陈述的设备无法使用存在矛盾。S公司购买设备的目的系生产使用，机械设备公司在2017年底交付设备后，S公司在2018年11月底才提出设备无法使用，超出了合理期间，属于怠于通知，标的物的质量应视为符合约定。故对S公司提出的鉴定申请，本院不予准许。综上，本院认为，机械设备公司与S公司签订的《精密多线切割机购销合同》系双方当事人真实意思表示，内容不违反法律法规的禁止性规定，应为有效，双方均应按约履行合同义务。机械设备公司交付了两台精密多线切割机，并经调试完成后，S公司应当按约定支付货款，S公司仅支付了货款650000元，余款210000元至今未付，构成违约，应承担相应的违约责任。S公司反诉要求解除合同，并返还货款及利息，缺乏依据，本院不予支持。对于案涉两台设备，机械设备公司应当继续向S公司提供设备密码。

浙江省台州市椒江区人民法院依照《中华人民共和国合同法》第一百零七

条、第一百五十七条、第一百五十八条第二款、第一百五十九条、第一百六十一条和《中华人民共和国民事诉讼法》第六十四条第一款之规定，判决如下：

一、被告（反诉原告）S公司支付给原告（反诉被告）机械设备公司货款210000元，该款的利息损失自2021年2月5日起至实际给付之日止按同期全国银行间同业拆借中心公布的贷款市场报价利率一并计付；

二、驳回原告（反诉被告）机械设备公司的其他诉讼请求；

三、驳回被告（反诉原告）S公司的反诉请求。

判决后，双方当事人均未上诉，本判决现已生效。

【法官后语】①

质量检验是货物买卖合同中的一个重要程序，买受人收到货物后发现货物存在不符合质量要求的情形，应当在一定期限内向出卖人发出通知，超出约定的质量异议期或者在合理的期间内未发出通知，则视为标的物质量合格。因此，买受人是否在质量异议期或者合理的期间内向出卖人发出通知，将直接影响买受人所提起的买卖合同质量纠纷案件的审理。

本案机械设备公司与S公司未约定标的物的质量检验期，但S公司在诉讼过程中却提出了设备质量异议，并要求质量鉴定。而实践中一旦涉及买卖合同纠纷案件中提出质量异议的，买受人往往会提出质量鉴定，如何把握质量异议合理期间的认定，将影响鉴定程序是否启动。本案的标的物为定制的设备，没有同类型货物的质量保证期限或者行业规定，法院根据S公司使用设备、承诺付款以及怠于通知等事实，认定S公司未在合理期间内提出质量异议，应视为质量合格。

如何确定检验的合理期间，根据民法典的精神，结合司法实践，可以从表面瑕疵和隐蔽瑕疵两个方面进行判断：第一，对于比较容易发现的表面瑕疵，买受人应当按照通常程序从速检验其受领的标的物。一般根据买受人的心理以

---

① 本书【法官后语】对此类法律问题涉及的法律法规等内容进行了时效性更新，下文不再对此进行提示。

及生活常理，该类表面瑕疵的合理检验期间相对较短，往往为收货当时或收货后的短期内。第二，对于设备、原料类的买卖标的物，必须以使用为前提才能知道质量是否存在问题。相对的质量检验合理期间要较表面瑕疵长许多。设备、原料类的标的物可以参考各行业协会质保期限的限制，结合标的物的性质、使用情况、生产情况、易损件的消耗情况等确定合理的检验期间，一般要几个月，甚至1年以上。但是为了保护市场交易的安全，法律也规定一般货物的质量异议期最长不超过两年，而且经过两年，一般货物的质量问题应当也会有所表现。

法律实务中对检验合理期间的把握较难达成一致。有些一概不考虑合理期间，机械地适用两年异议期，只要买受人在两年内提出质量异议，均对质量问题进一步审查，导致鉴定程序过多使用，不利于审判效率和市场交易的稳定。而有些则滥用合理期，只要买受人收到货物短期内未反映质量问题，就视为质量合格，这对买受人的权利保护不利。笔者认为，法官在审判中应当敢于适用"合理期间"，应当综合当事人之间的交易性质、交易目的、交易方式、交易习惯、标的物的种类、数量、性质、安装和使用情况、瑕疵的性质、买受人应尽的合理注意义务、检验方法和难易程度、买受人或者检验人所处的具体环境、自身技能以及其他合理因素，依据诚实信用原则进行判断，需要法官对"合理期间"进行综合认定，既不让真正有问题的产品损害买受人的利益，也不能让买受人滥用质量异议抗辩权，否则不利于交易的稳定。

编写人：浙江省台州市椒江区人民法院　王欣

2

货物质量问题导致的货款未付争议

——服饰公司诉邹某海买卖合同案

【案件基本信息】

1. 裁判书字号

福建省厦门市同安区人民法院（2021）闽0212民初4469号民事判决书

2. 案由：买卖合同纠纷

3. 当事人

原告：服饰公司

被告：邹某海

【基本案情】

2019年5月始，邹某海与服饰公司开始沟通订购服装事宜。双方商议敲定款式后，由邹某海通过网络购物平台购买样衣，交由服饰公司代工厂打板。2019年7月14日，邹某海（甲方）与服饰公司（乙方）签订《服装订购合同书》，由邹某海向服饰公司订购短袖T恤、短裙等服装，约定：短袖T恤170件，单价39元；短裙87件，单价39元；运动裤87条，单价36元；服装金额13155元，服装定金3950元；质量标准：以乙方提供的样品为标准；质量要求：甲方所定服装，乙方全部负责包工包料……质量问题：甲方在验收及清点完毕后，一周内如有质量问题需通知我司，我司将给予修改。如超过日期，视为甲方验收合格；售后服务：服装签收后两个月内，贵司在穿着过程中如有质量问题（如破裂或配饰损坏等可修补的）贵司需统一收集，我司将免费给予修改，物流费由甲方承担；违约条款：如出现乙方拖延交货或甲方拖延付款，拖延方需每日支付总货款的千分之三给对方作为违约金。2019年7月15日，邹某海支付3950元定金给服饰公司。2019年8月12日，邹某海签收了T恤（173件）和短裙（90件），8月15日签收了运动裤（88条）。邹某海在收到货物的当天送去客户处，并立即将客户反映的尺寸问题反馈给服饰公司。服饰公司表示尺码、质量没有问题，误差也是合理范围内的，同意修改，但不同意退货。2019年9月27日，邹某海将需要修改的服装退回服饰公司（其中T恤42件，短裙49件，运动裤50条），服饰公司员工苏某杰签收并备注为“退回修改”。后双方因一直未达成一致修改意见，导致退回修改的服装至今未修改。

双方确认的微信聊天记录中显示2019年7月10日，服饰公司向邹某海表示“……那你这个如果数量不匹配的话，这个多出来的那些布料会用，我们这边确实没办法承担这个多出来的费用”，但邹某海并未回复。

【案件焦点】

关于被告是否应当支付退回修改部分服饰和多余面料款。

【法院裁判要旨】

福建省厦门市同安区人民法院经审理认为：

本案为买卖合同纠纷。服饰公司与邹某海存在买卖合同关系，双方均应按照合同约定履行义务。现服饰公司已依约交付货物，邹某海提出货物存在质量问题而未及时支付货款。对此，本院认为，首先，《服装订购合同书》中约定“甲方在验收及清点完毕后，一周内如有质量问题需通知我司，我司将给予修改。如超过日期，视为甲方验收合格”，邹某海在收到服装的当天即向服饰公司反馈存在的问题，并有微信聊天记录为证；其次，邹某海于2019年9月27日将存在问题的服装退回服饰公司，服饰公司签收并备注“退回修改”字样，虽然双方的微信聊天记录及庭审中，服饰公司均表示并非因为服装存在质量问题才同意退回修改的，但是服饰公司一直在与邹某海沟通修改事宜，该签收行为是对邹某海提出质量问题的确认。故邹某海无须支付已退回修改部分服装的货款，而对于已经交付的没有异议的服装费用，邹某海应当承担支付货款的义务，即由邹某海支付服饰公司货款4087元（13386元-3950元-5349元）。

关于多余面料款。合同约定由乙方全部包工包料，服饰公司提供的微信聊天记录亦无法证明邹某海同意多余料款由其承担，故对该诉求，本院不予支持。邹某海未及时支付货款是因为服装存在瑕疵需要修改导致，不构成违约，对于服饰公司诉求的违约金不予支持。

综上，依据《中华人民共和国民法典》第五百零九条、第五百七十七条，《中华人民共和国民事诉讼法》第六十四条第一款之规定，判决如下：

一、被告邹某海应于本判决生效之日起十日内支付原告服饰公司货款4087元；

二、驳回原告服饰公司的其他诉讼请求。

判决后，双方当事人均未上诉，本判决现已生效。

【法官后语】

在买卖合同中，出卖人交付标的物的质量直接影响买受人能否实现其订立合同的目的。根据《中华人民共和国民法典》第六百一十五条的规定，出卖人应当按照约定的质量要求交付标的物，出卖人提供有关标的物质量说明的，交付标的物应当符合该说明的质量要求，这是买卖合同出卖人应担负的主要义务。审判实践中，应当依以下原则确定买卖合同标的物的质量标准。

1. 当事人在不违反法律和行政法规强行性规定的情况下，可以按当事人在买卖合同中约定的标的物质量标准判断出卖人交付的标的物是否符合要求。

2. 当事人在买卖合同中对合同标的物质量标准未作约定或者约定不明确的，可以协议补充；不能达成补充协议的，可以按照买卖合同的有关条款或者交易习惯确定。

3. 当事人在买卖合同中就有关标的物质量标准依照《中华人民共和国民法典》第六百一十六条的规定仍然不能确定的，则按照国家标准、行业标准履行；没有国家标准、行业标准的，按照通常标准或者符合合同目的的特定标准履行。

4. 出卖人的说明应认定为是出卖人对标的物的明示保证。这里的“说明”

是指出卖人向买受人所作的关于标的物的构造、性能、特征、功用和注意事项等方面的陈述。出卖人在出卖标的物时，往往会通过产品介绍、产品说明书等书面形式或者口头形式对标的物的品质进行说明，如果合同中没有明确约定，但出卖人提供了有关标的物的质量说明的，该说明即构成出卖人对标的物品质的明示担保，如果实际交付的标的物与该说明不符，即属于交付标的物的质量不符合要求。

所谓质量瑕疵，又称品质瑕疵、物的瑕疵，是指出卖人所交付的标的物存在质量不符合当事人在合同中约定的标准，或者法律规定的国家标准、行业标准、通常标准和符合合同目的的特定标准的情况。质量瑕疵主要包括以下情形。

1. 买卖合同标的物的外观质量不符合合同约定标准或者法律规定的标准。就是说，买卖合同的标的物存在表面瑕疵，如标的物的外观、品种、型号、规格、花色等方面存在瑕疵。对于表面瑕疵，一般情况下，买受人无须通过特殊的检验就可以发现。

2. 买卖合同标的物的包装不符合约定或者法律规定的标准。审判实践中，具体可以从以下几个方面进行判断：首先，包装是否牢固；其次，包装是否符合运输的要求，特别是不同运输工具的特定要求；最后，包装标志是否符合通用要求等。

3. 标的物的内在质量不符合合同约定标准或者法律规定的标准。标的物的内在质量不符合要求或标准，一般情况下，买受人需要通过检验或者使用才能发现。

买受人在约定的检验期间内提出质量异议。当事人在合同中约定有标的物的质量检验期的，买受人应当在约定的检验期内将标的物的数量或者质量不符合约定的情形通知出卖人。就是说，依照合同自由原则，当事人对检验期间有约定的，应适用当事人的约定。

本案中双方买卖的货物是衣物，是属于仅从尺码、型号、花色等外观特征即可判断出质量有无瑕疵的货物，买受人无须通过特殊检验即可发现。且本案双方当事人在合同中亦有明确约定对于质量瑕疵的提出方式和时间，被告在庭审中出具了双方的聊天记录、退回货物的清单以及原告签收退回货物并备注“退回修改”字样的单据，证明其已经根据合同约定向原告提出货物质量问题，原告也签收了该部分货物，并答应修改。原告的签收行为是对被告提出货物质量问题的确认。故该部分退货货物确实无须再次支付货款。

编写人：福建省厦门市同安区人民法院　史雯雯

二、买卖合同的订立与成立

3

标的物在主观上应适应合同订立的具体目的

——食品公司诉包装设备公司买卖合同案

【案件基本信息】

1. 裁判书字号

福建省漳州市中级人民法院（2021）闽06民终3695号民事判决书

2. 案由：买卖合同纠纷

3. 当事人

原告（上诉人）：食品公司

被告（被上诉人）：包装设备公司

【基本案情】

2020年6月1日，食品公司作为需方与包装设备公司作为供方签订一份《设备购销合同》，合同约定设备名称为四旋真空玻璃瓶装产品生产设备，其中全自动洗瓶烘干机1台、旋转式收瓶理瓶机1台、自动翻瓶机构1套、输送机转弯头1套、输送线15米、四头全自动酱料灌装机1台、四头全自动加油机1台、全自动直线式搓盖机1台；合计金额为43.6万元（优惠后价格为41.3万元整）；需方需要供方售后服务，供方应在24小时内安排人员来厂，来返费用由供方负责，当地食宿由需方负责；增加模具预算金额为翻瓶器需根据瓶子的类型大小不一更换模具为5000元/套、全自动直线搓盖机如果盖子的大小改变需要更换相关部分，价格为24000元/套。瓶盖尺寸一样不需要更换，瓶子的高度可调节、易拉罐封口机只针对一种规格尺寸，如有多个规格，需重新定制设备；付款方式为预付定金设备总货款的40%总计165200元，本合同即生效。供方开始生产完毕后再付设备总货款的50%共计206500元，供方通过专车将设备送到需方工厂进行安装调试。安装调试完成12个月内付清剩余设备货款10%计41300元；供货日期为本合同生效后50天完成生产；随机备品、配件、工具数量及供应方法：按出厂装箱单，随机配给；技术服务为设备运抵用户工厂后，供方安排技术人员到工厂安装调试，并培训需方技术工人，独立操作等技术内容、设备调试合格验收后，供方对设备质量保质期十五个月；售后服务为定期检视为供方负责机器免费服务时期为十五个月。在此服务期内，供方技术部门将按2-4次/年标准，检视设备使用状况，从用户处回馈使用信息和意见、紧急叫修为机器出现故障状况，用户技师无法解决时，供方专业技师在24小时内到达生产现场等。食品公司分别于2020年6月1日、2020年9月25日向包装设备公司支付货款165200元、165200元。包装设备公司将涉案设备运送到食品公司进行安装、调试。包装设备公司又于2021年7月13日至2021年7月18日期间安排其工作人员陈某到食品公司调试涉案设备。

2021年7月20日，食品公司向包装设备公司寄送一份《通知函》，该《通知函》记载："贵司与我司于2020年6月1日签订四旋真空玻璃瓶装产品生产设备，合同编号：YB-20200601-08《设备购销合同》经安装调试，发现以下问题：(1) 洗瓶干燥后理瓶经常出现卡瓶现象。(2) 灌装系统物料槽搅拌不能使酱料与油均匀出料。(3) 灌装时分次出料，使酱料与油分割且夹带空气，品相极差。(4) 扎盖系统理盖常卡，搓盖皮带掉屑至瓶盖与瓶身使外观污染。鉴于以上设备性能不佳问题，调试人员不能现场解决自行离开。建议贵公司重新委派人员予以解决。请贵公司收到信函后三个工作日书面回复。"2021年7月23日，包装设备公司向食品公司寄送一份《告知函》，该《告知函》记载："根据贵公司提出的问题回复以下四点：（1）洗瓶干燥后理瓶经常出现卡瓶现象。理瓶机是根据贵公司提供的六菱形玻璃瓶包材样品而定制生产，因贵公司包材更改为四方形玻璃瓶而导致出现卡瓶。（2）灌装系统物料槽搅拌不能使酱料与油均匀出料。物料均匀问题取决于贵公司炒制工艺及与物料配比息息相关，与生产方所提供的搅拌无问题。（3）灌装时分次出料，使酱料与油分割且夹带空气，品相极差。灌装机功能为灌装与计量，至于贵公司提出酱料与油分离已超出灌装机功能，夹带空气已超出灌装工艺与合同要求。（4）扎盖系统理盖常卡，搓盖皮带掉屑至瓶盖与瓶身使外观污染。因贵公司包材发生改变导致。贵公司所提出以上四点问题是因贵公司包材发生改变超出合同范围导致，与生产方提供的设备无任何关系。”

2021 年 7 月 28 日，食品公司向包装设备公司寄送一份《通知函》，该《通知函》记载：“贵司与我司于 2020 年 6 月 1 日签订四旋真空玻璃瓶装产品生产设备，合同编号：YB-20200601-08《设备购销合同》经安装调试仍出现以下问题：（1）理瓶卡瓶、理盖卡盖、搓盖掉屑，供方认为需方改变瓶形造成上述原因，现需方确定以原定六方瓶调试。（2）灌装系统方面，灌装物料在瓶内夹带空气，加注液氮不能置换空气违背原设计方案。鉴于设备存在以上缺陷，调试的技师因家中急事回家贵司未增派其他技师继续调试，严重耽误了我司的试机试产工作，同时也给我司带来了严重的经济损失，现请供方按合同（第三页）第 4 条款及（第四页）第八条款（1）（2）执行，在 24 小时至 72 小时内到需方调机。若在 72 小时内不能到达视供方默认设备不符合正常操作功能，需方将予以退货……”包装设备公司于 2021 年 7 月 31 日收到该《通知函》后，于 2021 年 8 月 1 日向食品公司寄送一份《告知函》和一份《催款函》，该《告知函》记载：“现收到贵公司的调试请求，但因客观原因已暂停重庆市以外的调试工作。给贵公司带来的不便敬请谅解。为满足贵公司的调试请求，贵公司可以将需要调试的部分，通过视频连接到我方。减少面对面接触。”该《催款函》记载：“我公司与贵公司于 2020 年 6 月 1 日签订的《设备购销合同》（合同编号：YB-20200601-08），并于 10 月 25 日至贵公司安装并调试完成。按照合同第二条约定，‘供方开始生产完毕后再付设备总货款的 50%，计人民币：26500 元整’。至今我公司未收到全部款项。请贵公司与收到本函 3 日内，完善以上款项。”食品公司的法定代表人高某毅于 2021 年 8 月 3 日收到该《告知函》《催款函》。

【案件焦点】

1. 讼争设备是否存在质量问题；2. 食品公司主张解除合同并返还款物是否成立。

【法院裁判要旨】

福建省漳州市龙文区人民法院经审理认为：第一，食品公司在涉案设备交付后将玻璃瓶型由六方瓶型改换为四方瓶型，包装设备公司将涉案设备运送到食品公司安装调试，也按食品公司的要求按四方瓶型进行相应的调试。第二，由于食品公司并未按合同原来约定的六方瓶型进行操作，即使包装设备公司未按合同约定培训技术工人，独立操作等技术内容，也未提供设备使用说明书，包装设备公司的该行为也不会导致合同目的不能实现。第三，食品公司未能提交相应的证据予以证明涉案设备存在质量问题。同时，包装设备公司也未明确表示或者以自己的行为表明不履行主要债务。综上所述，本案不存在符合合同法定解除的情形。

福建省漳州市龙文区人民法院依照《中华人民共和国民法典》第七条、第四百六十五条、第五百零九条、第五百六十三条、第五百六十五条、第五百九十五条和《中华人民共和国民事诉讼法》第六十四条之规定，判决如下：

驳回食品公司的诉讼请求。

食品公司不服一审判决，提出上诉。

福建省漳州市中级人民法院经审理认为：第一，食品公司主张该合同系格式合同，包装设备公司在该类设备的买卖中并无垄断地位，不属于强势一方，因此，食品公司认为涉案合同系包装设备公司制作的格式条款与事实不符。包装设备公司交付设备后，经过初步安装调试对设备进行调试并非卖方的合同主义务，从双方约定的交货时支付90%的货款，调试完成后支付10%货款的约定看，对设备调试仅属于卖方的附随义务，即便该附随义务履行不能，也仅仅构成一般违约，不能证明该设备质量不合格。第二，本案买卖合同卖方的主要义务是交付并安装设备，由于食品公司要求商业利益最大化，对设备提出的要求超出了合同约定，不能说明其买卖合同的合同目的不能实现。综上，食品公司的上诉理由不能成立，应予驳回。一审法院认定事实清楚，适用法律正确，应予维持。

福建省漳州市中级人民法院依据《中华人民共和国民事诉讼法》第一百七十条第一款第一项之规定，判决如下：

驳回上诉，维持原判。

【法官后语】

一、对于未明确约定质量标准的买卖标的物，有主客观要求

客观上要满足作为同类商品出售的要求，主观上要适应于合同订立的具体目的，若违反其中之一，均可以认定该标的物存在质量瑕疵。

买卖合同没有对标的物质量进行约定时，可以结合合同其他条款或交易习惯确定质量标准，此时合同目的也可能成为判断的依据。在本案中，双方当事人虽并未在合同中约定设备的具体质量标准，涉案设备也没有国家标准和行业标准，只能按照通常标准或者符合合同目的的特定标准认定是否存在质量问题。但双方在合同中约定了对设备的要求，在每项设备的“备注”部分均明确了该项设备应该具有的功能和品质要求，食品公司并无充分的证据证明该设备与合同约定的相应条款不符，也没有充分的证据证明该设备违反法定的质量标准。本案系食品公司要求商业利益最大化，对设备提出的要求超出了合同约定，不能说明其买卖合同的合同目的不能实现。因此，讼争设备不存在质量问题。

二、争议较多的往往是特定条款是否是《中华人民共和国民法典》所指向的格式条款

审判实践中主要从如下几个方面对格式条款进行认定：(1) 该条款是否具有广泛性，至少不仅仅限于与纠纷对方当事人订立合同时使用；(2) 该条款是

否重复使用，即一经确定较长时间内不修改；（3）条款是否具体细致，难以让非专业人士在较短时间内理解其内容；（4）订立时就发生争议的条款是否曾专门协商；（5）订立合同的双方的订约能力、交易地位是否相当。在本案中，食品公司与包装设备公司的地位平等，包装设备公司在该类设备的买卖中并无垄断地位，不属于强势一方。因此，涉案合同并非系包装设备公司制作的格式合同。

三、如果违反附随义务致使债权人不能实现合同目的的，债权人可以解除合同

在解释上，可以解释为在债务人违反附随义务而导致要求债权人遵守合同不合理的情况下，债权人可以解除合同。本案中，从双方约定的交货时支付 90%的货款，调试完成后支付 10%货款的约定看，对设备调试仅属于卖方的附随义务，即便该附随义务履行不能，也仅仅构成一般违约，不会导致食品公司遵守合同存在不合理的情况。即使包装设备公司未按合同约定培训技术工人，独立操作等技术内容，也未提供设备使用说明书，包装设备公司的该行为也不会导致合同目的不能实现。故食品公司不可以解除合同。

编写人：福建省漳州市龙文区人民法院　李芹生

4

无明确债务转移的意思表示的应认定为债务加入，超出原债务人作出的承诺依意思自治认定为新契约

——A 经营部诉建筑工程公司等买卖合同案

【案件基本信息】

1. 裁判书字号

广西壮族自治区柳州市中级人民法院（2021）桂 02 民终 1130 号民事判

决书

2. 案由：买卖合同纠纷

3. 当事人

原告（被上诉人）：A 经营部

被告（上诉人）：建筑工程公司

被告：黄某凯、杨某国、黄某、吴某扬

【基本案情】

建筑工程公司将一处旅游开发项目发包给吴某扬承建。吴某扬、杨某国、黄某就该项目签订《合作承包施工协议书》，对三人的内部合作进行约定。黄某自认是该项目的管理员。2018 年 6 月 8 日的《建筑工程材料（采）购销合同》（以下简称《建材采购合同》）约定 A 经营部向建材公司供应模板和方条，并约定买方未按时还款的，“可按未支付而应支付货款的银行同期存款利率计算违约金，违约金最高为 1000 元”。2018 年 10 月 23 日的《建筑工程材料（模板、方条）购销合同》约定建材公司向建筑工程公司供应模板、方条约 1190931 元。2018 年 11 月 27 日的《模板、方条购销合同》约定 A 经营部向建筑工程公司供应模板、方条 179140 元，并约定买方未按时还款的，“可按未支付而应支付货款的银行同期存款利率计算违约金，违约金上限为所欠货款的 2%”。A 经营部提交的《材料结算单》建筑工程载明：“……施工单位：建筑工程公司；供应材料：模板 3250 张，单价 52 元/张；金额：169000 元”，提交的《承诺书》载明：“本人杨某国对建材公司与 A 经营部于 2018 年 6 月 8 日签订的建筑工程公司鹿寨香桥风景旅游开发项目一期工程供应模板、方条购销合同的权利与义务负责。承诺在 2019 年 8 月 30 日前把项目所欠模板 169000 元全部付清，如超期不支付或不付清的按所欠金额每月支付百分之三的滞纳金”，落款处有黄某、杨某国、吴某扬签字，三人手写“至 2020 年 1 月 30 日止，因上述货款分文未付，应付滞纳金为 25350 元”。建材公司的股东是杨某国、黄某凯，法定代表人是杨某国，其于 2020 年 5 月 12 日注销工商登记。A 经营部称建材公司向其供应的 16.9 万元货物已通过收料员向建筑工程公司进行供应和请款，经与建筑工程公司的项目经理肖某沟通后，肖某指示，将结算单、请款单发送至建筑工程公司另一工作人员农某臣处请款审批，之后才与建筑工程公司形成《模板、方条购销合同》，合同约定的货款数额179140元即是按《材料结算单》的货款金额16.9万元加上开票的税点6%计算得出。建筑工程公司对肖某是其项目经理并负责采购并无异议。

【案件焦点】

1. 关于案涉16.9万元货物的货款给付责任主体应如何认定；2. 案涉货款逾期付款违约金应如何认定。

【法院裁判要旨】

广西壮族自治区柳州市柳北区人民法院经审理认为：案涉模板实际用于建筑工程公司的案涉项目，杨某国在《承诺书》中对欠款金额为169000元的确认视为债务已转移至货物实际使用人，因此建筑工程公司应对该笔债务承担责任。违约金按月利率3%支付的标准过高，调整为按月利率2%计算即16900元。黄某、黄某凯、吴某扬承担责任缺乏依据不支持。

广西壮族自治区柳州市柳北区人民法院判决如下：

一、建筑工程公司向A经营部支付货款169000元及违约金16900元；

二、驳回A经营部的其他诉讼请求。

建筑工程公司不服一审判决，提出上诉。

广西壮族自治区柳州市中级人民法院经审理认为：针对第一个争议焦点，第一，建材公司登记注销前，与A经营部已形成16.9万元供货的债权债务关系，其股东杨某国、黄某凯应就该笔债务承担还款责任。第二，建筑工程公司认可的项目负责人在与A经营部经营者的多次沟通中，指示A经营部将结算单和请款单发送至另一工作人员处呈报公司审批请款，并要求A经营部补签形成《模板、方条购销合同》，结算单和请款单上记载的货款总金额、供货数量及税点计算均与该份合同的内容相吻合，因此，建筑工程公司对A经营部向案涉项目供应的16.9万元货物进行了追认。第三，没有任何有效的证据证实原建材公司对A经营部所负的16.9万元的货款债务转移至由建筑工程公司独自承担。因此，《模板、方条购销合同》是建筑工程公司对建材公司所负的A经营部的16.9万元货款债务的加入。第四，杨某国、黄某、吴某扬签署《承诺书》，并非代表任何公司，仅代表其个人作出对该16.9万元货款债务的加入的意思表示。因此，杨某国、黄某、吴某扬、建筑工程公司均构成对该16.9万元货款债务的加入，则应分别在各自加入承担的16.9万元货款债务范围内承担连带责任。针对第二个争议焦点，各债务承担人逾期未付货款，应承担违约责任。一审法院综合各方履行情况并兼顾公平原则，将违约金降低调整按月利率2%计算，并认定违约金为16900元，A经营部未提出上诉，对一审法院的认定结果予以维持，各方在该违约金数额范围内按各自约定的违约金数额承担相应责任。其中，A经营部与建材公司签订的《建材采购合同》中约定逾期付款违约金最高限额为1000元，由于杨某国、黄某凯系因建材公司原股东身份对公司债务承担相应责任，故其二人应承担的债务不应超过建材公司应承担的债务范围，即应以1000元为限。由于建筑工程公司与A经营部之间的《模板、方条购销合同》约定逾期付款违约金上限为所欠货款的2%，故建筑工程公司支付的违约金应以尚欠货款16.9万元的2%为限即3380元。杨某国、黄某、吴某扬在《承诺书》中承诺对逾期付款按每月3%支付滞纳金，则其三人应向A经营部支付的违约金为12520元（16900元-1000元-3380元）。

广西壮族自治区柳州市中级人民法院依照《中华人民共和国合同法》第八十四条，《最高人民法院关于适用〈中华人民共和国公司法〉若干问题的规定（二）》第二十条第一款，《中华人民共和国民事诉讼法》第一百七十条第一款第二项的规定，判决如下：

一、撤销广西壮族自治区柳州市柳北区人民法院（2020）桂0205民初3205号民事判决；

二、原审被告杨某国、黄某凯向被上诉人A经营部支付货款169000元；

三、上诉人建筑工程公司，原审被告黄某、吴某扬对原审被告杨某国、黄某凯的上述第一项债务承担连带责任；

四、原审被告杨某国、黄某凯向被上诉人A经营部支付违约金1000元；

五、上诉人建筑工程公司向被上诉人A经营部支付违约金3380元；

六、原审被告杨某国、黄某、吴某扬向被上诉人A经营部支付违约金12520元；

七、驳回被上诉人A经营部的其他诉讼请求；

八、驳回上诉人建筑工程公司的其他上诉请求。

【法官后语】

《中华人民共和国民法典》第五百五十一条、第五百五十二条分别对债务转移与债务加入作出明确规定，其中债务加入部分系第一次以规范性法条形式出现，虽然法条中对于债务加入的构成要件作出明确规定，但实践中仍存在债务加入的识别困难及第三人责任承担范围不明等情况，本案的法律事实虽然发生于《中华人民共和国民法典》施行之前，并未适用《中华人民共和国民法典》，但案件处理与《中华人民共和国民法典》关于债务加入问题的立法理念和原则相吻合，并对以上问题作出明确回应。

一、无明确债务转移的意思表示的应认定为债务加入

依据《中华人民共和国民法典》第五百五十一条、第五百五十二条的规定，债务加入与债务转移之区别主要在于：（1）债务加入中原债务人不脱离债务关系，第三人加入债务后，原债务人仍应当在原债务范围内承担履行义务，第三人加入债务只是在原债务人的基础上增加了一个新的债务人，在性质上具有担保债权实现的功能。在债务转移中，债务人将债务转移给第三人后，其已经脱离原债务关系，不再作为债务人对债权人承担履行债务的义务，而是由第三人作为债务人。（2）债权人的确认方面，债务加入在本质上是增加一个新的债务人来保障债权实现，属于对债权人有利的行为，应当通知债权人，或者是第三人直接向债权人表示愿意加入债务，债权人在合理期限内未明确拒绝的即成立债务加入。而债务转移应以债务人、继受人有明确的转移债务的意思表示且取得债权人的明示同意为依据。

本案中，建材公司与A经营部实际完成了双方之间《建材采购合同》项下

的供货，形成了货款本金16.9万元的债权债务关系，建材公司未依法清算即注销，则应由其股东杨某国和黄某凯替代其对16.9万元的货款本金债务承担直接的债务人清偿责任。建筑工程公司与A经营部签订的《模板、方条购销合同》，经与此前合同内容的比对、经手人构成表见代理的判断，最终认定是对16.9万元的供货交易的追认，由此，建筑工程公司加入到前述已形成的16.9万元的货款本金债务。杨某国、黄某、吴某扬亦通过出具《承诺书》的方式，确认16.9万元货款本金债务的真实存在并承诺偿还该笔债务，则杨某国、黄某、吴某扬的意思表示亦旨在加入到A经营部和建材公司原已形成的16.9万元的货款本金债务中，没有证据证实各方主体在加入16.9万元货款本金债务时，达成同意原债务人建材公司退出原债务的意思表示，各新债务人以书面形式加入原债务，构成并存式的债务承担，产生连带债务，债务加入人负担债务之范围以加入之时原债务的内容为限。

二、第三人超出原债务人作出的承诺依意思自治认定为新契约

本案处理特别之处在于对债务加入人作出超出原债务人承诺的部分应如何处理。由于债务加入的法律效果是产生连带债务，有观点认为债务加入为介于保证和独立保证之间的一种人保方式，因此，债务加入的范围不得超出其原有的债务。我们认为鉴于债务加入实质不满足从属性和补充性特征，且法律将债务加入与保证担保方式予以区分两种制度安排，不宜将债务加入直接类推适用人保的规定。虽然债务加入以原债务有效存在为前提，但自债务加入之时起，债务加入人负担的债务即与原债务各自独立发展，基于此，债务加入人作出超出原债务人承诺的部分选择充分尊重当事人的意思自治来处理，不仅符合各方当事人的真实意思表示，亦有利于审判实务的可操作性。

本案中，我们将当事人的约定分为偿还货款本金及支付逾期付款违约金两部分，债务加入人建筑工程公司、杨某国、黄某、吴某扬分别在《模板、方条购销合同》和《承诺书》中，对逾期付款违约金的标准自愿作出比原债务人承诺的更高的意思表示。因供货情况已发生，供货金额和付款金额是已经明确不可变的因素，认定各方就货款本金的承担作出债务加入的意思表示符合事实。

而关于逾期付款违约金，是违约责任承担的一种方式，其计算标准具有多元化，不确定性，应当允许债务加入人就自己的债务履约能力，通过自行向债权人承诺的方式，就逾期清偿货款所应承担的违约责任作出与债务人不一的承诺，该种承诺属于新的契约。该承诺仅约束债务加入人，债权人不可以向债务人主张权利，债务加入人亦不可以向债务人主张追偿。将货款本金与逾期违约责任的承诺相互分离，并不是实质将二者割裂，而是有机结合。

编写人：广西壮族自治区柳州市中级人民法院　温清华

5

结算单对合同的更改

——发展公司诉工程集团公司买卖合同案

【案件基本信息】

1. 裁判书字号

北京市第一中级人民法院（2021）京01民终10260号民事判决书

2. 案由：买卖合同纠纷

3. 当事人

原告（被上诉人）：发展公司

被告（上诉人）：工程集团公司

【基本案情】

被告因承建济南市轨道交通R2线一期项目，于2017年至2018年就采购原告钢材、水泥事宜与原告签订了济南市轨道交通R2线一期土建工程钢材、水泥买卖合同共计4份，编号分别为JNGDJTR28B-买卖-2017《钢材买卖合同》、JNGDJTR28B-买卖-2017《水泥买卖合同》、JNGDJTR28B-买卖-2018-002《水泥买卖合同》和 JNGDJTR28B-买卖-2018058 补充 2《水泥买卖合同补充协议》。根据约定，被告向原告采购不同规格型号的钢材、水泥，每月 20 日为当月结算截止日期，检验合格后签认凭证作为结算、支付依据。被告在收到原告发票 30 日内支付 95%钢材款、85%的水泥款，3-6 月内支付余款。合同签订后，原告按合同约定履行交货义务，但被告未按约定支付货款。2020 年 9 月，原被告双方就上述合同履行签订《合同封账协议》，明确 2017 年 6 月至 2020 年 2 月，被告向原告购买钢材、水泥共计 14517520.97 元，截至 2020 年 9 月 28 日，被告仅支付 12050000 元。协议之后，被告又支付了 20 万元，但截至目前，仍欠付原告货款 2267520.97 元。其中，2020 年 2 月被告通过 E 信通支付 400 万元逾期货款时，因该货款兑现期是 6 个月后（被银行告知为 2020 年 8 月 24 日），因此造成原告 97805.55 元费用损失。原告主要因被告长期拖欠巨额货款，导致原告融资成本损失每日仍在不断增加，双方约定逾期付款的违约金标准低于原告的事实损失，应当予以向上调整，原告以日万分之五主张违约金标准。原告诉请判决被告支付欠付货款 2267520.97 元及违约赔偿金 862130 元（违约赔偿金从 2018 年 10 月 1 日暂计至 2020 年 11 月 30 日，实际应支付至货款付清之日止，按照日万分之五标准计算）。

【案件焦点】

如何认定结算单是否构成对合同的更改。

【法院裁判要旨】

北京市门头沟区人民法院经审理认为：本案中，工程集团公司向发展公司购买水泥，现经双方结算，工程集团公司应付发展公司货款 14517520.97 元，实付 12250000 元，尚欠 2267520.97 元，双方对上述金额无异议。

双方于 2020 年 9 月 28 日签署的《合同封账协议》明确了双方不存在合同数量、单价、总价、结算扣款、损失、违约责任与本工程有关的任何遗留问题，发展公司虽主张上述条款系工程集团公司单方制作，明显加重了其一方的责任，属格式条款，但其并未提交证据证明签署《合同封账协议》并非其真实意思表示，且并未有证据证明作为买卖合同的双方存在主体地位的明显差别，故对其该项辩论意见不予采信，双方应当按照《合同封账协议》的约定履行各自义务。双方在货物买卖交易完毕后签订《合同封账协议》，且《合同封账协议》对货物数量、货款金额、违约责任等与工程有关的问题进行了统一的结算，应视为对《合同封账协议》涉及的双方之间的多笔买卖合同的权利义务进行了变更和确认。从《合同封账协议》的条款来看，双方既对付款依据进行了明确，又对货物的质量、发票等剩余义务予以明示，双方未约定的部分应当视双方无争议。换言之，《合同封账协议》签订后，应视为《合同封账协议》中确定的货款已达到付款条件。

根据法律规定，履行期限不明确的，债务人可以随时履行，债权人也可以随时请求履行，但是应当给对方必要的准备时间。双方在《合同封账协议》中未约定明确的给付时间，工程集团公司应在一定合理期间内履行货款给付义务。工程集团公司在签订《合同封账协议》后，于 2020 年 11 月 26 日向发展公司支付货款 200000 元，就此款项给付原因工程集团公司虽主张系根据业主向其支付比例而支付，但其提交 2021 年 1 月计量计价单及施工合同等证据不足以证明其该项抗辩意见。从双方签订《合同封账协议》到工程集团公司支付此笔款项可视为经过了合理期间，故认定《合同封账协议》中的剩余货款的支付时间应于 2020 年 11 月 26 日届满。

关于发展公司主张的违约赔偿诉讼请求，根据法律规定，当事人一方不履行合同义务或者履行合同义务不符合约定的，应当承担继续履行、采取补救措施或者赔偿损失等违约责任。买卖合同约定逾期付款违约金，但对账单、还款协议等未涉及逾期付款责任，出卖人根据对账单、还款协议等主张欠款时请求买受人依约支付逾期付款违约金的，人民法院应予支持，但对账单、还款协议等明确载有本金及逾期付款利息数额或者已经变更买卖合同中关于本金、利息等约定内容的除外。具体到本案中，双方于 2020 年 9 月 28 日签署的《合同封账协议》明确了双方不存在合同数量、单价、总价、结算扣款、损失、违约责任与本工程有关的任何遗留问题。结合前文所述，工程集团公司最迟应于 2020

年 11 月 26 日前向发展公司支付剩余货款，现工程集团公司未履行支付义务，存在违约。就违约金数额，发展公司提交的其支出融资成本的证据，即便发展公司存在融资成本，但企业融资行为与企业经营状况、经营方式等多种因素相关联，发展公司未提交证据证明其融资与工程集团公司拖欠支付货款存在直接关联性，故该院对其上述证据的证明目的不予采信。鉴于双方先后签署四份合同，且对四份合同进行混同结算、开具发票和付款，该院综合考量双方合同履行过程、货款支付情况、发票开具情况以及工程集团公司拖欠支付货款给发展公司造成的客观损失，酌情判决工程集团公司自 2020 年 11 月 27 日起按照同期全国银行间同业拆借中心公布的一年期贷款市场报价利率（LPR）向发展公司支付违约金，发展公司主张的日万分之五的违约金标准无事实和法律依据，法院不予支持。

关于发展公司要求工程集团公司支付 400 万元货款迟延支付赔偿费 97805.55 元的诉讼请求，双方在买卖合同中就货款支付方式明确约定了可以承兑汇票进行支付，且贴息由发展公司支付。另，双方在 2020 年 9 月 28 日签署的《合同封账协议》中，明确载明了封账时双方不存在违约损失及其他遗留问题，法院对其该项诉讼请求不予支持。

综上，依据《中华人民共和国合同法》第六十条、第六十二条第一款第四项，《最高人民法院关于审理买卖合同纠纷案件适用法律问题的解释》第二十四条第三款，《中华人民共和国民事诉讼法》第六十四条第一款之规定，判决如下：

一、工程集团公司于判决生效之日起七日内向发展公司支付剩余货款 2267520.97 元及违约金［以 2267520.97 元为本金，自 2020 年 11 月 27 日起至实际付清之日止，按照同期全国银行间同业拆借中心公布的一年期贷款市场报价利率（LPR）计算］；

二、驳回发展公司的其他诉讼请求。

工程集团公司不服一审判决，提起上诉。

北京市第一中级人民法院经审理认为：一审判决认定事实清楚，处理结果并无不当，应予维持。依照《中华人民共和国民事诉讼法》第一百七十条第一款第一项之规定，判决如下：

驳回上诉，维持原判。

【法官后语】

本案处理重点主要在于双方签订多笔买卖合同，又针对多笔买卖合同签订了封账协议，如何确定封账协议的性质问题。本案中，双方当事人签订了多笔《钢材买卖合同》及《水泥买卖合同》，虽然合同约定甲方按当月业主向其拨付的工程进度款比例，同比例向乙方支付货款，但双方于货物交付完毕后又签订了《合同封账协议》，对货物数量、货物金额及违约责任等问题进行了统一的结算，在此情形下，《合同封账协议》可以作为最终结算的依据，但是该封账协议系对合同的变更和确认，还系对之前多份合同的更改，需要明确。

关于合同变更，当事人经协商一致可以变更合同内容，根据传统民法理论，合同的变更分为债的要素的变更与非要素的变更，债的要素变更是指合同重要内容发生变更，如标的物种类变更，致使合同关系失去同一性，属于合同的更改，原合同上权利义务消灭，对当事人不再具有拘束力。非要素的变更是指非重要内容的变更，如标的物数量、合同价款、结算方式、违约责任等，合同关系仍具有同一性，原合同未变更的内容，双方当事人仍受其拘束。在区分要素变更与非要素变更时，主要针对合同变更内容进行考察，如变更的程度或幅度、主要条款变更情况，并结合当事人意思以及一般交易观念加以确定。需注意的是，因合同变更对当事人之间的权利义务产生实质影响，合同变更内容应当明确，合同变更内容约定不明的，推定为未变更，当事人应当按照原有合同约定履行。

关于合同的更改，通常是指在消灭旧债的基础上成立新债，即以一个新的合同取代原有的旧合同，合同变更与合同更改的区别在于：第一，合同变更仅涉及合同内容的变更，而不包括合同主体的变更；合同更改不仅是合同内容的更新，而且包括合同主体的变化。第二，合同变更不发生债的消灭的效力，原有的债权债务关系仍然存在；而合同更改则发生债的消灭的效力，即旧债消灭新债成立。

合同的变更与合同的更改的法律效果存在区别，如认定为合同变更，则双方未变更或未明确变更的部分，原合同仍具备效力，当事人应按照原合同约定履行；如认定为合同的更改，原合同权利义务消灭，未更改的部分，视为双方未达成合意，有待进一步约定或视为未约定。具体到本案中，双方在实际履行过程中，并未严格按照在先签订的多份买卖合同，考虑到《合同封账协议》系一揽子解决在先的多笔买卖合同，故将《合同封账协议》视为双方对在先多笔买卖的更改，达成了新的合同，虽然《合同封账协议》未明确具体付款时间，双方事后亦未达成一致，但不宜按照原有合同确定货款支付时间，视为双方对货款支付时间未进行约定，因封账协议签订前货物已经交付，可以认定封账协议签订时付款时间条件已成就。在双方签订封账协议未明确约定剩余货款支付时间的情况下，如何认定货款履行期限，一审法院和二审法院均根据《合同封账协议》对付款条件成就予以确认，即双方签署《合同封账协议》对货物数量、货款金额及违约责任进行确认时，虽然未约定剩余货款支付时间，但可以视为付款条件已经达成，出卖人有权要求买受人支付货款，在未约定货款支付时间的情况下，可以根据法律规定予以确定。如明确《合同封账协议》性质为对在先多份合同的更改，则本案的法律关系更加明晰，有利于类案裁判尺度的统一。

编写人：北京市门头沟区人民法院　周伟男　苏振

6

直接当事人之间债权并不因为授受票据而当然消灭

——电缆公司诉工程公司买卖合同案

【案件基本信息】

1. 裁判书字号

江苏省无锡市中级人民法院（2021）苏 02 民终 4074 号民事判决书

2. 案由：买卖合同纠纷

3. 当事人

原告（被上诉人）：电缆公司

被告（上诉人）：工程公司

【基本案情】

2017 年 5 月 10 日，电缆公司与工程公司签订了一份电线电缆买卖合同，约定由电缆公司向工程公司供应电线电缆，总金额为 463235 元。合同签订后，电缆公司于 2017 年 5 月 20 日、10 月 8 日两次向工程公司供货。经结算，上述两次供货工程公司合计结欠电缆公司货款 60 万元。

2018 年 2 月 13 日，工程公司向电缆公司支付了两张金额为 30 万元的电子商业承兑汇票，该两份汇票的出票人均为饮料公司，出票日为 2018 年 2 月 9 日，到期日为 2018 年 8 月 9 日，两份汇票均于 2018 年 2 月 10 日背书转让给生态公司，于同年 2 月 11 日背书转让给工程公司，该两份汇票到期后未能得到承兑。

后电缆公司以饮料公司为被告，以票据付款请求权为由向北京市顺义区人民法院提起诉讼，该院于 2019 年 3 月 20 日作出（2019）京 0113 民初 2761 号民事调解书，确认饮料公司给付电缆公司票据款本金60万元，并明确了还款计划。但最终饮料公司未履行任何付款义务，且无任何可供执行财产。2019年9月20日，北京市顺义区人民法院作出（2019）京0113执4718号执行裁定书，终结（2019）京0113民初2761号民事调解书的本次执行程序。

电缆公司遂提起本案诉讼，请求判令工程公司支付货款60万元。

【案件焦点】

电缆公司已向出票人饮料公司主张票据权利，但未得到偿付，电缆公司能否再次以基础法律关系向工程公司主张货款。

【法院裁判要旨】

江苏省宜兴市人民法院经审理认为：电缆公司可就基础法律关系即买卖合同关系向工程公司主张货款：

其一，承兑汇票本身不是货币，而是支付和计算工具，是一种债权凭证。工程公司背书转让承兑汇票不能认为债务已经得到履行，仅为以一个新的债务来履行原有的债务。双方也并无消灭原有债务的意思表示，应当属于新债务与旧债务并存，故当新债务未获履行时电缆公司可以选择要求履行旧债务。

其二，承兑汇票最重要的功能是支付功能，支付功能实现的前提是票据是真实、有效、可获得付款的。工程公司向电缆公司支付的承兑汇票因具有瑕疵而未得到兑付，电缆公司通过票据追索、诉讼、执行等途径均未能获得承兑，该票据的交付并不能代表货币支付的完成，该承兑汇票的支付功能也未得到实现。

其三，以承兑汇票支付属于当事人约定由第三人向债权人履行付款义务，而第三人不履行债务或者履行债务不符合约定的，债务人应向债权人承担包括继续履行在内的违约责任。本案中，虽然电缆公司与出票人饮料公司达成调解协议，但该协议并未得到实际履行，应视为第三人饮料公司未履行债务，在该情况下电缆公司以基础法律关系即买卖合同关系向工程公司主张债权于法有据，应予支持。

综上，对电缆公司要求工程公司支付所欠货款 60 万元及该款自 2018 年 4 月 29 日起至 2019 年 8 月 19 日止按照中国人民银行同期同档贷款基准利率 1.5 倍计算；自 2019 年 8 月 20 日起至实际给付之日止按照全国银行间同业拆借中心公布的贷款市场报价利率 1.5 倍计算利息的诉讼请求，予以支持。

江苏省宜兴市人民法院依照《最高人民法院关于适用〈中华人民共和国民法典〉时间效力的若干规定》第一条第二款，《中华人民共和国合同法》第八条、第六十条第一款、第六十五条、第一百零七条、第一百五十九条、第一百六十一条之规定，判决如下：

工程公司于判决发生法律效力之日起十日内支付电缆公司货款 60 万元及利息（以 60 万元为基数自 2018 年 4 月 29 日起至 2019 年 8 月 19 日止按照中国人民银行同期同档贷款基准利率 1.5 倍计算；自 2019 年 8 月 20 日起至实际给付之日止按照全国银行间同业拆借中心公布的贷款市场报价利率 1.5 倍计算）。

工程公司不服一审判决，提出上诉。

江苏省无锡市中级人民法院经审理认为：票据行为虽具有无因性，但直接当事人之间的原因关系中债务不因票据授受而消灭，而是与票据债务同时并存。票据权利实现，原因关系中的债务才随之消灭。本案中，工程公司为支付货款向电缆公司交付票据，电缆公司取得票据后出票人并未予以承兑，该公司行使票据付款请求权后虽经法院调解确认，但出票人饮料公司并未实际履行付款义务，即电缆公司并未因取得票据而实现其债权。在此情况下，其可以依据原因关系向工程公司主张合同债权。综上，一审判决并无不当，工程公司的上诉意见没有事实和法律依据，法院不予支持。但应注意的是，在执行过程中，执行法院应协调本案判决与（2019）京 0113 民初 2761 号民事调解书的执行，勿使电缆公司重复从饮料公司和工程公司获得超出生效判决确认的权利。综上，二审法院依照《中华人民共和国民事诉讼法》第一百七十条第一款第一项的规定，判决如下：

驳回上诉，维持原判。

【法官后语】

票据是无因证券，以票据为载体的票据关系，虽然以基础关系为前提，但又与其相分离，票据关系的成立和有效并不以基础关系的成立、有效为充分条件，故，票据具有灵活性、流通性、兑现性、安全性等促进市场经济流通的优秀特质。当前社会经济活动中，票据已是市场交换中不可缺少的支付工具、信用工具、汇兑工具和银行主要的结算工具，票据能否有效承兑，决定了持票人合法权益能否得到保障，进而影响到我国金融体制的健康发展，影响到社会主义市场经济的正常运行。

本案中，电缆公司和工程公司同时存在两种法律关系，分别是买卖合同关系和基于买卖合同关系产生的票据关系，在票据不能按期足额承兑的情况下，电缆公司亦同时具有两个不同的请求权基础，即合同关系中的原因债权和票据关系中的付款请求权。至于两种请求权的行使顺序，业界有以下几种不同的观点：1. 票据债权成立后，原因债权随即消灭，债权人只能行使票据债权；2. 两种债权并存，债权人可选任意一种，待行使一种后，另一种债权立即消灭；3. 债权人应先行使票据债权，如行使票据债权未果，可以再行使原因债权；4. 两种债权同时并存，债权人选择任意一种，且得到完全履行后，另一种债权同时消灭。在当前我国司法实践中，我们一般支持第四种观点，其中原因是票据取得必然支付了对价，未有效承兑意味着必然损失，不利于保护债权人权益。该观点认为，债权选择不具有排他性效果，若票据未得到有效承兑，当事人依然可以基于基础法律关系请求对方清偿债务。

需要注意的是，本案不同于普通票据追索权案件。行使票据追索权的前提是承兑人拒绝承兑，并向持票人出具拒绝承兑的证明，持票人再依据该证明在合理期限内向前手主张债权。本案中，电缆公司的追索权已超出追索时效，且出票人饮料公司通过调解同意履行支付义务，电缆公司已取得饮料公司的债权，这也是工程公司主要的抗辩理由，但调解协议最终未履行和执行不能使电缆公司的权益落空。若只根据该调解协议来认定电缆公司不能再向工程公司主张原因债权，那么持票人的合法权益将受到实质损害，不符合公平正义原则。

编写人：江苏省无锡市中级人民法院　张朴田　宋勇梁

7

第三人承诺为债务人代为偿付债务的意思表示的性质认定

——袁某某诉J公司、Y鞋厂买卖合同案

【案件基本信息】

1. 裁判书字号

广东省惠州市惠东县人民法院（2021）粤1323民初6983号民事判决书

2. 案由：买卖合同纠纷

3. 当事人

原告：袁某某

被告：Y鞋厂、J公司

【基本案情】

2019年，J公司向H公司下单订制鞋子，因生产需要，被告Y鞋厂随后向原告袁某某经营的G鞋材店（未工商登记）购买鞋材（中底板）。原告向Y鞋厂交付鞋材后，Y鞋厂将鞋材制作成鞋子并交付给J公司，J公司收取鞋子后未依约向Y鞋厂支付货款，Y鞋厂亦因此拖欠原告货款51100元。

2020年8月27日，Y鞋厂、J公司与原告就案涉货款签订《委托书》，该《委托书》内容为“兹有Y鞋厂，做J公司订单，在G鞋材店订购中底板2019年6月至2019年10月总货款共计人民币（大写）：伍万壹仟壹佰元整（¥：51100元）现委托贵公司代扣此款！”Y鞋厂经营者、J公司法定代表人与原告均在《委托书》上签名确认。

2020年11月26日，Y鞋厂与J公司就案涉货款进行对账结算。经双方核对后，J公司向Y鞋厂出具《对账单》（10月对账单），并在《对账单》中承

诺“代某英付G鞋材店2019年6-10月款；预付款51100元；应付余额1447284.32元”。随即，Y鞋厂经营者与J公司法定代表人分别在《对账单》上签名确认。

因两被告一直未向原告偿还货款，原告于2021年8月22日诉至惠东县人民法院。

【案件焦点】

第三人与债务人协议约定愿意代债务人偿还债务的意思表示是否构成债务加入，与债务承担和保证的区别，对《中华人民共和国民法典》实施前所形成的法律关系能否适用这一法律概念。

【法院裁判要旨】

广东省惠州市惠东县人民法院经审理认为：原告袁某某主张与被告Y鞋厂存在鞋材买卖合同关系及被拖欠货款51100元的事实，有原告提供的《委托书》及被告Y鞋厂的自认，上述事实清楚，本院予以确认。被告Y鞋厂出具《委托书》给被告J公司，要求其代扣货款后支付给原告，而被告J公司至今未向原告偿付上述货款，故原告主张被告Y鞋厂偿付货款51100元，理由充分，予以支持。

被告J公司责任承担的问题。经查，因被告J公司此前结欠被告Y鞋厂货款未偿付，故本案两被告通过与原告共同签署《委托书》的方式，约定由被告J公司将其应支付被告Y鞋厂的51100元货款径直支付给原告，被告J公司承认已扣减其结欠被告Y鞋厂的51100元货款并确认扣减后未向原告偿付，并在本案中自认其公司应承担本案欠款，其行为构成债的加入，故本案原告主张被告J公司连带偿付上述货款51100元，理由充分，本院予以支持。

对原告计付违约金的请求。双方对货款未约定逾期付款违约金，但两被告结欠后拖欠原告货款，属占用原告资金，给原告造成了损失。参照《最高人民法院关于审理买卖合同纠纷案件适用法律问题的解释》（法释〔2020〕17号）第十八条第四款之规定，结合原告诉请，两被告应支付原告从起诉之日即2021

年8月22日起至还清款日止按全国银行间同业拆借中心公布的一年期贷款市场报价利率计付的违约金。

广东省惠州市惠东县人民法院依照《中华人民共和国合同法》第一百零九条、第一百三十条、第一百五十九条、第一百六十一条，《中华人民共和国民事诉讼法》第一百四十二条及《最高人民法院关于审理买卖合同纠纷案件适用法律问题的解释》第十八条第四款之规定，判决如下：

一、被告Y鞋厂应于本判决生效之日起七日内一次性支付原告袁某某货款人民币51100元，并支付自2021年8月22日起至还清款日止按全国银行间同业拆借中心公布的一年期贷款市场报价利率计付的违约金给原告；

二、被告J公司对上述债务承担连带清偿责任。

判决后，双方当事人均未上诉，本判决现已生效。

【法官后语】

债务加入，也称并存的债务承担，与债务承担相反，债务加入的原债务人并没有脱离原债务关系，第三人又加入到原存的债务关系中，与债务人共同承担债务。与保证相近，但两者在债权人对第三人主张权利的可能性方面有所区别，保证是从属性的并且通常只负后顺位的责任，而债务加入则是产生独立的债权，债权人可以毫无例外地主张这一债权。债务加入制度属于债务移转的范畴，《中华人民共和国合同法》第八十四条至第八十六条更是对债务移转体系进行了构建，但直至《中华人民共和国民法典》出台前，我国法律及司法解释对债务加入均无明文规定，对债务加入的使用更多停留在学说探讨和理论阐述。本案债权债务关系发生在《中华人民共和国民法典》出台前，对此能否适用债务加入在实践中存在诸多分歧。笔者认为，债务加入可看作债权人、原债务人与第三人相互之间形成新的法律关系，其实质并未突破合同的相对性，结合交易习惯及维护债权人利益等因素，依据《中华人民共和国合同法》的原则性条款予以适用并无不妥。与此同时，通过明确法律条文的方式引入债务加入制度，使得相应案件在法律适用上更为严谨便捷，即债权人获得了其可以额外地对之主张权利的另外一个债务人，且原债务人与第三人依《中华人民共和国民法典》第五百五十二条的规定作为连带债务人对债权人承担责任。

此外，在评析当事人是否构成债务加入时，除需考虑债务是否具有可转移性外，由于加入债务的一方相对于债权人是纯粹承担债务，不享受权利，故而需要对认定第三人是否构成债务加入采取严格标准，要求第三人有明确的债务加入目的，并向债权人作出明确的债务加入意思表示，至于债权人是否同意，鉴于债务加入行为对债权人而言属纯获利行为，故应以债权人明确表示拒绝时，债务加入才不发生法律效力。本案中，J公司的法定代表人在《对账单》上以书面形式承诺代Y鞋厂偿还货款及庭审时明确表示愿意偿还案涉货款时，应知悉其行为所产生的法律后果，而原告将J公司一并起诉时，亦可认定其对债务加入行为的同意，故本案构成债务加入。

综上，债务加入制度有着其独立的制度功能和保障、融通价值，《中华人民共和国民法典》将债务加入予以法条化，进一步完善我国债务承担制度，对保障债权人利益和促进交易具有重要的作用，更有利于维护交易秩序的稳定。

编写人：广东省惠州市惠东县人民法院　朱宁锋　刘振波

8

判断第三人的行为属于债务加入还是保证，应根据当事人的意思表示进行具体的分析判断

——建材公司诉建筑公司等买卖合同案

【案件基本信息】

1. 裁判书字号

北京市丰台区人民法院（2021）京0106民初1413号民事判决书

2. 案由：买卖合同纠纷

3. 当事人

原告：建材公司

被告：建筑公司、李某兵、曾某群

【基本案情】

2017年3月3日，建筑公司与建材公司签订《钢筋买卖合同》。2017年9月19日，甲方建筑公司项目部与乙方建材公司签订《项目部补充协议》。该补充协议落款处的甲方仅有李某兵作为项目负责人代表的签字，但未加盖建筑公司相关公章。2018年3月15日，李某兵、曾某群向建材公司出具《保证书》，内容为：……保证人特作出如下保证：（1）保证人保证按补充协议约定逾期支付货款按月息1.5%支付利息，如甲方逾期超过三个月未付钢筋款，按月息3%支付利息，直至货款全部支付结清为止，并愿意承担连带责任。（2）保证人的保证责任范围：包括货款本金及利息、违约金，以及为实现权益发生的各种费用（包括但不限于诉讼费、保全费、保全担保费、律师费和交通食宿费、执行费、公告费、评估费等）。（3）保证人保证期限为钢筋买卖合同约定履行期限届满后两年。该份《保证书》上显示有含"建筑公司项目施工总承包工程项目部（签订经济合同无效）"等字样的印章，并有赵某瑞字样的签名。2018年9月27日，李某兵、曾某群再次向建材公司出具《保证书》，内容为：……保证人特作出如下保证：（1）保证人一共欠货款10764066.18元（不含利息所欠货款以双方财务实际对数为准），其中保证所欠货款6764066.18元在2018年12月之前全部支付清。（2）保证人一共欠货款10764066.18元（不含利息所欠货款以双方财务实际对数为准），其中保证所欠货款4000000元在2019年1月之前全部支付清。（3）利息：保证人保证还利息期限为2019年农历年前付清。

该项目实际结算额23069355.37元，截至2018年12月28日，建筑公司已支付货款18600000元，后其又于2021年2月9日支付货款1000000元，目前尚欠货款3469355.37元。

双方因付款问题发生争议，建材公司起诉至法院。

【案件焦点】

1. 资金占用费是否应支付，如应支付具体的支付主体及支付标准；2. 保证书的效力问题及李某兵、曾某群在本案中应承担何种责任。

【法院裁判要旨】

北京市丰台区人民法院经审理认为：本案中，建筑公司与建材公司之间成立买卖合同法律关系，该法律关系为双方当事人的真实意思表示，并未违反有关法律、行政法规的强制性规定，应为合法有效。建材公司已按合同约定交付了相关货物，建筑公司未按期履行支付货款的义务，应承担相应的违约责任。庭审中，双方对于欠付货款的金额并无异议，故对建材公司要求建筑公司支付剩余货款 3469355.37 元的诉讼请求，本院予以支持。关于资金占用费，建筑公司与建材公司签订的《钢筋买卖合同》中已明确约定本合同无资金占用费及其他财务费用，且对合同变更作出了详细具体的约定，亦即需经双方法定代表人或授权代表签字加盖双方印章。而李某兵在签订补充协议时未持有建筑公司的授权书，且事后建筑公司未对李某兵的签署进行追认，建筑公司亦不认可补充协议约定的相关内容，故事实上双方就合同条款未达成变更。至于两份保证书，其中虽约定了资金占用费支付相关事宜，但建筑公司不认可 2018 年 3 月 15 日的保证书系由该公司项目部盖章并经赵某瑞签署，即便该保证书上加盖的确系建筑公司项目部印章，但其上亦标注了签订经济合同无效字样，故该等形式的签署亦不满足合同变更需履行的相关手续，加之该保证书并未明确给建筑公司设定义务，建材公司于庭审中也表示在该保证书的签署过程中，建筑公司仅起到见证作用，且并未依据该保证书向建筑公司主张支付资金占用费。综合上述情况，建材公司主张建筑公司支付资金占用费依据不足，故对其相关诉讼请求本院不予支持。建材公司另主张建筑公司承担律师费，缺乏合同依据，本院亦不予支持。

关于李某兵、曾某群签署《项目部补充协议》及两份《保证书》的效力问题。虽然李某兵在补充协议上作为项目部项目负责人代表签字，但其并未取得建筑公司授权或事后追认，故该补充协议对建筑公司不发生法律效力。至于两份保证书，两份文件名为保证书，但在内容上，保证人对欠付货款的事实进行了确认，保证所欠货款在一定期限内全部付清，并承诺按补充协议约定支付逾期利息，在保证书中亦采用了愿意承担连带责任等表述方式，故李某兵、曾某群签署该两份文件，是一种事实上的债务加入，即李某兵、曾某群同意清偿所欠货款，并按约定支付逾期付款利息，而不属于实质意义上的保证责任。基于上述情况，李某兵、曾某群对于建筑公司所欠货款应承担连带给付责任，并应按照自身承诺向建材公司支付逾期付款利息，即建材公司主张的资金占用费。诉讼中，建材公司主张自2017年5月10日起计算资金占用费，鉴于其自述此前未与建筑公司按合同约定进行每月对账，而最终结算系在2020年12月9日方进行，故在双方未进行每月对账以明确支付金额及支付期限的情况下，建材公司即要求李某兵、曾某群自2017年5月10日起支付资金占用费，缺乏事实依据。对于资金占用费的起算时间，由于建材公司提交的对账单载明了2020年12月9日这一日期，建筑公司主张最终结算时间应为2021年3月31日但无相关证据佐证，故本院认定双方款项的结算时间系为2020年12月9日，并应自结算次日起算资金占用费为宜。另考虑双方约定的资金占用费标准明显过高，且诉讼中李某兵、曾某群亦就此提出抗辩意见，考虑框架协议约定的资金占用费上限为月息0.9%，故结合案件具体情况，本院参照上述标准，对建材公司主张的资金占用费予以合理调整，具体计算方式以本院表述为准。关于律师费，鉴于李某兵、曾某群的保证范围包括为实现权益发生的各种费用，且建材公司主张的律师费有证据佐证，金额亦在合理范围之内，故本院对此予以支持。

综上，依照《最高人民法院关于适用〈中华人民共和国民法典〉时间效力的若干规定》第一条第二款，《中华人民共和国合同法》第六十条、第一百零七条、第一百零九条、第一百一十四条之规定，判决如下：

一、建筑公司、李某兵、曾某群于本判决生效后十日内给付建材公司货款3469355.37元；

二、李某兵、曾某群于本判决生效后十日内给付建材公司资金占用费（以4469355.37元为基数，自2020年12月10日起至2021年2月8日止，按照月利率 0.9%标准计算，以 3469355.37 元为基数，自 2021 年 2 月 9 日起至实际付清之日止，按照月利率 0.9%标准计算)；

三、李某兵、曾某群于本判决生效后十日内给付建材公司律师费 20000 元；

四、驳回建材公司的其他诉讼请求。

判决后，双方当事人均未上诉，本判决现已生效。

【法官后语】

本案涉及债务加入与保证责任的区分和认定。所谓债务加入，也称并存的债务承担，是指第三人加入到债务中，作为新债务人和原债务人一起向债权人负有连带债务。这与保证责任在功能上具有一定的相似性。司法实践中，对该两者进行区分，可着重从以下方面进行判断。债务加入系第三人加入既存的债权债务关系之中，成为负担债务的一方，并存的债务承担中，债权人可以直接要求加入债务的第三人履行债务，而无须考量原债务人能否履行债务，且只要债权人未予拒绝，第三人与债务人协商一致，也可以加入到之前的债务中，第三人履行债务后不具有追偿权。保证合同是为保障债权的实现，保证人和债务人约定，当债务人不履行到期债务或者发生当事人约定的情形时，保证人履行债务或者承担责任的合同。保证责任实现的前提是主债务人不履行到期债务，效果上是由保证人代为履行债务，只能成立于保证人和债权人之间，具有补充性，且在保证人承担保证责任后，可以向债务人追偿。

据此判断，本案中李某兵、曾某群签署的两份保证书，形式上虽均写明了保证范围和保证期限，但其中存在保证人同意逾期付款支付利息，并愿意承担连带责任及保证人认可欠付货款并承诺付清货款和利息等内容，上述内容并未体现出李某兵、曾某群系在债务人建筑公司不能履行债务时才承担责任，而是由其二人作出了不附条件直接偿还债务的意思表示，该表意更侧重于债务加入。在此基础上，李某兵、曾某群应承担的清偿责任独立于建筑公司，其与债权人之间的合同关系与原债权债务关系处于并列状态，相互之间不具有从属性。

经济生活中，买卖合同、借贷合同的债权人为了保证自身债权得以实现，往往会要求第三人出具保证书或承诺书，为相关债务提供担保。第三人在出具相关书面内容时，采用何种表述方式会对其承担责任的形式产生关键影响。因此，双方在合同条款中应明确第三人责任属于保证责任还是债务加入。如约定为保证责任，还需要区分一般保证和连带保证。此外，如果保证合同约定保证人在债务人不能承担债务时才承担保证责任等类似内容的，为一般保证。保证合同约定保证人在债务人不履行债务时即承担保证责任的，为连带保证。如果保证合同中未明确约定保证方式或约定保证方式不明确的，视为一般保证。上述情况也需要双方在缔约时予以注意，以减少不必要的争议，更好地实现担保的目的，促进合同的有效履行。

编写人：北京市丰台区人民法院　刘琳琳

9

交易习惯或者要约未表明可以通过行为作出承诺的，承诺应当以通知的方式作出

——施某生诉林某迎、朱某强买卖合同案

【案件基本信息】

1. 裁判书字号

福建省泉州市中级人民法院（2021）闽05民终6359号民事判决书

2. 案由：买卖合同纠纷

3. 当事人

原告（上诉人）：施某生

被告（被上诉人）：林某迎、朱某强

【基本案情】

2020年5月19日，朱某强出具单据一张交施某生收执，该单据载明：“1.

每支单独包装；2. 每10个包一个磨砂包装袋；3. 每10个包装袋装一个盒子；4. 每10个装一个合格证；产品标准85流量测达到0.3微米≥95%。价格5万个3.5元/个，15万个2.5元/个（执行标准一样）”等内容，朱某强在该单据下方签字并书写日期。同日，林某迎、朱某强、施某生及案外人拉了一个微信群，当天16：26，林某迎将朱某强的该张单据发送至群里，此后，朱某强与施某生在该群聊中协商产品买卖事宜，林某迎及案外人未发表意见；17：21，朱某强表示："施总，你先等一下，等一下这个版面和相关的问题，你先等一下，现在他那边是可能会考虑到运费的问题，可能会还要增加或者改变一些东西，你稍微等一下啊，然后这边我第一时间给你联系，好吧，反正我到时候会提前跟你说多长时间，这个货出完的肯定会给你留够足够的时间啊”“第一时间通知你”，施某生回复了一个“OK”的手势。

【案件焦点】

1. 林某迎是否是本案适格被告；2. 本案讼争买卖合同是否成立。

【法院裁判要旨】

福建省石狮市人民法院经审理认为：关于争议焦点一，林某迎不是本案适格被告。双方的接洽过程虽然是在林某迎所建立的微信群中进行，朱某强书写的单据虽是由林某迎发送到群聊中，但该单据明确的落款人是朱某强，接洽的过程中林某迎也只发送了讼争单据，未参与朱某强与施某生之间的其他谈话，故该微信群聊记录无法说明林某迎是买卖合同的相对方。施某生所提供的其与林某迎之间的微信聊天记录显示，林某迎明确表示讼争交易与其无关；其他的聊天内容无明确指向性，无法证明林某迎与本案讼争买卖合同相关。施某生亦未能提供其他证据证明朱某强与林某迎存在合伙关系或者共同向其下单。因此，林某迎非本案适格被告。

关于争议焦点二，本案讼争合同未成立。首先，朱某强提供了包含姓名、标的、数量、质量、价款等内容的单据给施某生，同时也在微信群聊中表示需要先行确认样品及包装版面，而施某生并未提供样品及包装版面供朱某强确认。

其次，施某生主张其以在微信群中的表态及接收了被告所提供的书面书写并签字的订单原件的行为作出了承诺，依照《中华人民共和国合同法》第二十二条“承诺应当以通知的方式作出，但根据交易习惯或者要约表明可以通过行为作出承诺的除外”的规定，承诺应以明示的方式作出，但双方的微信聊天记录中并未体现施某生明确告知朱某强同意该要约，而是与朱某强沟通包装版面、箱规等问题，不足以证明施某生以行为作出了承诺，且施某生未提供证据证明双方存在交易习惯，朱某强所出具的单据也未表明可以通过行为作出承诺，对施某生的主张，本院不予采信。最后，根据微信群聊记录显示，施某生与朱某强沟通完箱规后，朱某强即要求施某生先暂停，施某生表示同意。可见，朱某强就此撤回了本案的要约，并得到了施某生的同意。此后，施某生未能提供证据证明其提供包装版面及样品供朱某强确认，也未提供证据证明其与朱某强就本案讼争买卖关系再次进行沟通协调。施某生虽主张其后续的催单是与林某迎联系，但其未能证明林某迎系本案讼争买卖合同的相对方之一，也未能提供充分证据证明其要求林某迎接收的货物与本案讼争合同之间的关系，故对施某生的主张，不予采信。

综上，福建省石狮市人民法院认为，施某生的诉讼请求没有事实及法律依据，本院不予支持。依照《中华人民共和国合同法》第十四条、第十八条、第二十二条，《中华人民共和国民事诉讼法》第六十四条第一款，《最高人民法院关于适用〈中华人民共和国民事诉讼法〉的解释》第九十条的规定，判决如下：

驳回施某生的诉讼请求。

施某生不服原审判决，提起上诉。

福建省泉州市中级人民法院经审理查明的事实与一审法院一致。法院认为，综合双方的聊天记录，朱某强在向施某生发出订购产品的要约后，双方对包装版面箱规进一步协商细节，随后朱某强即要求施某生停止生产，施某生亦表示同意。从朱某强发出要约至朱某强要求停止生产期间，施某生都没有作出同意要约的明确意思表示。在施某生没有作出同意要约的明确意思表示前，朱某强即要求施某生停止生产，施某生亦表示同意，可认定朱某强作出了撤销要约的意思表示，该意思表示的内容在施某生作出承诺之前为施某生所知道并同意，故双方之间的合同未成立。因案涉合同未成立，林某迎是否与朱某强共同向施某生购买产品不影响本案处理，不再审查认定。依照《中华人民共和国民事诉讼法》第一百七十条第一款第一项之规定，判决如下：

驳回上诉，维持原判。

【法官后语】

本案在审理过程中主要有两个争议焦点。一是主体问题，林某迎是否是案件的适格被告；二是合同是否成立的问题。

一、关于主体问题

首先，关于林某迎的主体资格。

虽然该问题并非本案最主要的问题，但对于是否要认定主体，是先认定主体还是先处理合同仍然十分纠结：若不分析主体资格，如何确定合同主体或者要约人。但若最后认定合同未成立，对其主体资格进行分析是否多余？考虑到林某迎的主体资格涉及合同的相对方或者要约人，进而影响到合同的成立与否，一审法院在判决书中采用先分析主体资格后处理合同的方式，从而确定案件审理的主要思路，笔者认为是较为合理的。

其次，关于合同是否成立。

该争议焦点需要确认朱某强所提供的下单内容是要约还是要约邀请。考虑这一点是由于朱某强的意思表示未提及履行期限等重要条件，并且朱某强在双方的微信聊天记录中明确表示其需要先确定版面。根据《中华人民共和国民法典》第四百七十二条之规定，要约是指希望与他人订立合同的意思表示，要约需有具体明确的内容，经受要约人承诺，要约人即受该意思表示约束，也就是说，一经受要约人承诺，双方的合同就能成立。而要约邀请，是指希望他人向自己发出要约的意思表示，即便他人发出要约，也要自己作出承诺才能产生合同成立的法律后果，比如拍卖公告、招标公告等。本案中朱某强向施某生提出要购买产品，并就产品的数量、质量、价款等内容提出了具体明确的要求，已经实际具备合同成立的要件，施某生只要一作出承诺，合同就能够成立，承诺之后的备料、设计版面等行为即是具体履行合同的行为，双方可以后续协商。因此，笔者认为，朱某强的下单行为符合要约的要求。

二、施某生是否已经作出承诺

根据现有证据，朱某强在下单后，施某生未作出口头或者书面的承诺，反而与朱某强沟通包装版面、箱规等问题，此后，朱某强以版面和箱规的问题会涉及运费，可能会增加或变更一些东西为由，要求施某生先停一下，其跟客户确定后会重新联系，施某生表示同意。《中华人民共和国民法典》第四百八十条规定“承诺应当以通知的方式作出，但根据交易习惯或者要约表明可以通过行为作出承诺的除外”，若施某生同意该要约，鉴于双方系第一次进行业务接洽，也未能提供证据证明存在交易习惯，因此，施某生应以明示的方式表示其同意该要约才能认定为其作出了承诺。施某生在案件审理过程中表示其以实际行动作出了承诺。笔者认为，即便从现实层面来看，施某生在微信聊天记录中与朱某强讨论箱规，讨论版面，不能说明施某生即是以行动表示承诺，在讨论完后也可能因为不合适或者无法完成而拒绝要约。该案中，朱某强在施某生未明示承诺的情况下即撤回要约，施某生也表示同意，双方以对话方式撤回了要约，符合法律规定的“撤销要约的意思表示以对话方式作出的，该意思表示的内容应当在受要约人作出承诺之前为受要约人所知道”。由此可见，该案并未完成要约到承诺的全过程。

综上，承诺的法律形式是通知，即受要约人需以明示的方式作出承诺，只有通过直接、明确的表达才能清楚、准确地理解受要约人的意思，确定受要约人是接受或者拒绝要约，也才能避免由于存在误解而产生不必要的纠纷。当然，承诺也有例外方式，在双方之间或者行业中存在交易习惯，且要约没有要求需通过何种方式来作出承诺的，可以按照交易习惯进行承诺；或者是要约表明可以通过行为的方式作出承诺的，也可以以行为进行承诺。

编写人：福建省石狮市人民法院　李妮娜

10

债务转移与债务加入的正确区分与认定

——商贸公司诉丁某等买卖合同案

【案件基本信息】

1. 裁判书字号

山东省淄博市中级人民法院（2021）鲁 03 民终 3878 号民事判决书

2. 案由：买卖合同纠纷

3. 当事人

原告（上诉人）：商贸公司

被告（被上诉人）：丁某、戚某

被告：经贸公司

【基本案情】

2020 年 6 月 18 日至 2021 年 7 月 26 日间，原告多次向被告经贸公司下属的南罗路店、山铝店、杜科店供应食品、调味品，截至原告起诉之日，累计欠原告货款 11148.43 元。经原告多次催要，被告未予支付。被告丁某系经贸公司的法定代表人，其于 2020 年 12 月 24 日与被告戚某签订《经贸公司债务分解协议》，约定戚某承担南罗路店、山铝店、总部、杜科二期及招商部的负债，并负责上述部门的运营及所涉及的往来账支付；丁某承担杜科店、杨萌路店的负债及运营和所涉及的往来账支付。在此前的 2020 年 12 月 22 日，经贸公司曾制作《供应商告知函》，注明经其公司董事会研究，决定从当日起调整为：南罗路店、山铝店、总部、杜科二期及招商部的往来账由戚某负责支付；杜科店、杨萌路店的往来账由丁某负责支付。原告方业务员在此告知函上签了名。

经贸公司成立于2019年6月4日，其企业类型为有限责任公司。经贸公司一审诉讼中主张的货款11148.43元，涉及经贸公司杜科店的货款为2118.43元，涉及经贸公司山铝店的货款为3582.70元，涉及经贸公司南罗路店的货款为5447.30元。戚某、丁某于2020年12月24日签订经贸公司债务分解协议一份，该协议载明：戚某承担山铝店、南罗路店、总部、杜科二期及招商部的负债81.18万元，并负责上述部门的运营及所涉及的往来账支付；丁某承担杜科店、杨萌路店的负债77.2万元，并负责上述部门的运营及所涉及的往来账支付。经贸公司在上述协议中予以盖章确认。

【案件焦点】

债务转移与债务加入的区分认定。

【法院裁判要旨】

山东省淄博市张店区人民法院经审理认为：根据原、被告的举证及陈述，能够认定被告经贸公司欠原告货款11148.43元之事实，其理应承担支付此货款的责任；对于原告要求丁某、戚某承担连带责任之主张，因经贸公司是能独立承担民事责任的法人，原告并无证据证明此两被告与公司资产存在混同，故其此主张不符法律规定，不予支持；对于丁某所主张的按其与戚某所签订的债务分解协议承担责任之观点，因其性质属于债务的转移，而原告方业务员在《供应商告知函》的签字，不能视为是原告对债务转移的同意，故丁某此抗辩理由也不能成立。据此，一审判决：

一、经贸公司支付给商贸公司货款11148.43元；

二、驳回原告商贸公司的其他诉讼请求。

商贸公司不服一审判决，提起上诉。

山东省淄博市中级人民法院经审理认为：涉案买卖合同的双方当事人是商贸公司与经贸公司，依据合同相对性原则，商贸公司作为债权人应向债务人经贸公司主张权利，一审认定经贸公司应承担支付货款责任符合法律规定。因经贸公司系有限责任公司，并非合伙企业，故商贸公司主张丁某、戚某系合伙关系应对经贸公司的债务承担连带责任没有法律依据。本案中商贸公司提交的证据不足以证实经贸公司的股东存在严重损害公司债权人利益等情形，其以公司财产混同为由要求丁某、戚某对涉案债务承担连带责任的主张不能成立。涉案债务分解协议系丁某与戚某合意签订，其内容并不违反法律、行政法规的强制性规定，合法有效。依据涉案债务分解协议，戚某承担山铝店、南罗路店、总部、杜科二期及招商部的负债 81.18 万元，并负责上述部门的运营及所涉及的往来账支付；丁某承担杜科店、杨萌路店的负债 77.2 万元，并负责上述部门的运营及所涉及的往来账支付。戚某、丁某自愿承担经贸公司的债务，其行为并不损害公司利益，也不侵害公司债权人的合法权益，双方自愿承担公司债务的事宜已以《供应商告知函》的形式通知了包括商贸公司在内的供应商，商贸公司的业务员张某在告知函上予以签名确认。因《供应商告知函》的内容并未明确体现债务转移，且根据商贸公司的本案诉求也未免除经贸公司的付款责任，故应认定戚某与丁某自愿承担公司债务的行为应属于债务加入，不应视为债务转移。根据《中华人民共和国民法典》第五百五十二条规定，商贸公司有权请求戚某、丁某在其各自愿意承担的债务范围内和债务人经贸公司承担连带债务。依据戚某与丁某双方协议约定，丁某对经贸公司杜科店、杨萌路店的负债以 77.2 万元为限负责，故丁某应在 2118.43 元的范围内对经贸公司的本案债务承担连带责任；戚某对经贸公司山铝店、南罗路店、总部、杜科二期及招商部的负债以 81.18 万元为限负责，故戚某应在 9030 元（3582.70 元+5447.30 元）的范围内对经贸公司的本案债务承担连带责任。据此，判决如下：

一、维持一审民事判决第一项；

二、撤销一审民事判决第二项；

三、丁某在 2118.43 元范围内对上述第一项承担连带责任；

四、戚某在 9030 元范围内对上述第一项承担连带责任；

五、驳回商贸公司的其他诉讼请求。

【法官后语】

本案涉及的核心问题在于债务转移与债务加入的正确区分与认定。

《中华人民共和国民法典》首次明文规定债务加入，但司法实践中对于债务转移与债务加入的正确区分与认定仍存有争议，本案即是如此。一审法院认为涉案债务分解协议其性质属于债务转移，二审法院则认为《供应商告知函》的内容并未明确体现债务转移，且根据商贸公司的本案诉求也未免除经贸公司的付款责任，故应认定戚某与丁某自愿承担公司债务的行为应属于债务加入，不应视为债务转移，并据此改判。因而厘清两者的区别及认定有利于司法实践中正确处理此类案件。

《中华人民共和国民法典》第五百五十二条规定，第三人与债务人约定加入债务并通知债权人，或者第三人向债权人表示愿意加入债务，债权人未在合理期限内明确拒绝的，债权人可以请求第三人在其愿意承担的债务范围内和债务人承担连带债务。本条是民法典关于并存的债务承担的规定，并存的债务承担，学理上又称为债务加入，是指债务人并不脱离原合同关系，第三人加入债的关系后，与债务人共同向债权人履行债务。在债务加入情形下，原债务人并不能全部或者部分免除承担债务的责任，在此基础上增加一个第三人对债权人履行债务，不仅对债权人没有风险，反而增加了债权实现的安全性。因此，在债务加入的情形下，无须同债务转移一样征得债权人的同意。并存的债务承担不仅在学理上有重要地位，在实践中也普遍存在，属于市场经济中客观存在的重要交易类型。根据上述法律规定，债务加入的构成要件主要包括：一是债权人与债务人之间的债权债务关系有效存在。二是在债务人不免除其在上述债权债务关系中应承担债务的基础上，第三人与债务人约定第三人作为新债务人加入该债权债务关系来承担债务。三是将此债务加入的情形通知债权人，或者第三人向债权人表示愿意加入债务，债权人未在合理期限内明确拒绝。至于通知的主体和通知的形式，法律并未予以明确规定。根据《中华人民共和国民法典合同编理解与适用（一）》对本条的释义，债务人或者第三人都可以作为通知的主体，书面或者口头通知都可以。四是第三人在其愿意承担的债务范围内与债务人承担连带债务。在符合上述要件的情况下，就发生并存的债务承担的法律后果。债权人可以请求第三人在其愿意承担的债务范围内和债务人承担连带责任。

《中华人民共和国民法典》第五百五十一条规定，债务人将债务的全部或者部分转移给第三人的，应当经债权人同意。债务人或者第三人可以催告债权人在合理期限内予以同意，债权人未作表示的，视为不同意。本条系民法典关于债务转移的规定，在债务全部移转的情况下，原债务人已经脱离了原来的合同关系，新的债务人代替了其地位，由于原债务人不再履行债务，因而学者通常将此种债务移转称为免责的债务承担①。根据上述法律规定，债务转移的构成要件主要包括：一是债权人与债务人之间的债权债务关系有效存在；二是原债务人将全部债务或者部分债务转移给第三人，债务全部或者部分转移后，就转移部分原债务人不再承担履行义务，转移部分债务需由第三人来履行；三是债务转移应当经债权人同意，债务人或者第三人可以催告债权人在合理期限内予以同意，债权人未作表示的，视为不同意；四是第三人就转移债务（全部或者部分）取代原债务人承担履行义务。

综上可以看出，债务转移与债务加入的主要区别在于：一是是否需要债权人同意。在债务转移情形下，第三人就转移债务（全部或者部分）取代原债务人承担履行义务，因而第三人的资信或者偿债能力问题对债权能否实现具有较大影响，因而法律规定应当征得债权人同意。而在债务加入情形下，本质上是为保障债权人债权实现而额外提供的增信措施，这时原债务人仍要承担全部的债务履行义务，只是增加一个人来共同履行债务，应该说增加了债权实现的可能性，对债权的实现更有保障，是一种有利于债权人的行为，因而法律规定无须经过债权人的同意但应当通知债权人。二是债务人是否免责。在债务转移情形下，债务全部或者部分转移后，就转移的全部债务或者部分债务原债务人不再承担履行义务；而在债务加入情形下，原债务人并不脱离原合同关系亦不能免除承担债务的责任，原债务人仍要承担全部的债务履行义务，只是在此基础上第三人加入债的关系，与原债务人共同向债权人履行债务。

本案中，依据涉案债务分解协议，戚某承担山铝店、南罗路店、总部、杜

① 王利明：《合同法研究》（第2卷），中国人民大学出版社2003年版，第227页。

科二期及招商部的负债81.18万元，并负责上述部门的运营及所涉及的往来账支付；丁某承担杜科店、杨萌路店的负债77.2万元，并负责上述部门的运营及所涉及的往来账支付。戚某、丁某自愿承担经贸公司的债务，其行为并不损害公司利益，也不侵害公司债权人的合法权益，双方自愿承担公司债务的事宜已以《供应商告知函》的形式通知了包括商贸公司在内的供应商，商贸公司的业务员张某在告知函上予以签名确认。因《供应商告知函》的内容并未明确体现债务转移，且根据商贸公司的本案诉求也未免除经贸公司的付款责任，故应认定戚某与丁某自愿承担公司债务的行为应属于债务加入，不应视为债务转移。商贸公司主张戚某、丁某对于经贸公司债务承担连带责任的上诉理由并不充分，但依据上述法律规定，商贸公司有权请求戚某、丁某在其各自愿意承担的债务范围内和债务人经贸公司承担连带债务。依据戚某与丁某双方协议约定，丁某对经贸公司杜科店、杨萌路店的负债以77.2万元为限负责，故丁某应在2118.43元的范围内对经贸公司的本案债务承担连带责任；戚某对经贸公司山铝店、南罗路店、总部、杜科二期及招商部的负债以81.18万元为限负责，故戚某应在9030元（3582.70元+5447.30元）的范围内对经贸公司的本案债务承担连带责任。

编写人：山东省淄博市张店区人民法院　刘晓辉
山东省淄博市中级人民法院　荣明潇

11

挂靠人对外以被挂靠人名义签订买卖合同时，应当审查合同相对人对挂靠事宜是否知情

——材料公司诉工程公司买卖合同案

【案件基本信息】

1. 裁判书字号

北京市第三中级人民法院（2021）京03民终15401号民事判决书

2. 案由：买卖合同纠纷

3. 当事人

原告（上诉人）：材料公司

被告（被上诉人）：工程公司

第三人：徐某武

【基本案情】

材料公司向法庭提交了2018年9月21日的《综合交通枢纽工程及室内装饰项目供货合同》。该合同中约定，甲方为买受人工程公司，乙方为出卖人材料公司；因甲方承接了综合交通枢纽工程及室内装饰项目的施工，需采购本合同项下的材料用于施工；货物为中部穿孔铝板、铝条板等材料；合同总价暂定4025513元；项目名称：综合交通枢纽工程及室内装饰项目；合同还约定了其他内容。合同末尾甲方工程公司处盖有“工程公司合同专用章”。工程公司对该份合同的真实性、合法性和关联性均不予认可。徐某武认为双方之间确实存在买卖合同，但是应该没有加盖合同专用章。

材料公司于2018年11月28日至2019年8月期间向项目工地供应了铝单

板。工程公司于2018年10月23日至2019年11月12日期间，多次向材料公司银行转账3481691.2元。材料公司于2018年10月至2020年1月期间，开具了数张工程公司为抬头的增值税专用发票。

2019年8月9日，徐某武向材料公司出具《付款协议书》。该协议书内容确认了结算总金额、已支付金额和欠付金额以及还款日期。该协议甲方处加盖了“工程公司综合交通枢纽工程及室内装饰分包工程项目部专用章”，徐某武作为负责人签字。该项目部专用章中并刻有“仅限工程资料专用，非经济合同章”。

另查，工程公司提交了徐某武与工程公司签订的《工程承包合同》，证明双方是工程承包关系，徐某武对涉案项目独立核算。同时，工程公司主张付款行为系受徐某武委托，提交了徐某武向工程公司出具的《付款委托书》。

【案件焦点】

涉案买卖合同关系中，合同相对方如何认定问题。

【法院裁判要旨】

北京市通州区人民法院经审理认为：本案争议焦点为涉案买卖合同的主体认定问题。对此，本院认为，行为人没有代理权、超越代理权或者代理权终止后，仍然实施代理行为，未经被代理人追认的，对被代理人不发生效力。本案中，工程公司为“综合交通枢纽工程及室内装饰项目”的承包单位，工程公司将涉案项目交给徐某武实际施工，徐某武以工程公司的名义就涉案项目对外签订买卖合同，并将所购货物用于工程施工使用，且结合送货单、付款凭证等证据，材料公司有理由相信徐某武有代理权限，买卖合同对工程公司发生法律效力。工程公司应当向材料公司支付剩余货款，故材料公司主张工程公司支付1524761.19元的诉讼请求，于法有据，本院予以支持。工程公司未能按照约定时间支付货款，导致材料公司诉至本院，工程公司应当承担违约责任。现材料公司要求工程公司承担相应利息及律师代理费及保全保险费的诉讼请求，于法有据，本院亦予以支持。材料公司主张差旅费的诉讼请求，缺乏相应事实和法律依据，本院不予支持。第三人徐某武自愿承担相应还款责任，本院对此不持异议。

综上，依据《中华人民共和国民法总则》第一百七十二条，《中华人民共和国合同法》第一百零七条、第一百三十条、第一百三十一条、第一百五十九条、第一百六十一条，《中华人民共和国民事诉讼法》第六十四条第一款，《最高人民法院关于适用〈中华人民共和国民事诉讼法〉的解释》第九十条之规定，判决如下：

一、被告工程公司、第三人徐某武于本判决生效后七日内向原告材料公司支付货款 1524761.19 元，并支付自 2019 年 11 月 1 日起至实际付清之日止的利息（以 1524761.19 元为基数，按照全国银行间同业拆借中心公布的一年期贷款市场报价利率计算）；

二、被告工程公司、第三人徐某武于本判决生效后七日内向原告材料公司支付律师代理费 10000 元、保全保险费 3000 元；

三、驳回原告材料公司的其他诉讼请求。

材料公司不服一审判决，提起上诉。

北京市第三中级人民法院经审理认为：行为人没有代理权、超越代理权或者代理权终止后以被代理人名义订立合同，相对人有理由相信行为人有代理权的，该代理行为有效。即虽然代理人在订立合同时没有代理权，但在相对人有理由相信行为人有代理权的情况下，为了保护善意第三人的信赖利益和交易安全，法律强制被代理人承担相应的法律后果。本案中，徐某武与工程公司签订了《工程承包合同》，工程公司将“综合交通枢纽工程及室内装饰项目”交给徐某武实际施工，徐某武以工程公司的名义与材料公司签订买卖合同，且加盖“工程公司合同专用章”；合同约定供货地为工程公司项目施工现场，合同页眉处上有工程公司字样；材料公司向上述施工现场供货后，工程公司向材料公司银行转账支付部分款项，结合上述情形，材料公司有理由相信工程公司为买卖合同相对方，因此，本案买卖合同对工程公司发生效力，工程公司应当履行合同义务，支付材料公司剩余货款。如工程公司因此与徐某武发生纠纷，双方可另行依法解决。关于剩余货款金额，在二审庭审中各方对一审确认金额均无异议，本院予以确认。一审判决其他处理无误，本院予以维持。

综上所述，工程公司的上诉请求不能成立，应予驳回；一审判决认定事实清楚，适用法律正确，应予维持。依照《中华人民共和国民事诉讼法》第一百七十条第一款第一项之规定，判决如下：

驳回上诉，维持原判。

【法官后语】

“挂靠”是民事活动中的常见经营形式，即挂靠人借用被挂靠人的资质以被挂靠人名义对外从事经营活动，常见于建设工程挂靠。挂靠协议签订后，挂靠者在建设施工活动中，会与挂靠协议以外的第三者发生许多经济往来，产生许多纠纷，包括建设工程施工合同纠纷、买卖合同纠纷、租赁合同纠纷、定作合同纠纷、借贷合同纠纷等。

买卖合同纠纷中，挂靠人对外签订买卖合同，实务中主要有以下几种裁判结果：（1）由挂靠人承担责任，被挂靠人不承担责任。从既往案例看，如合同相对方在交易时对挂靠事实明知，且相关证据并未加盖被挂靠人公章的情况下，一般应由挂靠人自行承担责任。（2）由被挂靠人承担责任，挂靠人不承担责任。该类案件中，挂靠人在实践中多以项目部或者合同专用章签订买卖合同，合同相对方不清楚挂靠事实的情况下，根据合同相对性原则，由被挂靠人承担责任。（3）由挂靠人与被挂靠人承担连带责任。因挂靠属于《中华人民共和国建筑法》明令禁止的行为，双方签订的挂靠合同无效，双方均存在过错，双方均应承担责任。

对于此类纠纷，笔者认为，应当根据合同相对方行为时对挂靠情况是否明知为判断依据，严格尊重合同相对性原则，来确定挂靠人抑或是被挂靠人中哪一方来承担责任，不能在缺乏法律依据的情况下，突破合同相对性原则。首先，根据《中华人民共和国民法典》第一百七十二条行为人没有代理权、超越代理权或者代理权终止后，仍然实施代理行为，相对人有理由相信行为人有代理权的，代理行为有效。挂靠人在交易时未表明过挂靠关系，以被挂靠方的名义对外进行交易活动，合同相对方有理由相信被挂靠人为买卖合同相对方，依据上述规则，应当由被挂靠人承担相应责任。其次，虽然挂靠人以被挂靠人的名义对外进行交易活动（未有被挂靠人的债务加入的意见表示），但合同相对方在交易时对挂靠事项明知，此时其明知合同相对方系挂靠人，亦应当挂靠人承担责任，不损害合同相对方的任何权益。最后，应当尊重合同相对性的原则，在买卖合同关系中，不宜认定双方承担连带责任。《中华人民共和国民法典》第一百七十八条第三款规定，连带责任，由法律规定或者当事人约定。在缺乏相应法律依据的情况下，仅以公平或者执行到位率的考虑下，认定双方应当承担连带责任缺乏依据。合同相对性原则，系债权区别于物权、人格权、知识产权的标志性品格，决定了众多的债权及其发生原因之一的合同规则是这样的，而非那样的，从而形成具有特色的合同法乃至债法。

编写人：北京市通州区人民法院　玄红莲

三、买卖合同的效力

12

出卖人未准确披露公开信息是否构成欺诈

——王某彬诉技术咨询公司等买卖合同案

【案件基本信息】

1. 裁判书字号

天津市第三中级人民法院（2020）津 03 民终 4960 号民事判决书

2. 案由：买卖合同纠纷

3. 当事人

原告（上诉人）：王某彬

被告（被上诉人）：技术咨询公司、技术咨询公司天津分公司、二手车销售公司、信息技术公司

【基本案情】

2019 年 1 月，王某彬通过信息技术公司软件看到了技术咨询公司公布的克莱斯勒 300C 进口车一辆，该车公布里程为 6.3 万公里，首次上牌时间为 2015 年 1 月，过户次数“0”次等。王某彬通过技术咨询公司客服与其工作人员取得联系，并于 2019 年 1 月 30 日在技术咨询公司工作人员刘某友陪同下，前往看车并对案涉车辆进行试驾，双方确定最终成交价为 161000 元；同日，王某彬

向二手车销售公司给付购车款 119000 元，并将其自有的一辆大众宝来轿车交给二手车销售公司抵扣 42000 元购车款，合计 161000 元；二手车销售公司将其中 160000 元交付技术咨询公司，剩余 1000 元作为技术咨询公司支付给二手车销售公司的佣金。2019 年 2 月 2 日，二手车销售公司工作人员与王某彬办理产权变更登记手续时出示了案涉车辆产权证，产权证载明案涉车辆存在一次变更登记记录，即由原所有权人张某变更为范某举（变更时间为 2018 年 11 月 13 日），王某彬与二手车销售公司继续完成案涉车辆产权变更登记手续，案涉车辆所有权人由范某举变更为王某彬。同日，技术咨询公司将案涉车辆交付王某彬。王某彬确认自 2019 年 2 月 2 日至 2019 年 3 月 5 日期间其使用案涉车辆，车况正常。

2019 年 3 月 5 日，王某彬将案涉车辆送至案外人科技公司进行保养和检测。王某彬主张，科技公司工作人员于 2019 年 3 月 6 日告知其案涉车辆发动机可能存在维修，经其同意后，科技公司工作人员打开发动机缸盖做进一步探查发现发动机缸盖及缸体上有马克笔书写痕迹、发动机外部有凿刻数字“21”痕迹，科技公司工作人员据此判断发动机存在拆改、大修等问题。此后，王某彬就其主张案涉车辆发动机存在的问题及非零过户问题与技术咨询公司、信息技术公司以及二手车销售公司进行沟通未果。至 2020 年 8 月 12 日，王某彬确认案涉车辆车况正常，行驶里程为 8.4 万公里。

【案件焦点】

技术咨询公司行为是否构成欺诈行为，应承担何种责任。

【法院裁判要旨】

天津市东丽区人民法院经审理认为：关于案涉车辆发动机是否存在拆改和大修的问题。根据王某彬提供的证据，无法证实车辆存在拆改、大修的情况，且技术咨询公司在发布案涉车辆信息时披露了发动机附件拆卸痕迹等内容，在无相反证据的情况下，应当认定王某彬在本案中所提及的痕迹即为技术咨询公司披露的痕迹。案涉车辆发动机信息与登记信息一致，王某彬自 2019 年 2 月 2

日取得案涉车辆开始使用，在发现涉案痕迹后仍在使用该车辆行驶近两万公里，且车况正常，表明该痕迹未对车辆使用产生负面影响。故王某彬依据马克笔书写痕迹和凿刻数字痕迹确定发动机存在问题的主张不能成立。

关于非零过户问题。案涉车辆在技术咨询公司与王某彬交易前存在一次过户，技术咨询公司发布案涉车辆为零过户的信息确与事实不符，王某彬在办理案涉车辆过户时知悉该信息后，对案涉车辆买卖合同如何处理享有当然的选择权，王某彬继续完成过户行为，足以表明其对非零过户问题认可并接受。因王某彬主张的欺诈事实不成立，故王某彬主张的其他诉讼请求亦不成立。

鉴于技术咨询公司发布案涉车辆为零过户不实信息的过错行为，是导致本次诉讼的原因之一，亦对王某彬造成一定影响，综合考虑酌定技术咨询公司给予王某彬 30000 元经济补偿。

天津市东丽区人民法院依照《最高人民法院关于适用〈中华人民共和国民事诉讼法〉的解释》第九十条，《中华人民共和国民事诉讼法》第一百四十四条的规定，判决如下：

一、被告技术咨询公司于本判决发生法律效力之日起十日内给付原告王某彬补偿款 30000 元；

二、驳回原告王某彬的其他诉讼请求。

一审宣判后，王某彬提出上诉。

天津市第三中级人民法院同意一审法院裁判意见，判决：驳回上诉，维持原判。

【法官后语】

本案的关键在于三个问题：一是车辆发动机及缸体上的书写、凿刻痕迹是否对车辆使用造成影响，被告技术咨询公司是否尽到了披露该信息义务；二是王某彬在车辆过户过程中，是否受到了技术咨询公司在网站上披露车辆“零过户”信息的影响；三是技术咨询公司对案涉车辆信息的不实披露应该承担怎样的责任。

关于第一个问题：在现有已生效判决中，认定二手车出卖人存在欺诈行为，支持二手车买受人"退一赔三"诉讼请求的理由主要包括：(1) 二手车表显里程与实际行驶里程存在严重不符的情况；(2) 二手车出卖人隐瞒车辆存在重大事故并进行大修的情况；(3) 二手车出卖人虚报车辆配置，实际配置与出卖人披露配置不符。不难看出，上述情形均有一个共同点就是因出卖人的不实披露造成二手车买受人感知价格高于二手车实际价值的情况，如符合该条件就有认定二手车出卖人存在欺诈的可能性。首先，王某彬有关涉案车辆存在质量问题的判断来源于案外人科技公司的意见，而科技公司仅是依据发动机及缸体上的书写、凿刻痕迹做出的判断，该等痕迹不足以证明与发动机的拆改、大修之间存在关联性，且科技公司并非具备合法资质的权威鉴定机构，其意见不足以为法院采信。其次，技术咨询公司在网站发布车辆检测报告载明："左前翼子板：拆卸/更换；发动机：附件拆卸痕迹；气门室盖：拆卸痕迹。"该信息与王某彬在车辆保养过程中发现的"发动机缸盖及缸体上有马克笔书写痕迹、发动机外部有凿刻数字'21'痕迹"能够认定基本一致。再次，《中华人民共和国消费者权益保护法》第二十三条第三款规定："经营者提供的机动车、计算机、电视机、电冰箱、空调器、洗衣机等耐用商品或者装饰装修等服务，消费者自接受商品或者服务之日起六个月内发现瑕疵，发生争议的，由经营者承担有关瑕疵的举证责任。"该条款中的瑕疵应当是指能够导致商品或者服务不符合其应当具有的质量、性能、用途或者有效期限的瑕疵，而本案中所涉及的痕迹尚不足以对车辆的质量、性能、用途、使用年限构成影响，仍需由王某彬举证证明涉案痕迹与车辆质量问题的关联性。最后，王某彬在知道该车发动机附件存在拆卸情况后一年的时间内驾驶该车行驶近2万公里，且在此期间未发现该车存在任何影响实际使用的问题，足以认定该车能够正常使用，综上所述足以认定技术咨询公司履行了披露信息义务，技术咨询公司在发动机附件存在拆改痕迹这一问题上不存在欺诈行为。

关于第二个问题：关于出卖人未准确披露公开信息是否构成欺诈的问题。在交易过程中，商品重要相关信息应主动、客观予以披露，并且二手车价值受过户次数影响，存在过户记录往往会造成车辆实际上的贬值。如车辆过户信息属于买受人无法知悉的信息，出卖人未披露这一信息，应构成欺诈。但在实际交易过程中，车辆过户情况对交易双方应属于公开信息，该信息在车辆的机动车登记证书中有明确载明，即使该信息未能在机动车登记证书中予以载明，但在车辆过户中二手车买受人能够从车管所了解到该信息。因此如需认定二手车出卖人隐瞒车辆过户信息应满足以下两点：（1）二手车出卖人未向买受人出示机动车登记证书或出示伪造、未如实登记的机动车登记证书；（2）在办理车辆过户手续时买受人及其代理人未亲自参与，由二手车出卖人或其他人代为办理。在本案中，王某彬本人亲自参与车辆过户过程，王某彬在过户前已明确知晓该二手车存在一次过户的情况，在车辆未过户时，王某彬完全有继续交易或终止交易的选择权，但王某彬依然选择继续交易，该行为应视为王某彬认可该车存在一次过户的事实，且该事实并未对王某彬的购买行为产生影响，或该事实虽对王某彬产生了影响，但王某彬本人能够接受，不影响交易的继续进行。

关于第三个问题：根据《中华人民共和国民法典》第七条的规定，民事主体从事民事活动，应当遵循诚信原则，秉持诚实，恪守承诺。技术咨询公司在网站上披露了车辆“零过户”的信息，王某彬基于对技术咨询公司的信任，为完成车辆交易在车辆过户前已经支付了车辆全款，并将其自有的一辆轿车交给二手车销售公司抵扣部分购车款，该行为导致王某彬在得知车辆非“零过户”后终止交易的成本增加。在后续使用车辆过程中，王某彬又发现该车发动机附件存在马克笔书写痕迹和凿刻数字痕迹，结合车辆并非“零过户”的事实，进而认为技术咨询公司可能在车辆交易过程中存在欺诈行为，故基于此提起诉讼。车辆过户信息为公开信息，技术咨询公司仅需尽到一般注意义务便可避免，技术咨询公司对案涉车辆信息的错误披露是导致本次诉讼的主要原因之一，亦对王某彬造成一定影响。

需要说明的是，互联网时代催生了大量的互联网巨头企业，作为一般消费者，通过互联网购物，相信这些互联网巨头企业是我们唯一的选项，因此互联网巨头企业更应当肩负起相应的社会责任，深入践行诚信的价值准则，为消费者提供更加优质的服务，而不是利用互联网信息不对称的优势地位攫取更大利益。本案中，技术咨询公司的行为虽未构成欺诈，但技术咨询公司未能完全恪守诚信原则是导致王某彬对其产生不信任的主要原因，进而导致了诉讼的发生。在诉讼过程中，技术咨询公司亦未能拿出切实有效解决问题的方案与王某彬积极调解，造成原本付出较小成本就能解决的纠纷，最后演变成双方历时两年，付出相当大的时间成本和金钱成本才得以解决的纠纷。对于技术咨询公司而言，该成本是完全可以承受的，但是对于王某彬而言，因诉讼造成的时间成本、金钱成本的花费都是极大的，如机械地参照法条驳回王某彬的全部诉讼请求，一方面不利于平衡王某彬与技术咨询公司之间的利益关系，无法做到案结事了；另一方面也无法对技术咨询公司的不诚信行为作出惩戒，降低了技术咨询公司不诚信的违法成本。故综合考虑酌定技术咨询公司给予王某彬30000元经济补偿。

本案不同于一般消费者起诉经营者提供商品或者服务有欺诈行为要求“退一赔三”，要么支持原告诉讼请求“退一赔三”，要么驳回原告诉讼请求。经营者虽存在一定过错但该过错并未达到欺诈行为的，不宜适用《中华人民共和国消费者权益保护法》第五十五条，但判决驳回原告诉讼请求亦无法达到对经营者的过错进行惩戒的目的。故应基于公平原则和诚实信用原则，判决经营者对消费者进行合理补偿。通过判决存在过错经营者对消费者就进行合理补偿，能够充分发挥社会主义核心价值观在案件审理中的引领和导向作用，引导经营者秉承诚信的价值准则，同时公正、平等地协调双方之间的利益关系，确保案件的政治效果、法律效果和社会效果的有机统一，不断提升司法裁判的法律认同、社会认同和情理认同。这对于今后审理相关类似案件具有十分重要的指导意义。

编写人：天津市东丽区人民法院　周兆林

13

公司为他人债务以房抵债的法律性质及审查思路

——文化公司诉发行公司、置业公司买卖合同案

【案件基本信息】

1. 裁判书字号

上海市第一中级人民法院（2021）沪 01 民终 496 号民事判决书

2. 案由：买卖合同纠纷

3. 当事人

原告（上诉人）：文化公司

被告（被上诉人）：发行公司、置业公司

【基本案情】

2017 年 5 月 11 日，发行公司作为甲方，原告作为乙方，案外人作为丙方，签订《三方合作协议》，约定三方共同确定房产的价值为 4424583 元，乙方同意该房产网签完成后根据甲方的订单要求发货。房屋过户给乙方后，其中 198 万元用来偿还丙方应付乙方的前期账款，另外房产价值 2444583 元，乙方根据甲方的订单发货总码洋 8429596.55 元。2017 年 6 月 7 日，原告作为乙方，发行公司作为甲方，置业公司作为丙方，签订《三方合作协议》，约定：甲、乙、丙三方共同确定上述房产的价值为 4424583 元，乙方按约定的房产价值以 58 折向甲方发货价值为 4424583 元的实洋图书，并按照本协议的约定向甲方发货。若丙方用于网签过户给乙方的房产为五证不全或存在任何债权债务等法律纠纷导致乙方无法正常办理产证的，则丙方须按三方约定房产价值的 2 倍向乙方支付违约金，乙方收到违约金后须将房产退回丙方。

2017年6月7日、6月8日，原告作为买受人与置业公司作为出卖人，就抵债房屋签订《商品房买卖合同（预售）》。2019年11月13日，绥中县人民政府和东戴河新区管理委员会向云基地项目购房业主发布承诺书，保证于2020年6月底交楼。

文化公司与发行公司均确认系争房屋至今未办理房屋所有权过户登记。文化公司确认不再主张房屋所有权过户。文化公司与发行公司盖章确认2017年、2018年《结算单》，确认已收货金额合计4421183元。前述图书按照实洋29折计算金额为2208970.049元，加上退货运费3242.90元及债务198万元后合计4192212.95元。

置业公司的注册资本是2000万元，股东是李某和Y公司。其中，李某的实缴出资额是1020万元，占比51%；Y公司的实缴出资额是980万元，占比49%。Y公司的注册资本是5000万元，股东是李某和刘某明。李某认缴出资额是4950万元，占比99%；刘某明认缴出资额是50万元，占比1%。

【案件焦点】

1. 被告置业公司以房抵债对应主债务金额、法律性质、违约金的认定；2. 以房抵债中未办理登记的违约责任及法定代表人多重身份下公司为他人以房抵债效力的审查。

【法院裁判要旨】

上海市金山区人民法院经审理认为：首先，对于文化公司与发行公司、Y公司签订的《三方合作协议》（以下简称协议一）及文化公司与发行公司、置业公司签订的《三方合作协议》（以下简称协议二）的法律性质。本案中两份协议均系以物抵债协议，但是对房产所抵债务如何组成有不同约定。文化公司认为应以协议二约定的58折及结算单载明的58折为准，即4421183元，其也认可房产抵销了协议一约定的Y公司欠付文化公司的198万元债务。而发行公司认为协议一可以推定出图书价值实际按29折结算，与Y公司所欠文化公司债务198万元，二者合计应为房产所抵债务的价值。发行公司陈述与所抵房产价值一致，予以认定。同时，两笔所抵债务的法律性质又有所不同。在两份协议签订之时，一笔是 198 万元已到期债务，另一笔是尚未开始履行的即未到期的文化公司向发行公司负有的图书交货义务。故置业公司以房抵债协议条款，同时包括新债清偿和让与担保两方面。对于新债清偿部分，文化公司已明确不再要求继续履行房屋过户手续，应视为恢复履行 198 万元的旧债，发行公司作为债务承担人，文化公司有权要求其继续履行该货款债务；对于让与担保部分，因未完成房屋产权过户这一公示，应按照图书买卖合同关系进行审理，文化公司也不得请求实际履行房地产买卖合同，现其已向发行公司履行图书交付义务，文化公司亦有权要求发行公司支付图书款。

文化公司还依据协议一约定，要求发行公司支付违约金。现文化公司要求违约金按照房产价值一倍支付，发行公司抗辩过高。法院认为，文化公司未提供证据证明其实际损失，应推定为资金占用利息损失。考虑到文化公司实际损失将因受偿时间的持续而不断扩大、当事人对房产价值两倍的违约金约定的可预见性等因素，法院对违约金计算方式进行适当调整。因双方未约定图书款付款时间，文化公司于 2018 年完成图书送货，之前亦未就原债权向发行公司进行过催讨，法院调整以货款为基数，自本案立案日 2020 年 1 月 9 日起算，以全国银行间同业拆借中心公布的同期贷款市场报价利率为基础，参照逾期罚息利率及不过分高于损失的 30%等因素，酌定按每日万分之二的标准计算至实际清偿日止，且最高不超过原债权金额 4192212. 95 元。

其次，对于《三方合作协议》其他条款的法律效力。置业公司虽作出以物抵债的约定，但至今未办理房屋过户登记，其中未到期债务性质是让与担保，已到期债务属于以房抵债，具有以房产价值为限进行债务加入的意思表示，也应准用公司为他人提供担保的有关规则处理，法院一并分析如下：根据《中华人民共和国公司法》第十六条的规定，公司向其他企业投资或者为他人提供担保，依照公司章程的规定，由董事会或者股东会、股东大会决议……公司为公司股东或者实际控制人提供担保的，必须经股东会或者股东大会决议……该项表决由出席会议的其他股东所持表决权的过半数通过。文化公司并未提供证据证明置业公司签订协议二时作出过股东会决议，故协议二中以物抵债的其他约定亦属无效。文化公司要求置业公司对货款及违约金承担共同付款责任的主张，缺乏依据。但根据法律规定，可以按照担保法及有关司法解释关于担保无效的规定处理。在文化公司与发行公司之间的主合同有效而担保合同无效的情况下，根据《最高人民法院关于适用〈中华人民共和国担保法〉若干问题的解释》第七条之规定，主合同有效而担保合同无效的，债权人、公司有过错的，公司承担民事责任的部分，不应超过债务人不能清偿部分的二分之一。因文化公司未对决议进行形式审查，置业公司人员存在越权以公司名义对外提供担保、进行债务加入，双方均有过错，法院酌定置业公司对发行公司债务不能清偿部分承担二分之一的民事责任。根据《中华人民共和国物权法》之规定，担保物权的担保范围包括主债权及其利息、违约金、损害赔偿金、保管担保财产和实现担保物权的费用，且在担保合同有效，而在未能办理物权公示手续的情况下，担保人所承担的违约责任系以担保物价值为限，故在让与担保、债务加入无效的情况下，同样应参照适用，即置业公司的责任范围应以抵债物的价值为限。鉴于抵债房产现状不明，至今未能办理过户，客观上无法启动价值评估程序，考虑到协议书中房产价值系文化公司与发行公司、置业公司三方合意的结果，也与文化公司提供证据中置业公司出卖的同类其他房产价值相当，法院认定抵债房产价值为三方协商确认的4424583元。

上海市金山区人民法院判决如下：

一、发行公司应于判决生效之日起十日内支付文化公司货款4192212.95元；

二、发行公司应于判决生效之日起十日内支付文化公司违约金（自2020年1月9日起，以货款4192212.95元为基数，按照每日万分之二计算至实际清偿日止，且最高不超过4192212.95元）；

三、置业公司对上述第一项、第二项付款义务在发行公司不能清偿部分的二分之一且不超过4424583元范围内承担连带赔偿责任；

四、驳回文化公司的其余诉讼请求。

原告不服提起上诉。

上海市第一中级人民法院经审理认为：对于文化公司上诉称，李某持有置业公司 51%股权，且李某持股 99%的案外人 Y 公司持有置业公司 49%股权，即李某直接以及间接持有置业公司 99.51%股权，故李某在协议二上加盖其印章的行为系持有置业公司三分之二以上有表决权的股东签字同意。对此，本院持有否定意见。理由如下：首先，从协议二的落款处来看，甲、乙二方在各自的“盖章”栏加盖印章，相关人员在“代表人”栏签字。丙方即置业公司在“盖章”栏同样加盖印章，“代表人”栏盖有“李某之印”。可见，李某是以置业公司代表人的身份在协议二上加盖其印章的。而且，文化公司在上诉时明确表示，“李某之印”是李某所有的置业公司法定代表人印章。从现有证据及“李某之印”所加盖的位置来看，文化公司无法证明协议二上加盖有“李某之印”，系表明李某有同时代表置业公司、其自身以及案外人 Y 公司行权的意思表示。其次，“担保合同系由单独或者共同持有公司三分之二以上有表决权的股东签字同意”系公司对外担保时无须公司机关决议的例外情况，应当从严把握。文化公司以李某间接持股为由经折算扩大李某对置业公司的持股比例，这种通过“股权穿透”所确定的持股比例系不当扩大上述例外情形的适用范围。事实上，《中华人民共和国公司法》关于以持股比例为基础来行使表决权的规定中，均无可以通过间接持股来直接行使表决权的情况。故判决：驳回上诉，维持原判。

【法官后语】

本案是在《全国法院民商事审判工作会议纪要》出台后，民法典及担保解释发布之前审理的以房抵债的典型案件，一、二审法院从不同角度进行了详细的分析与说理，案件法律关系既涉及以物抵债，又涉及让与担保，还涉及以房抵债未能办理过户登记的违约责任、公司为他人债务以房抵债的法律效力认定等问题，既涉及对已有法律问题的梳理、总结与思考，也涉及对新出现法律问题如公司为他人以房抵债中法定代表人签章效力及法定代表人多重身份竞合、间接持股是否需要穿透审查等问题的探讨，具有较高的理论研究价值。

一、以房抵债涉及的法律关系及法律性质

本案特殊之处在于，以房抵债协议涉及两种法律关系，即新债清偿和让与担保两个方面。

为了避免产生债权人乘人之危的道德风险，平衡债权人与债务人之间的合法权益，对于以物抵债协议，以履行期限届满这一时间节点作为区分，司法实践、审判理论、现有立法（民法典及担保解释）中已达成较为一致的处理意见，即：(1) 如果当事人是在履行期届满后达成的，则推定双方经过平等协商达成协议，在不涉及外部普通债权人的前提下，尊重双方当事人的真实意思表示，认定以物抵债协议效力，并将其定性为新债清偿，赋予债权人权利选择权。因同时存在新旧两债，若债务人不履行以物抵债协议的，债权人可以请求继续履行以物抵债协议，此时旧债处于休眠状态，如新债履行完毕，则双方债权债务关系了结，如新债无法履行，则债权人可以请求恢复履行旧债。(2) 如果当事人是在履行期届满前达成的，性质应属于让与担保。就让与担保而言，虽然法律承认其担保属性，但其作为非典型性担保，较法定担保物权利行使受到诸多限制，如果在未办理权利公示即登记或者交付的情况下，债权人无权请求继续履行，即办理过户登记或交付等权属变更，而只能根据原债权债务关系提起诉讼，且因作为担保的买卖合同未经公示，也不具有物权效力，债权人不能对价款优先受偿。如果当事人根据约定已经完成财产权利变动的公示方式，债权人则可以请求参照法律关于担保物权的规定对财产拍卖、变卖、折价优先偿还其债权。

就本案协议的实际履行而言，原告与被告置业公司签订了商品房预售买卖合同，后原告向被告发行公司履行了图书交付义务，抵债房产至今未能办理房屋所有权过户登记。在诉讼中，对于新债清偿部分，原告已明确不再要求继续履行房屋过户手续，应视为恢复履行 198 万元的旧债，原告有权要求被告发行公司继续履行该货款债务。对于让与担保部分，因未完成房屋产权过户这一公示，应按照图书买卖合同关系进行审理，原告也不得请求实际履行房地产买卖合同，现其已向被告发行公司履行图书交付义务，原告亦有权要求被告发行公司支付图书款。

故本案虽然涉及新债清偿和让与担保两方面内容，但因法律行为的履行情况导致最终法律后果相同，即均为债权人要求主债务人履行债务。

二、以房抵债未办理登记的违约责任

虽然以物抵债及让与担保因未办理过户登记而相应物权法律效力受到影响，但是担保人并不因此免除责任。

就不动产抵押权而言，仅签订不动产抵押合同，但是并未办理抵押权登记，则抵押权并未设立，债权人主张行使抵押权缺乏法律依据，那么抵押人还有无其他法律责任呢？司法实践、审判理论中认为，是否办理抵押权登记并不影响抵押合同的效力，抵押合同有效签订后，即对双方当事人发生法律效力。如果抵押人按约办理抵押权登记的，则债权人有权行使抵押权。如果抵押物因灭失、转让等原因不能办理抵押权登记的，抵押人应当承担相应的违约责任，但是抵押人并不是保证人，保证合同中保证人以自己的全部财产对主债务承担连带担保责任，抵押合同中，抵押人仅以抵押财产的价值为限承担担保责任，类似于保证责任，本质上属于非典型担保的一种。故债权人有权主张违约责任的范围亦受以上限制。

在第三人提供让与担保的情形下，因未能办理不动产所有权转让登记，债权人无权主张优先受偿权，但参照不动产抵押权未能办理抵押登记的处理原则，债权人亦有权要求让与担保人以担保物价值为限承担违约责任。而在第三人提供以物抵债的情形下，除享有以物抵债所明确的法律后果，就其法律性质而言，亦类似于第三人进行债务加入，第三人作为新债务人与原债务人一起向债权人承担连带责任。债务加入人与原债务人不是主从关系，不受保证期间红利的保护，承担责任后也不当然享有对原债务人的追偿权。较通常的债务加入不同的是，以物抵债不是以第三人的全部责任财产，而是以物为限进行加入。总体而言，债务加入人或者以物抵债人承担的责任远重于担保人承担的责任。根据“举轻以明重”的法律原理，债权人亦有权要求第三人承担违约责任，即以物抵债中物的价值为限赔偿债权人履行利益的损失。

三、法定代表人多重身份下公司为他人以物抵债及让与担保的审查要点

《中华人民共和国公司法》第十六条第一款和第二款规定，公司向其他企业或者为他人提供担保，依照公司章程的规定，由董事会或股东会、股东大会决议……公司为公司股东或者实际控制人提供担保的，必须经股东会或者股东大会决议。

本案被告置业公司股东李某持股占比51%，Y公司持股占比49%，法定代表人及执行董事均为李某。Y公司股东是李某和刘某明，持股比例分别为99%、1%。被告置业公司在协议处加盖公司公章及法定代表人章。

本案情形引发三个争议问题。一是法定代表人章的证明力？能否认定法定代表人签章与法定代表人签字具有同等法律效力，如非法定代表人本人而是公司其他人员加盖法定代表人签章是否发生法定代表人确认的法律效力？二是法定代表人与执行董事重合时，越权担保如何审查？法定代表人签字或者盖章是否推定同时代表两种身份即法定代表人和执行董事在行使权利？无论公司章程是否规定执行董事享有相当于董事会职权，因公司章程的规定不能对抗善意相对人，执行董事的签字是否具有相当于董事会决议的效力？三是法定代表人与股东重合，且存在间接持股，表决权是否应当“穿透审查”，公司为他人担保无须决议的例外情形如何认定？

首先，法定代表人签章的法律效力问题。第一，盖章行为的意义在于推定行为的意思表示，自然人在合同书上加盖公司公章的行为表明，其是职务行为或者公司行为而非个人行为。对于公章的审查，原则上要确认“看人不看章”的裁判思路，关键不在于章的真假，而在于盖章之人有无代表权或者代理权。对于法定代表人章，如果是法定代表人加盖，当然代表法定代表人行权的意思，如果是其他人员加盖应当如何认定呢？笔者认为，法定代表人章是由公司法定代表人或者其授权人员进行管理，即便并非法定代表人本人加盖，也可以推定是法定代表人授权人员进行加盖，与法定代表人签字具有同等法律效力。第二，公章的种类需与行权内容、文件种类相匹配。法定代表人同时是执行董事，加盖法定代表人章是否发生执行董事行权的法律效果，我们认为并不当然。法定

代表人章从文义来看，即是行使法定代表人职权，而本案中，加盖的位置也是“代表人”处，显然是李某在行使法定代表人职权，代表被告置业公司进行确认，而并无行使代表执行董事、自身及Y公司股东身份行权的意思表示。法定代表人签字是否发生多重身份同时行权的意思表示，我们认为也需要结合合同内容、合同履行情况、双方交易习惯及通常交易观念审查认定，不能一概而论。

其次，公司法定代表人与执行董事、股东身份竞合下非关联担保的审查理念与标准。

从公司为他人提供担保的立法目的分析。由于《中华人民共和国公司法》第十六条对法律后果规定不明确，理论和实践中存在“内部关系说”、“规范性质识别说”和“代表权限制说”等不同观点。2019年《全国法院民商事审判工作会议纪要》明确采纳最后一种观点，民法典担保解释进行完善。公司为他人提供担保，从担保协议外观上看是一种“无偿”行为，不排除公司与债务人内部存在隐性对价，但是担保责任的承担与其获得的对价显然是难以对等或者量化的，承担清偿责任也意味着直接减少公司营业资产，有较大的风险，如果决策不当，将会给公司、股东和债权人造成损失。故公司对外投资和为他人提供担保，《中华人民共和国公司法》将其归属于公司的重大经营行为和民事活动。故该条不仅是对法定代表人越权担保的限制，而且是对公司对外担保作出的限制，无论法定代表人，还是公司其他人员，包括“股董监高”及工作人员等，以公司名义对外担保，均需要受到该条拘束，即公司为他人提供担保，应当经过公司机关决议。

从立法进展来看，2019年《全国法院民商事审判工作会议纪要》已就公司对外担保问题明确意见，一是债权人对公司机关决议需要尽到形式审查义务，二是明确四类无须审查公司决议的例外情形。随着实践审判的经验总结，《最高人民法院关于适用〈中华人民共和国民法典〉有关担保制度的解释》作出趋严审查的规定，一是将形式审查修改为合理审查，债权人需要对决议程序即决议内容是否存在明显瑕疵进行审查。二是限缩了无须决议的例外情形。将《全国法院民商事审判工作会议纪要》“公司为其直接或者间接控制的公司开展经营活动向债权人提供担保”修改为“公司为其全资子公司开展经营活动提供担保”、删除了《全国法院民商事审判工作会议纪要》“公司与主债务人之间存在相互担保等商业合作关系”的规定。从例外情形对公司对外担保的审查规定来看，持从严把握态度。

对于公司对外担保，原则上遵循公司组织体的特征，应当进行“集体决策”（例外情形是一人公司，其并非组织体），非关联担保需要董事会或者股东会决议。不设董事会而只设执行董事的公司中，执行董事必要时可以行使董事会职权。但是当法定代表人和执行董事为同一人时，是否法定代表人签字即可认定发生执行董事签字的法律效力？笔者认为，在二人身份竞合的情形下，签名行为虽然未披露是行使法定代表人权限还是执行董事权限，但其“代表性”的外观特征应当推定具有同时行权的意思表示，例外情形，如加盖法定代表人章，或者明确是行使某一权限，才具有分别行权的意思。同时，笔者认为，《中华人民共和国公司法》第十六条规定目的是约束公司中法定代表人、“股董监高”及其他工作人员越权担保给公司造成损失。实践中法定代表人与执行董事身份重合的情形已经较为普遍，如果因法定代表人签字而据此推定已经内部决议程序，则将很大程度上架空《中华人民共和国公司法》第十六条规定的适用，导致公司为他人担保审查规则上的尺度不统一。

对于间接持股及“穿透审查”问题。我们注意到，间接持股，是实际控制人或者股东为获取公司控制权同时为获得公司与股东人格独立而获得的保护进行的一种股权结构模式，“穿透审查”则可能出现在法人人格混同案件的审查中及中小投资者与目标公司之间的投资协议。毫无疑问，实际控制人通过间接持股即可获得对“子公司”“孙子公司”等的控制权，但是在公司法人独立地位和股东身份上，仍然是针对具体公司和其股东进行认定。无论是民法典，还是公司法的现有规定，均没有通过“穿透审查”、间接持股来直接折算股东表决权的情况。在公司对外担保规则已经确定的情况下，债权人的合理审查义务，即应当对公司机关决议负有合理审查义务。如果公司的股东均系公司主体的，笔者认为债权人的审查义务也仍是以法律规定要求为限，而无须对股东公司的机关决议进行审查。

编写人：上海市第一中级人民法院 申智
上海市金山区人民法院 唐旭田

14

瑕疵合同效力的认定

——商贸公司诉贸易公司买卖合同案

【案件基本信息】

1. 裁判书字号

山东省济南市中级人民法院（2021）鲁01民终6235号民事判决书

2. 案由：买卖合同纠纷

3. 当事人

原告（上诉人）：商贸公司

被告（上诉人）：贸易公司

【基本案情】

2020年12月，原告商贸公司与贸易公司签署了《买卖合同》，约定本合同经双方法定代表人或其授权的委托代理人签字并盖章后生效，但实际签署时，商贸公司仅加盖公章并未有法定代表人或其授权的委托代理人签字。后商贸公司依约向贸易公司支付履约保证金。2021年1月15日，商贸公司通知贸易公司：约定的最后交货时间为2021年1月15日，但至2021年1月18日你公司仍未履行交货义务，此行为已经构成违约，请求你公司继续履行。但贸易公司始终未履行，将履约保证金如数退还，并认为《买卖合同》成立但并未生效，故成讼。

【案件焦点】

商贸公司与贸易公司签署的《买卖合同》是否生效。

【法院裁判要旨】

山东省济南市历城区人民法院经审理认为：合同中约定“本合同经双方法定代表人或其授权的委托代理人签字并盖章后生效”，但该条款约定的仅为合同生效的条件，并非附生效要件的合同。该合同虽未经一方当事人的法定代表人或委托代理人签字存在形式瑕疵，但瑕疵方自始至终并未否认合同效力，并向相对方履行交纳履约保证金的合同义务，相对方已接受该保证金，并在无法供货后退还该保证金。基于合同履行情况及法律规定，涉案合同已成立并发生法律生效效力系出于双方真实意思表示。

关于争议焦点。本院认为，两份《买卖合同》成立并依法有效，对双方有约束力。第一，本案中商贸公司虽未按合同约定由其法定代表人或其授权的委托代理人在两份《买卖合同》签字并盖章，仅有公司盖章，导致合同生效要件上存在形式瑕疵。但该两份合同均系贸易公司首先签署并盖章，之后邮寄至商贸公司，商贸公司最后在合同上盖章并同时持有该两份合同原件，其自始至终并未否认合同效力。即贸易公司先签字盖章、后邮寄合同文本的行为，以事实行为从其内心深处表明其对合同是否由商贸公司法定代表人或委托代理人签字并未在意，而是默认双方已经签订合同并即将履行。第二，商贸公司于2020年12月21日依据合同约定向贸易公司支付全部履约保证金，商贸公司以实际履约行为表示合同成立并生效系其真实意思表示。贸易公司收到履约保证金到2021年1月19日将履约保证金予以退还，至本案起诉前并未对合同形式瑕疵提出异议。履约保证金的字面含义是为保证合同按约定履行且实际履行，否则违约一方承担放弃保证金的危险且要承担相应的违约责任，守约一方有权扣留履约保证金。本案中，贸易公司接受商贸公司的履约保证金且未提异议，应视为其对合同效力和履约保证金这一特殊性质的保证金的认可。第三，从2021年

1月23日贸易公司发出的《告知函》可以得知，贸易公司从合同签订后一直认可合同已生效，否则不会主张系因商贸公司违约在先并要求商贸公司承担相应的违约责任。第四，查询最高人民法院类似的案例，多以当事人通过事后行为予以变更，其事后接受瑕疵责任方实际履行合同，并对合同效力认可的行为表明合同已经生效系其真实意思表示。综上，本院认为，贸易公司对具有形式瑕疵合同的效力构成追认，双方签订的两份合同合法有效。

依照《中华人民共和国民法典》第一百四十三条、第四百九十三条、第五百零九条、第五百一十条，第五百七十八条、第五百八十条、第五百八十五条，《最高人民法院关于审理买卖合同纠纷案件适用法律问题的解释》第二十一条、第二十二条，《中华人民共和国民事诉讼法》第六十四条之规定，判决如下：

一、限贸易公司在判决生效之日起十日内支付商贸公司违约金2618873.4元；

二、驳回商贸公司其他诉讼请求。

商贸公司、贸易公司均提起上诉。

山东省济南市中级人民法院经审理认为：一审判决认定事实清楚，适用法律正确，应予维持。依照《中华人民共和国民事诉讼法》第一百七十条第一款第一项之规定，判决如下：

驳回上诉，维持原判。

【法官后语】

所谓意思表示，是指行为人把发生一定私法上的内心意思表示以一定的方式表达于外部的行为。我国民法采取三阶段说，目的意思、效果意思和表示行为。目的意思是指明法律行为具体内容的意思要素；效果意思是当事人设立法律关系的意图，在合同行为中是指合同的目的；表示行为是指意思表示人将效果意思表现于外部的行为。

合同的成立是指当事人通过缔约的过程而达到意思一致。合同的生效是指已经成立的民事行为因符合法定有效要件而取得现行法律认可的效力。本案中，一方当事人虽未按照合同约定“签字并盖章”，致使合同效力存有瑕疵。但实际上在合同签订时系由无瑕疵方签字并盖章后将格式合同移交于相对方，且相对方虽仅加盖公司公章，但始终未否认合同效力，并及时向相对方按照合同约定足额交纳了履约保证金，系通过借支付履约保证金而取得传达合同生效及履行之意思。无瑕疵方接受履约保证金，直至合同履行期满未对合同效力提出异议，瑕疵方对合同效力瑕疵作出补正，即对合同约定的生效要件进行变更的目的意思与效果意思并作出表示行为，相对方亦予以接受，应视为合同成立并产生相应法律效力系双方真实之意思表示，在合同内容不违反法律、行政法规的强制性规定下，应在司法层面上确认该合同合法有效。

依据《中华人民共和国民法典》的规定，当事人采用合同书形式订立合同的，自当事人均签名、盖章或者按指印时合同成立。在签名、盖章或者按指印之前，当事人一方已经履行主要义务，对方接受时，该合同成立。依法成立的合同，自成立时生效，但是法律另有规定或者当事人另有约定的除外。可见，签字并盖章并非法律对合同生效要件作出的特殊要求。当事人可以约定生效要件，在不违反法律、行政法规的强制性规定下，亦可以根据意思自治原则对合同的约定进行修改与补正。

鉴于市场主体交易复杂性，对形式瑕疵合同的效力问题，应当结合合同双方的真实意思表示、行为、交易习惯、诚信信用原则等进行解释，方能保护市场准入主体的合法权益，营造法治化营商环境。

编写人：山东省济南市历城区人民法院　张汉霖

15

虚假印章签订的合同法律效力认定

——混凝土公司诉建设工程公司、建设工程公司南宁十三分公司买卖合同案

【案件基本信息】

1. 裁判书字号

广西壮族自治区钦州市中级人民法院（2021）桂07民终436号民事判决书

2. 案由：买卖合同纠纷

3. 当事人

原告（被上诉人）：混凝土公司

被告（上诉人）：建设工程公司、建设工程公司南宁十三分公司

【基本案情】

2015年8月10日，建设工程公司南宁十三分公司（需方）与原告（供方）签订《商品混凝土购销合同》一份，合同约定：供方为需方的灵山县妇幼保健院门诊大楼工程提供商品混凝土；按签收的数量进行结算，如需方没有按合同约定办理结算，未在结算单上签字或盖章，则以签收的供方送货单（发货单）为结算凭证，同时供方有权停止供货；每月结算一次，次月5日前结清上月砼款；如需方不能按时付款，供方有权暂停供料，需方必须向供方支付按每天千分之二计算延迟支付的违约金等内容。合同签订后，原告一直依约为涉案工程提供混凝土。2018年5月4日，原告发出的客户名为“建设工程公司-灵山县妇幼保健院门诊大楼工程”的《客户对账函》，内容：截止到2018年5月2日，尚欠原告的混凝土货款226415元，被告李某强在该对账函上签名确认并出

具《承诺书》表明“使用原告的混凝土，至2018年5月3日止欠款226415元，2018年5月4日起需使用约130000元的混凝土”，并承诺支付砼款。2018年5月4日至2018年5月7日期间，原告又为涉案工程供应了价款为88170元的混凝土。2018年6月2日，原告发出的客户名为“建设工程公司-灵山县妇幼保健院门诊大楼工程”的《客户对账函》，内容：截至2018年5月31日，尚欠原告的混凝土款为314585元。2018年6月6日，案外人李某瑞在《客户对账函》上签名确认。此后，被告建设工程公司南宁十三分公司、建设工程公司没有支付货款。

【案件焦点】

1. 建设工程公司南宁十三分公司是否应当承担支付货款的责任；2. 逾期付款违约金应该如何计算。

【法院裁判要旨】

广西壮族自治区灵山县人民法院经审理认为：原告与建设工程公司南宁十三分公司签订《商品混凝土购销合同》后，一直为涉案工程提供混凝土，建设工程公司南宁十三分公司也支付了部分混凝土款，原告有理由相信与其签订合同及履行合同的相对方为建设工程公司南宁十三分公司，原告发出的《客户对账函》对象为“建设工程公司-灵山县妇幼保健院门诊大楼工程”，证明原告在实际履行中也是这一认知。本案是买卖合同纠纷，原告依据双方签订的合同、实际供货的工程及收取混凝土货款的情况，认为合同的相对方为建设工程公司南宁十三分公司，已尽了买卖合同的相对人的注意义务。建设工程公司南宁十三分公司、建设工程公司称已将涉案工程分包给了劳务分包公司广西分公司并由其负责工程材料采购等、建设工程公司称没有授权建设工程公司南宁十三分公司签订合同，涉案《商品混凝土购销合同》上加盖的“建设工程公司第十三分公司”印章系伪造的抗辩意见，不足以否认建设工程公司南宁十三分公司系合同相对人的事实。本案中，被告建设工程公司南宁十三分公司、建设工程公司没能提供证据证明告知过原告其与劳务分包公司广西分公司的约定，原告作为买卖合同的相对人已尽了相应的注意义务。故被告建设工程公司南宁十三分公司、建设工程公司在承担了责任后，依据工程承包合同的约定可向相应的责任人追偿。综上，原告已依约向涉案工程供应了混凝土，但建设工程公司南宁十三分公司未依约付款构成违约。因此，对原告主张建设工程公司南宁十三分公司支付货款314545元的请求，予以支持。根据《商品混凝土购销合同》中对“需每月结算一次，次月5日前结清上月砼款”的约定，应当从2018年6月6日对账后的2018年7月6日起计算逾期付款违约金，原告认为合同约定的违约金过高，自动请求调整按月利率2%计取逾期付款违约金的请求并不违反法律的规定，予以支持。由于建设工程公司南宁十三分公司是建设工程公司的分公司，根据《中华人民共和国民法总则》第七十四条第二款的规定，上述民事责任应先由建设工程公司南宁十三分公司承担，不足以承担的由建设工程公司承担。原告提供的证据无法证实李某强与本案买卖合同的关系，对原告请求其承担责任，不予支持。

综上，依照《中华人民共和国民法总则》第七十四条第二款，《中华人民共和国合同法》第八条、第六十条第一款、第一百零七条、第一百一十四条第一款、第一百五十九条，《中华人民共和国民事诉讼法》第一百四十四条的规定，判决如下：

一、被告建设工程公司南宁第十三分公司支付货款314585元及逾期付款违约金（逾期付款违约金计算方法：以314585为基数，按月利率2%自2018年7月6日起计至付清之日止）给原告混凝土公司；

二、被告建设工程公司对建设工程公司南宁第十三分公司上述债务承担补充清偿责任；

三、驳回原告混凝土公司的其他诉讼请求。

建设工程公司不服原审判决，提起上诉。

广西壮族自治区钦州市中级人民法院经审理认为：本案争议的焦点问题是材料供应商向建筑工地供货后，谁应当承担支付货款责任。

本院认为，一审认定先由建设工程公司南宁十三分公司承担支付货款和利息的责任，上诉人建设工程公司承担补充责任，并无不当，理由如下：第一，涉案混凝土用于上诉人承建的项目工地，并且涉案《商品混凝土购销合同》加盖了建设工程公司南宁十三分公司公章。混凝土公司提供了其与建设工程公司南宁十三分公司签订的《商品混凝土购销合同》，虽然上诉人抗辩称该合同上南宁十三分公司的公章是伪造的，但是对于被上诉人混凝土公司而言，案涉的混凝土运送到了上诉人承建的项目工地上，由工地上人员签收，用于该工程项目的建设，案涉合同上公章由项目部人员加盖，并且还有部分货款实际已经通过建设工程公司南宁十三分公司公司账户支付，已经足以让交易相对人混凝土公司产生合理信赖，让被上诉人对建设工程公司南宁十三分公司公章的真实性进行实质审查义务过于严苛，不利于保护交易安全。混凝土公司作为善意交易相对方，涉案的建设工程公司南宁十三分公司公章是否伪造并未经鉴定，即使公章属于伪造，李某强的行为也构成表见代理，建设工程公司南宁十三分公司仍要承担民事责任。如公安机关查实相关人员确实存在私刻公章的行为可以另案处理，不影响本案民事法律关系的审理和认定。第二，从建设工程公司南宁十三分公司通过其公司银行账户支付了部分货款给被上诉人混凝土公司的情况分析。虽然上诉人主张涉案的工程已经转包给了劳务分包公司广西分公司，但是在上诉人提供的《工程承包合同书》里面约定，甲方（即建设工程公司）对乙方采购的材料进行现场监督验收，并且建设工程公司的银行账户管理应由其公司自己管理，建设工程公司南宁十三分公司实际通过其公司银行账户分两次支付了货款给混凝土公司，还特别标注了是“灵山门诊楼混凝土款”和“灵山妇幼门诊工程款”，由此可见，建设工程公司南宁十三分公司对于购买涉案的混凝土是明知的，对于支付相关混凝土货款给混凝土公司也是明知并认可的。第三，虽然上诉人主张应追加劳务分包公司广西分公司及其负责人李某瑞作为当事人，但本案是买卖合同关系纠纷，上诉人与劳务分包公司广西分公司之间关系属于另一法律关系，上诉人与劳务分包公司广西分公司之间没有进行工程结算，发包方与上诉人之间也没有进行工程结算，上诉人与劳务分包公司广西分公司之间的债权债务可再另行协商或者另案处理。因此，综合涉案工地现场人员签收混凝土情况、涉案工地实际使用混凝土情况、建设工程公司南宁十三分公司通过公司账户支付货款情况等因素，一审法院处理，并无不当。因在二审中，被上诉人混凝土公司确认已经收取了李某强支付的50000元，所以建设工程公司南宁十三分公司应支付上诉人混凝土公司货款264585元及逾期付款违约金，建设工程公司对上述债务承担补充清偿责任。

综上，依照《中华人民共和国民事诉讼法》第一百四十四条、第一百七十条第一款第一项、第二项之规定，判决如下：

一、维持广西壮族自治区灵山县人民法院（2020）桂0721民初167号民事判决第二项、第三项；

二、变更广西壮族自治区灵山县人民法院（2020）桂0721民初167号民事判决第一项为：一审被告建设工程公司南宁第十三分公司支付货款264585元及逾期付款违约金（逾期付款违约金计算方法：以264585元为基数，按月利率2%自2018年7月6日起计至付清之日止）给被上诉人混凝土公司。

【法官后语】

虚假印章签订的合同是否一定要鉴定以及合同的效力问题，一直以来在实务中都存在争议，本案结合案件情况对虚假印章合同效力进行认定。

在建设工程施工合同相关案件的司法实践中，有些公司有意刻制两套甚至多套公章，有的法定代表人或者代理人甚至私刻公章，订立合同时恶意加盖非备案的公章或者假公章，发生纠纷后公司以加盖的是假公章为由否定合同效力的情形并不鲜见。人民法院在审理案件时，应当主要审查签约人于盖章之时有无代表权或者代理权，从而根据代表或者代理的相关规则来确定合同的效力。《中华人民共和国民法典》第一百七十二条规定：“行为人没有代理权、超越代理权或者代理权终止后，仍然实施代理行为，相对人有理由相信行为人有代理权的，代理行为有效。”表见代理的构成要件包括：行为人无代理权实施代理行为、行为人存在代理权的外观、相对人善意且无过失。本案中，第一，建设工程公司南宁十三分公司的项目部人员具有代理建设工程公司南宁十三分公司签订合同的外观表象。涉案工程项目由建设工程公司承建，建设工程公司南宁十三分公司是建设工程公司的分公司，建设工程公司南宁十三分公司的项目部人员具备代理建设工程公司南宁十三分公司与混凝土公司购买混凝土的外观表象。第二，混凝土公司已尽到善意第三人的审慎注意义务，有理由相信建设工程公司南宁十三分公司的项目部人员有代理权。建设工程公司南宁十三分公司项目部人员与混凝土公司签订《商品混凝土购销合同》，在涉案合同上加盖了建设工程公司南宁十三分公司公章，混凝土公司运送的涉案混凝土用于建设工程公司承建的项目工地，由工地上人员签收，并且还有部分货款已经实际通过南宁十三分公司公司账户支付。无论涉案合同印章的真伪，其已经足以让交易相对人混凝土公司产生合理信赖。综合涉案工地现场人员签收混凝土情况、涉案工地实际使用混凝土情况、建设工程公司南宁十三分公司通过公司账户支付货款情况等因素，可以认定建设工程公司南宁十三分公司项目部人员加盖公章的行为构成表见代理，涉案合同具有法律效力，建设工程公司南宁十三分公司应当承担相应的法律责任。

在合同上加盖公章的法律意义在于，盖章之人行使的是职务行为即其是代表或代埋公司作出意思表示。但章有真假之分，人也存在有权无权之别，不可简单根据加盖公章这一事实就认定公章显示的公司就是合同当事人，关键要看盖章之人有无代表权或代理权。盖章之人为法定代表人或有权代理人的，即便其未在合同上盖章甚至盖的是假章，只要其在合同书上的签字是真实的，或能够证明该假章是其自己加盖或同意他人加盖的，仍应作为公司行为，由公司承担法律后果。反之，盖章之人如无代表权或超越代理权的，则即便加盖的是真公章，该合同仍然可能会因为无权代表或无权代理而最终归于无效。本案中，即使涉案印章是虚假印章，也足以认定涉案合同的效力，因此，对于建设工程公司请求对涉案合同印章申请鉴定的问题，不予支持。

编写人：广西壮族自治区钦州市中级人民法院　杨雯民

16

网络预约合同的效力

——商贸公司诉建设集团第四工程公司买卖合同案

【案件基本信息】

1. 裁判书字号

南宁铁路运输中级法院（2022）桂71民终1号民事判决书

2. 案由：买卖合同纠纷

3. 当事人

原告（被上诉人）：商贸公司

被告（上诉人）：建设集团第四工程公司

【基本案情】

2021年1月19日，被告发布《项目关于钢筋的询价单》，截止日期为2021年1月22日。被告的询价单上显示采购要求即付款方式为现金付款，预付款时间为2021年2月8日，质保金时长为收货后90天，质保金比例为订单金额5%，补充说明即我单位要求先发货，做合同，出结算，开发票，付款，预付款周期在专票入账后60天内。2021年1月21日，原告向被告发出关于钢筋的报价，提供了公司营业执照、税务登记证、注册资本1000万元及企业优势等信息，交货期说明为下单后两天内到齐。2021年1月27日原告向被告供货完毕，被告认可从此时开始计算质量保证期。2021年5月18日，被告为甲方，原告为乙方，补签订了《物资采购合同书》。合同第1.1条约定采购金额为122840元，采购物资为盘螺（φ6）、盘螺（φ8）、圆钢（φ10-36）。合同第2.2条约定质量保证期为6个月，从全部物资交货验收合格之日起计算。合同第7.2条约定，甲方对单据的真实性、准确性进行核实后，作为支付的依据。在扣除该批物资价值5%的质量保证金后，在收取乙方开具的增值税专用发票后60天内，向乙方支付该批物资价值85%的货款，剩余10%的货款滚动到次月再进行支付。如建设单位资金不到位或其他特殊原因不能按期付款时，乙方同意不计利息延期支付。合同第7.4条约定，乙方已全部履行完合同义务的，甲方在质量保证期满后三个月内，确认无任何质量问题（但并不解除乙方对物资该负的质量责任）时不计息按规定返还质量保证金。如在质量保证期内发生质量纠纷，且纠纷的解决日期超出质量保证期，则质量保证金待纠纷最终解决后30日内付清。质量保证金的支付并不免除乙方对交付物资质量的保证责任。2021年5月19日，原、被告双方进行核算，并签订了《结算单》，双方确认盘螺（φ6）、盘螺（φ8）、圆钢（φ10-36）的货物金额为125412.7元。同日，原告向被告开具并送达了涉案货物货款金额为125412.7元的增值税专用发票。涉案批次货物目前未发现质量问题，被告至今尚未支付货款，原告遂诉至本院。

【案件焦点】

1. 钢筋询价单的性质；2. 原告的诉讼请求是否符合法律规定；3. 质量保证金是否应从货款中扣除。

【法院裁判要旨】

柳州铁路运输法院经审理认为：根据《中华人民共和国民法典》第四百九十五条第一款“当事人约定在将来一定期限内订立合同的认购书、订购书、预订书等，构成预约合同”的规定，被告发布包含了付款方式、预付款时间，要求先发货，做合同等内容的钢筋询价单，原告看到被告的询价单后，则在有效期内向被告发布钢筋价格，本院认为，原、被告的上述行为，是双方在钢筋采购过程中的磋商，双方在钢筋询价单上的表述内容构成预约合同。而后，原、被告签订《物资采购合同书》，约定了采购金额、采购货物类型、结算及付款方式、违约责任等内容，该合同为本约合同，其为原、被告磋商后的真实表示意思，内容合法，是有效合同，应依约履行。原告认为合同为格式合同，其中的部分条款为格式条款的主张，无事实亦无法律依据，本院不予采纳。

关于原告的诉讼请求是否符合法律规定的问题。原告请求被告支付钢筋材料款125412.7元的诉请，该请求实际包含95%的货款及5%的质量保证金。原、被告合同第7.2条约定，在扣除该批物资价值5%作为质量保证金，被告在收到原告出具的增值税发票后60天内，向原告支付该批物资价值85%的货款，剩余10%的货款滚动到次月再进行支付。原告于2021年1月27日供货完毕，双方于2021年5月19日达成的是最终结算，结算金额为125412.7元。原告于当日出具了增值税发票给被告，被告应分别于2021年7月19日、2021年8月19日前支付扣除质量保证金后的货款106600.8元（125412.7元×85%=106600.8元）、12541.27元（125412.7元×10%=12541.27元），合计119142.07元给原告。原告请求按照国务院2020年7月5日发布的《保障中小企业款项支付条例》第六条第一款“机关、事业单位和大型企业不得要求中小企业接受不合理的付款期限、方式、条件和违约责任等交易条件，不得违约拖欠中小企业的货物、工程、服务款项”及第八条第二款“大型企业从中小企业采购货物、工程、服务，应当按照行业规范、交易习惯合理约定付款期限并及时支付款项”的规定，要求被告按照询价单上的付款日期即2021年2月8日付款，本案原告并未证实其是否属于该条例所称的中小企业，并且该条例第三条第二款规定，中小企业与机关、事业单位、大型企业订立合同时，应当主动告知其属于中小企业。原告在签订合同时，未主动告知，只是按照常规提供公司营业执照、注资等情况，且询价单仅属于预约合同，双方签订了本约合同，应按本约合同的约定履约。故原告要求被告2021年2月8日支付货款，无事实亦无法律依据，本院不予支持。原告主张以125412.7元为基数，以原告实际贷款年利率9%计算资金占用利息的诉请，该请求是赔偿逾期付款损失性质，根据《最高人民法院关于审理买卖合同纠纷案件适用法律问题的解释》第十八条第四款“买卖合同没有约定逾期付款违约金或者该违约金的计算方法，出卖人以买受人违约为由主张赔偿逾期付款损失，违约行为发生在2019年8月19日之前的，人民法院可以中国人民银行同期同类人民币贷款基准利率为基础，参照逾期罚息利率标准计算；违约行为发生在 2019 年 8 月 20 日之后的，人民法院可以违约行为发生时中国人民银行授权全国银行间同业拆借中心公布的一年期贷款市场报价利率（LPR）标准为基础，加计 30-50%计算逾期付款损失”的规定，原、被告在签订合同时，对支付逾期付款利息的问题没有约定，应按照该规定计算。原告主张的按照其实际贷款利率 9%支付利息，但其提供的网商贷款合同及贷款证明不能证明与本案有直接关联，其与被告也没有按实际贷款利率支付逾期付款损失的约定，原告请求按照其实际贷款利率 9%支付利息，无事实和法律依据，本院不予支持。但其请求的逾期付款利息高于全国银行间同业拆借中心公布的一年期贷款市场报价利率，可按照《最高人民法院关于审理买卖合同纠纷案件适用法律问题的解释》第十八条第四款给予上浮。被告应于 2021 年 7 月 19 日、2021 年 8 月 19 日前支付货款，但至今尚未支付，违约行为发生在 2019 年 8 月 20 日之后，因此，原告主张的资金占用利息应按照逾期付款利息计算，以 119142. 07 元为基数，按照同期全国银行间同业拆借中心公布的一年期贷款市场报价利率，上浮 50%支付，分别从 2021 年 7 月 20 日、2021 年 8 月 20 日计算至履行完毕之日止。被告主张其资金困难，不支付逾期利息的辩解，理由不充分，本院不予采纳。原告主张被告支付律师费及诉讼相关咨询费、交通费、食宿费、出差补助及相关费用、财产保全保险费的诉请，原、被告合同并未约定，亦无法律规定，本院不予支持，予以驳回。

关于质量保证金是否应从货款中扣除的问题。原、被告合同第 2. 2 条、第 7. 4 条的约定，质量保证期为 6 个月，从全部货物验收合格之日起，质量保证期满后三个月内不计息退还质量保证金。原告已于 2021 年 1 月 27 日供货完毕，被告亦认可从此时开始计算质量保证期，至 2021 年 7 月 27 日质量保证期满，且货物目前未存在质量问题，被告应按约定于 2021 年 10 月 28 日前不计息退还原告质量保证金 6270. 63 元（125412. 7 元×5%＝6270. 63 元），但被告至今尚未支付货款，亦未扣除质量保证金，故该批货物的质量保证金不应当再从货款中扣除，质量保证金应冲抵货款一并支付给原告。该笔货款从 2021 年 10 月 29 日，依据《最高人民法院关于审理买卖合同纠纷案件适用法律问题的解释》第十八条第四款之规定，以同期全国银行间同业拆借中心公布的一年期贷款市场报价利率为基础，上浮 50%计算利息，至履行完毕之日止。

柳州铁路运输法院依照《中华人民共和国民法典》第四百六十五条、第四百九十五条、第五百零九条，《最高人民法院关于审理买卖合同纠纷案件适用法律问题的解释》第十八条第四款之规定，判决如下：

一、被告建设集团第四工程公司支付给原告商贸公司货款 125412.7 元及逾期利息（利息分段计算：以 106600.8 元为基数，按照同期全国银行间同业拆借中心公布的一年期贷款市场报价利率，上浮 50%，从 2021 年 7 月 20 日计算至履行完毕之日止；以 12541.27 元为基数，按照同期全国银行间同业拆借中心公布的一年期贷款市场报价利率，上浮 50%，从 2021 年 8 月 20 日计算至履行完毕之日止；以 6270.63 元为基数，按照同期全国银行间同业拆借中心公布的一年期贷款市场报价利率，上浮 50%，从 2021 年 10 月 29 日计算至履行完毕之日止）；

二、驳回原告商贸公司的其他诉讼请求。

建设集团第四工程公司不服一审判决，提出上诉。

南宁铁路运输中级法院经审理认为：一审法院认定事实属实，本院依法予以确认。《最高人民法院关于审理买卖合同纠纷案件适用法律问题的解释》第十八条第四款规定，买卖合同没有约定逾期付款违约金或者该违约金的计算方法，出卖人以买受人违约为由主张赔偿逾期付款损失，违约行为发生在 2019 年 8 月 19 日之前的，人民法院可以中国人民银行同期同类人民币贷款基准利率为基础，参照逾期罚息利率标准计算；违约行为发生在 2019 年 8 月 20 日之后的，人民法院可以违约行为发生时中国人民银行授权全国银行间同业拆借中心公布的一年期贷款市场报价利率（LPR）标准为基础，加计 30%至 50%计算逾期付款损失。本案中，建设集团第四工程公司应分别于 2021 年 7 月 19 日、2021 年 8 月 19 日前支付货款，但未予支付，商贸公司主张的资金占用利息实际为逾期付款损失，一审法院参照上述规定，判决建设集团第四工程公司以同期全国银行间同业拆借中心公布的一年期贷款市场报价利率为基础，上浮 50%支付逾期付款利息，符合法律规定，本院予以支持。关于建设集团第四工程公司主张其与商贸公司签订的合同已约定其资金周转困难或有其他特殊原因时可不计利息，不应支付逾期利息的意见，首先该条约约定对于具体是哪些情形为资金周转困难并不明确，难以作出判断，属于约定不明。其次建设集团第四工程公司也未提交相关证据证实其资金周转困难或有其他特殊原因，导致其不能按时付款，故建设集团第四工程公司的该项主张，本院不予支持。

关于质量保证金问题，双方签订的合同约定质量保证期为6个月，从全部货物验收合格之日起，质量保证期满后三个月内不计息退还质量保证金。商贸公司已于2021年1月27日供货完毕，按约定建设集团第四工程公司应于2021年10月28日前不计息退还质量保证金。由于建设集团第四工程公司未支付货款，亦未扣除质量保证金，一审法院判决该笔质量保证金从2021年10月29日，以同期全国银行间同业拆借中心公布的一年期贷款市场报价利率为基础，上浮50%计算利息，至履行完毕之日止，并无不当，本院予以支持。

南宁铁路运输中级法院依照《中华人民共和国民事诉讼法》第一百七十七条第一款第一项之规定，判决如下：

驳回上诉，维持原判。

【法官后语】

预约合同是相对于本约合同而言的一种特殊合同，系指当事人约定为将来一定期限内订立合同而达成协议，是当事人在本约内容达成一致前作出的有约束力的意思表示。在我国实践中，预约合同的适用范围非常宽泛，租赁、承揽、商品房买卖、民间借贷、买卖合同等领域均存在，还存在意向书、允诺书、定金收据、原则性协议、框架性协议、临时协议等。预约合同大量存在社会生活中，为了市场经济及社会的需要，《中华人民共和国民法典》以立法形式在合同编通则部分首次确定预约合同，预约合同正式成为一项法律。《中华人民共和国民法典》第四百九十五条规定，当事人约定在将来一定期限内订立合同的认购书、订购书、预订书等，构成预约合同。当事人一方不履行预约合同约定的订立合同义务的，对方可以请求其承担预约合同的违约责任。民法典更强调预约合同的实质要件，即有于将来一定期限内订立合同的意思表示，同时损害赔偿不再单列，而将之归于违约责任。预约合同的目的在于订立本约合同（即将来要订立的合同），一方当事人违反合同约定不履行订立本约合同的义务，应当向对方承担违约责任。预约合同与本约合同之间既相互独立，又相互关联，签订预约合同的目的在于订立本约合同，预约合同的标的须是在一定期限内签订本约合同，履行预约合同的结果即为订立本约合同。在司法实践中，判断当事人之间系预约合同关系还是本约合同关系，不能仅根据协议名称或者单凭一份协议予以简单认定，而应当综合审查协议的内容以及当事人后续为签订新合同进行的磋商乃至履行行为等客观事实，从中分析与探寻当事人是否有在将来另行签订新合同的意思表示，并据此对双方当事人之间的法律关系作出准确界定。本案中，原告认为其在网络上发布的网络预约是本约合同，而签订的书面《物资采购合同书》是格式合同，应按照网络预约合同中约定的预计付款期限支付货款及计算逾期付款利息，不应按照格式合同的条款来履行。笔者认为，被告发布包含了付款方式、预付款时间，要求先发货，做合同等内容的钢筋询价单，原告看到后，在有效期内向被告发布钢筋价格，从表述内容看，是以未来签订书面合同为目的，构成预约合同。且原、被告之后在被告住所地签订书面《物资采购合同书》，双方有多次同类经济往来，所签合同条款有所区别，是协商一致的意思表示，没有证据证明是格式合同，所签订的《物资采购合同书》是本约合同，本约合同对交货方式、付款期限、违约责任等作出了明确约定，故应按本约合同确定的付款期限支付货款及计算逾期付款利息等内容履行。本案界定了网络预约合同和本约合同各自的效力，准确适用《中华人民共和国民法典》预约合同条款，让合同双方的权利义务有了明确的法律可依，从而更好地指引当事人进行经济活动。

编写人：柳州铁路运输法院　刘智虹　覃燕俊

17

合同债权与票据债权竞合下债权转让的效力认定

——五金公司诉F公司买卖合同案

【案件基本信息】

1. 裁判书字号

山东省德州市乐陵市人民法院（2021）鲁1481民初4318号民事判决书

2. 案由：买卖合同纠纷

3. 当事人

原告：五金公司

被告：F公司

第三人：实业公司

【基本案情】

实业公司（乙方）与被告F公司（甲方）于2019年4月签署了订购合同，编号为GQS-2019-SC大客户-334，被告向实业公司购买五金配件。合同第十一条违约责任部分第2条约定，甲方逾期付款，每日应按付款额的0.1%向乙方承担违约责任。2021年2月7日，被告向实业公司出具了一张电子商业承兑汇票作为货款，出票日期为2021年2月7日，票面金额233374.62元，承兑日期为2021年2月10日，到期日为2021年8月7日。原告于2021年8月9日提示付款，被告于2021年8月12日拒付，拒付理由为：商业承兑汇票承兑人账户余额不足。

2021年11月25日实业公司与原告签订了《债权转让协议》，协议约定实业公司将其对被告F公司的233374.62元债权转让给原告五金公司，实业公司保证将该债权的转让通知债务人 F 公司，协议签署后，原告对实业公司的债权将向债务人行使。

【案件焦点】

实业公司与五金公司签订的债权转让是否有效。

【法院裁判要旨】

山东省德州市乐陵市人民法院经审理认为：案外人实业公司与被告 F 公司签订的订购合同，实业公司与原告五金公司签订的债权转让协议书，各方均意思表示真实，不违反法律法规的禁止性规定，应认定为合法有效。被告 F 公司于 2021 年 2 月 7 日向实业公司出具电子商业承兑汇票到期后未能支付货款，实业公司将 F 公司拖欠货款 233374.62 元债权转让给本案原告五金公司，根据《中华人民共和国民法典》第五百四十六条规定："债权人转让债权，未通知债务人的，该转让对债务人不发生效力……" 原告提交的中国邮政邮寄信息表，该项证据显示物品类型为债权转让通知书，EMS 中国邮政签收记录显示：2021 年 11 月 29 日 "门卫" 签收，结合通话录音，能够证明被告 F 公司收到实业公司的债权转让通知，且原告起诉后本案民事起诉状等法律文书已依法送达被告 F 公司，被告已知晓债权转让的事实。原告受让实业公司的债权转让协议已生效，原告作为债权受让人，要求被告支付欠款的主张，依法应予支持。

根据《中华人民共和国民法典》第五百四十七条第一款的规定，债权人转让债权的，受让人取得与债权有关的从权利，对于原告主张的违约金予以支持。

关于原告主张的律师服务费，该项主张本院不予支持。

综上所述，原告的诉讼请求，部分予以支持。依照《中华人民共和国民法典》第六十一条、第五百零九条、第五百四十五条、第五百四十六条、第五百四十七条、第五百七十七条，《中华人民共和国民事诉讼法》第六十七条、第一百四十七条的规定，判决如下：

一、被告实业公司于本判决生效之日起十五日内支付原告五金公司货款 233374.62 元及暂计至 2021 年 12 月 6 日的违约金 26838 元，嗣后违约金以未偿还的货款数额为基数，按照合同约定违约金计算方式计算至实际付清之日止；

二、驳回原告五金公司的其他诉讼请求。

判决后，双方当事人均未上诉，本判决现已生效。

【法官后语】

本案的焦点问题为合同债权、票据债权竞合下债权转让效力问题。

现实经济往来中，商业承兑汇票在支付价款方面应用广泛。当基于买卖合同等合同关系以商业承兑汇票作为结算方式，支付请求人实际享有双重债权，即票据债权和合同债权。在债权转让过程中，因当事人所具备的法律知识、日常交易习惯、双方关系等多方面因素，导致债权转让并不一定有效，基于不同法律关系主张权利所产生的法律后果也不尽相同。因此，人民法院审理该类案件时，承办法官需根据审理认定的案件事实在正确区分法律关系的基础上，作出正确裁判。就本案体现的典型性问题，应当根据以下审判思路予以正确把握。

一、债权转让效力的认定

《中华人民共和国民法典》明确规定了债权转让通知发生效力，但对通知方式并未明确规定。对于通知的方式及效果，应当以足以证明债务人收到债权转让通知作为认定债权转让生效的标准。本案中原债权人通过快递邮寄债务人，签收记录显示：2021 年 11 月 29 日“门卫”签收，另结合通话录音，能够证明被告收到债权转让通知，且原告起诉后本案民事起诉状等法律文书已依法送达被告，被告已知晓债权转让的事实，债权转让协议已生效。

二、基于票据债权主张违约损失，不应包含合同约定违约金

当债务人因商业承兑汇票承兑人账户余额不足等情况拒付时，债权受让人可基于票据债权主张债权及违约损失。此时，债权受让人与债务人双方的基础法律关系为债权债务关系。因商业承兑汇票的实质是一种承诺付款的支付手段，不包含合同约定。债权受让人主张的范围应当仅包含该票据记载的金额，不应主张包含违约金在内的合同约定权利内容。但是债权受让人可就债务人迟延支付情况，请求支付迟延履行期间利息。

三、基于合同债权主张合同约定违约金应予支持

原债权人与债务人因买卖关系约定债权内容及违约金或违约金计算方式的，在债权转让生效情形下，债权受让人当然享有主张约定债权及违约金的权利。本案中原债权人将商业承兑汇票背书转让给原告的同时，与原告签订了债权转让协议。原债权人与被告之间的基础法律关系为买卖合同关系，原告作为受让人基于买卖合同关系主张被告支付债权款项及案涉合同约定的违约金，应当予以支持。

综上，当基于买卖合同等合同关系以商业承兑汇票等票据作为结算方式，支付请求人享有票据债权和合同债权双重债权。如果债权人对上述债权进行转让，并且以确定的方式通知了债务人，票据债权和合同债权同时转让生效。当商业承兑汇票被拒付，当事人诉诸法院，承办法官应在查明案件事实的基础上，准确区分当事人主张权利时所依据的基础法律关系，准确作出裁判。

编写人：山东省德州市乐陵市人民法院　张来

18

合同相对性及保证条款的效力认定

——杜某伟诉马某举、建设公司买卖合同案

【案件基本信息】

1. 裁判书字号

河南省南阳市中级人民法院（2021）豫13民终3911号民事判决书

2. 案由：买卖合同纠纷

3. 当事人

原告（被上诉人）：杜某伟

被告（被上诉人）：马某举

被告（上诉人）：建设公司

【基本案情】

2017年5月31日被告建设公司与L公司签订《建设工程施工合同》，工程项目为猪舍土建及附属工程，发包方为L公司，承包人为被告建设公司，双方对合同工期、质量标准、合同价款进行了明确约定。其中在《建设工程施工合同》当中的第一部分协议书第十一条约定："合同数额：合同正本两份，发、承包人各执一份；副本四份，分、承包人各执两份；正本、副本之间不一致的以正本为准，正本之间或副本之间不一致的均应以发包人所持文本为准。"同时原告向法院提交的被告建设公司与L公司签订《建设工程施工合同》系发包方L公司所提供，该份合同附件五《履约保证书》及合同附件八《建设工程质量承诺书》，承包人盖章处在加盖被告建设公司合同专用章后，保证人签字处均为被告马某举签字确认。其中《履约保证书》第四条中承诺：未依约支付工程所涉材料设备供应商的货款或农民工资（如擅自克扣、拖延支付等）影响发包人施工建设或生产经营活动的，或者造成其他严重后果或恶劣影响的，并由此产生的一切法律后果均由被告建设公司承担。合同签订后，被告建设公司按照合同约定施工承建猪舍土建及附属工程，该工程施工期间，由原告杜某伟向该工程工地提供商品砼，2020年1月16日经原告杜某伟与被告马某举进行结算，该工程项目共拖欠原告商品砼供料款378000元。为此被告马某举为原告杜某伟出具欠条一份，具体内容为："欠条今欠现金叁拾柒万捌仟零佰零拾零元；欠款人：马某举；2020年元月16日。"另查明，被告建设公司向法院提交《建设工程施工合同》的附件五：《履约保证书》及合同附件八：《建设工程质量承诺书》缺少保证人签字。但依据原、被告向法院提交的《建设工程施工合同》及工程施工情况，可以确认李某为涉案工程L公司项目主管，赵某乔为涉案工程被告建设公司质量员（土建工程），被告建设公司的工程现场签证单均由赵某乔签字确认，并加盖建设公司名称公章，L公司依据现场签证单向被告建设公司支付工程款。

【案件焦点】

合同相对性及保证条款的效力认定。

【法院裁判要旨】

河南省邓州市人民法院经审理认为：本案中原告诉求二被告立即支付原告商品砼欠款 378000 元。对此被告建设公司辩称，其公司与原告不存在买卖关系，被告建设公司均向被告马某举购买混凝土、预制构件，系买卖关系，且已全额支付价款。但被告马某举却又在被告建设公司与 L 公司签订的《建设工程施工合同》保证人处签字确认。L 公司作为工程发包方，留存的涉案工程《建设工程施工合同》，合同附件五《履约保证书》及合同附件八《建设工程质量承诺书》均系承包人被告建设公司在承包 L 公司工程项目时向发包方就有关工程事项作出的保证责任，承包人处加盖被告建设公司公章，保证人处被告马某举签署，且该合同更具备完整性，符合客观事实。根据被告建设公司与 L 公司签订的《建设工程施工合同》约定，双方所持合同正本之间或副本之间不一致的均应以发包人所持文本为准，故本案可以确认原告杜某伟向法院提交的 L 公司提供的《建设工程施工合同》为有效合同。故被告建设公司辩称理由并不符合客观事实，法院不予采信。现原告杜某伟主张被告建设公司支付其商品砼欠款 378000 元的诉讼请求，符合法律规定，法院予以支持。依法判决如下：

一、被告建设公司于判决书生效后十日内支付原告杜某伟商品砼欠款 378000 元。

二、驳回原告杜某伟对被告马某举的诉讼请求。

建设公司不服一审判决，提起上诉。

河南省南阳市中级人民法院经审理认为：一审判决认定事实清楚、适用法律正确，依法应予维持，故判决如下：

驳回上诉，维持原判。

【法官后语】

本案争议的焦点问题是：合同相对性及保证条款的效力认定。

合同相对性是指合同的权利义务只能约束合同双方或多方的当事人，即合同只能对合同当事人发生效力，非合同当事人不能享有合同权利，也不负担合同义务。合同相对性原理起源于罗马法，并被大陆法系国家的立法所普遍遵循。其核心内容为：合同不对合同当事人以外的主体发生效力。

保证条款是指保证人和债权人约定，当债务人不履行债务时，债权人可以要求保证人履行合同债务，承担保证责任的合同条款。所谓保证责任，就是保证人依据事前合同条款所约定应承担的相应法律责任。

本案中，原告向法院提交的被告建设公司与L公司签订《建设工程施工合同》系发包方L公司所提供，该份合同附件五《履约保证书》及合同附件八《建设工程质量承诺书》，承包人盖章处在加盖被告建设公司合同专用章后，保证人签字处均为被告马某举签字确认。其中《履约保证书》第四条中承诺：未依约支付工程所涉材料设备供应商的货款或农民工资（如擅自克扣、拖延支付等）影响发包人施工建设或生产经营活动的，或者造成其他严重后果或恶劣影响的，并由此产生的一切法律后果均由被告建设公司承担。此处合同约定的即是合同保证责任。

根据合同相对性，本案合同中约定的《履约保证书》《建设工程质量承诺书》系被告建设公司应履行的保证责任。故本案二被告辩称其与原告双方之间为买卖关系的理由与客观真实完全相悖，依法不能成立。根据上述事实，可以确认被告马某举应系被告建设公司人员，被告马某举在保证人处签署姓名，则被告建设公司在承包工程中应当承诺履行《履约保证书》及《建设工程质量承诺书》，故被告马某举应系履行职务行为，且在工程施工期间，被告马某举向原告杜某伟支付了部分的商品砼买卖价款，应视为代表被告建设公司履行支付义务。

结合本案事实及相关有效证据，可以确认原告杜某伟向被告建设公司承建的猪舍土建及附属工程提供销售商品砼材料，该客观事实应当予以确认，双方之间买卖合同关系成立，依法应受保护。现原告杜某伟主张被告建设公司支付其商品砼欠款378000元的诉讼请求，符合法律规定，应当予以支持。对原告杜某伟主张被告马某举支付商品砼欠款的诉讼请求，因马某举在涉案工程中系被告建设公司人员，系履行职务行为，故对原告的该部分诉讼请求，应当不予支持。

综上，本案一审判决认定事实及适用法律正确，二审判决驳回上诉，维持原判，亦合法合理。

编写人：河南省邓州市人民法院　杨超　海洪泽

四、买卖合同的履行

19

先履行抗辩权的行使

——混凝土公司诉建设公司买卖合同案

【案件基本信息】

1. 裁判书字号

广西壮族自治区北海市中级人民法院（2021）桂 05 民终 2493 号民事判决书

2. 案由：买卖合同纠纷

3. 当事人

原告（被上诉人）：混凝土公司

被告（上诉人）：建设公司

【基本案情】

混凝土公司与建设公司双方于 2020 年 1 月 15 日签订两份《混凝土购销合同》及 2020 年 9 月 21 日签订两份《项目补充协议》，约定：混凝土公司向建设公司提供符合标准的混凝土用于其公司名下位于北海第一城 YG-11-02 地块一标段（1 号、5 号商住楼、2 号至 4 号住宅楼）及三标段（11 号至 13 号商住楼、22 号至 35 号住宅楼及地下室）主体及土建水电安装工程。合同签订后，混凝土公司依合同约定从2019年6月至2021年1月向建设公司提供混凝土、工程机械费合计27158694.35元（详见每月对账单），且双方项目财务人员已签字确认每月对账单。双方履行合同过程中，建设公司自2020年4月9日起至2021年3月26日止，已向混凝土公司支付货款19300000元，至今尚欠货款7858694.35元。后建设公司以资金困难为由拒绝付款，已构成严重违约，应承担相应的违约责任并支付违约金。混凝土公司认为建设公司应支付剩余混凝土款及违约金。建设公司不同意混凝土公司的诉讼请求。

【案件焦点】

1. 案涉对账单只部分有建设公司的委托人签字并无公司公章，是否具有决算的效力；2. 建设公司是否具有先履行抗辩权。

【法院裁判要旨】

广西壮族自治区北海市银海区人民法院经审理认为：本案的法律争议之核心在于案涉对账单能否作为结算对账依据；建设公司能否具有先履行抗辩权的评价问题。

关于案涉对账单是否具有结算效力问题。2020年1月15日，混凝土公司与建设公司分别签订两份《混凝土购销合同》，双方均有委托结算签字人。合同履行过程中，双方项目财务人员已签字确认每月对账单。根据《中华人民共和国民法典》第一百六十二条“代理人在代理权限内，以被代理人名义实施的民事法律行为，对被代理人发生效力”及第一百七十二条：“行为人没有代理权、超越代理权或者代理权终止后，仍然实施代理行为，相对人有理由相信行为人有代理权的，代理行为有效”之规定，上述签单有双方委托代理人的签字。《对账单》虽没有盖章确认，但建设公司对《对账单》供应的混凝土数量是予以认可的，代理人签字确认视为建设公司对对账单的确认，具有双方结算的效力。

关于建设公司能否具有先履行抗辩权的问题。建设公司自2020年4月9日至2021年3月26日及后期实际共计向原告支付货款20500000元。至今尚欠混凝土公司混凝土货款6658694.35元。经催款，建设公司主张混凝土公司提供的混凝土有质量问题，未能达到合同约定的要求，还违反合同约定私自加价，致使双方在付款数额上产生纠纷，故而拒绝付款。案涉合同、《关于价格调整确认的函》对混凝土的价格均有明确约定，混凝土公司案涉项目负责人在上述案涉合同、《关于价格调整确认的函》签字，建设公司等工作人员依据合同和《关于价格调整确认的函》对收货的数量、金额进行审核确认，并在对账单上签字应视为上诉人通过接收货物、支付货款方式对其工作人员在《对账单》上的签名行为予以确认，应视为建设公司对调价行为予以认可，因此，调整后的价格对双方具有效力，应当按照调整后的价格计付货款金额。

本院认为，法律规定，债务应当清偿。本案中，混凝土公司向建设公司提供了混凝土货物后未能支付对应价款，经催款，至今未能足额付款，其行为已构成违约，应承担民事责任。据此，混凝土公司要求建设公司支付尚欠混凝土货款以及违约金，于法有据，本院予以支持，但违约金起算时间本院酌情予以调整。

综上，依照《中华人民共和国民法典》第五百零九条第一款、第五百七十七条、第五百七十九条，《中华人民共和国民事诉讼法》第六十四条第一款之规定，判决如下：

一、建设公司应支付给混凝土公司混凝土货款6658694.35元；

二、建设公司应支付给混凝土公司违约金（违约金以6658694.35元为基数，按日万分之三计算，从2021年6月1日起计至货款实际付清之日止）；

三、驳回混凝土公司的其他诉讼请求。

建设公司不服原审判决，提起上诉。

广西壮族自治区北海市中级人民法院经审理认为：本案争议的焦点问题是在于调价问题；货款付款的依据是否以指定结算人签字并加盖公章的《送货单》而不是《对账单》为准问题。

关于案涉供应的材料单价调价问题。双方签订的《混凝土购销合同》约定“若预拌砼主材市场价格上下浮动超过5%时，双方根据市场情况对此单价重新议价，双方另行签订补充协议”。在合同履行过程中，建设公司通过接收货物、支付货款方式对其工作人员在《对账单》上的签名行为予以确认，根据《中华人民共和国民法典》第五百四十三条“当事人协商一致，可以变更合同”的相关规定，双方代理人的签字确认行为应视为上诉人对对账单及调价行为的认可，系双方当事人真实意思表示，且并未违反法律、行政法规的强制性规定，为合法有效合同，双方均应按合同约定全面履行权利和义务。

关于案涉货款付款的依据是否以指定结算人签字并加盖公章的《送货单》而不是《对账单》为准问题。案涉合同虽约定：“双方于产品交付，并验收合格后根据甲方公司（上诉人）相关规定对所供货物进行结算，需委托人结算签字并加盖甲乙双方单位公章后的结算书作为本工程的最终结算唯一有效依据，其他任何单据，无论经任何部门盖章和签字，均不得作为结算的依据等。”但在合同履行过程中双方没有依据《送货单》进行结算，而是签署的对账单。《对账单》上记载的内容不仅有供货数量，而且有货款单价、总额、应付数额、未付数额等内容。另案涉合同及《关于价格调整确认的函》对混凝土的价格均有明确约定，混凝土公司负责人在上述案涉合同、价格调整确认函上签字，建设公司工作人员对收货的数量、金额进行审核确认，并在对账单上签字，应视为上诉人通过接收货物、支付货款方式对其工作人员在《对账单》上的签名行为予以确认，混凝土公司有理由相信前述工作人员是履行职务行为。根据《中华人民共和国民法典》第一百七十二条规定：“行为人没有代理权、超越代理权或者代理权终止后，仍然实施代理行为，相对人有理由相信行为人有代理权的，代理行为有效。”以上签字确认行为可以作为认定双方购销混凝土数量及货款数额的结算依据。由于建设公司拒绝付款违约行为，根据《中华人民共和国民法典》第五百七十七条规定：“当事人一方不履行合同义务或者履行合同义务不符合约定的，应当承担继续履行、采取补救措施或者赔偿损失等违约责任。”

在建设公司违约逾期未支付货款前提下，原审法院支持混凝土公司要求建设公司支付案涉货款的诉讼请求是正确的。

综上所述，建设公司的上诉请求与理由无法律及事实依据，不予支持。原审判决认定事实清楚，适用法律正确，应予维持。依照《中华人民共和国民事诉讼法》第一百七十条第一款第一项之规定，判决如下：

驳回上诉，维持原判。

【法官后语】

本案逾期支付货款导致合同违约问题的认定，涉及先履行抗辩权能否行使及委托代理人的行为被代理人是否承担责任的评价问题探讨。

先履行抗辩权是合同不履行或履行不符合约定的抗辩权之一，《中华人民共和国民法典》第五百二十六条规定："当事人互负债务，有先后履行顺序，应当先履行债务一方未履行的，后履行一方有权拒绝其履行请求。先履行一方履行债务不符合约定的，后履行一方有权拒绝其相应的履行请求。"先履行抗辩权的适用条件：(1) 因同一双务合同互负债务，且两债务间具有对价关系。先履行抗辩权与同时履行抗辩权均发生于双务合同中。(2) 先履行抗辩权适用的双务合同属于异时履行。异时履行是指双方履行存在的时间顺序，即一方先履行，另一方后履行。根据我国民法典规定，对一些买卖合同，除法律另有规定外，一般采用同时履行主义。而对于部分合同例租赁、承揽、居间等则一般采用异时履行主义。(3) 先履行方债务已届清偿期，如果履行期未届至，先履行方只能暂时停止履行，无从停止履行。(4) 先履行方有确切证据证明后履行方于合同成立后丧失或可能丧失履行能力。其中包含三个要素：后履行方丧失或可能丧失能力，原因包括财产明显减少、经营状况恶化、转移财产、抽逃资金以逃避债务；给付特定物的债务中，该特定物丧失及其他情形等。后履行方丧失或可能丧失履行能力发生在合同成立之后。先履行方对事实负有举证责任，有对方丧失或可能丧失履行债务能力的举证。先履行抗辩权在效力上赋予了后履行一方一种中止履行权，并不导致对方当事人债务的消灭。行使先履行抗辩权所产生的事实状态具有暂时性。另该权利是一种法定权利，行使中止权，具有阻却违法的效果，行使先履行抗辩权即使致使其所负债务超过原定的履行期限，该逾期在性质上并不属于延迟履行，当然就没有"双方违约"的问题。本案中，对于案涉合同提供的混凝土材料质量不符、单价单方加价等问题不符合合同约定，建设公司行使先履行抗辩权，即先履行一方履行债务不符合约定的，后履行一方有权拒绝其相应的履行请求。双方委托的指定结算人均在记载有供货数量、货款单价、总额、应付数额、未付数额等内容的《对账单》及混凝土的价格均有明确约定的《关于价格调整确认的函》上签字确认。根据《中华人民共和国民法典》第一百七十二条“行为人没有代理权、超越代理权或者代理权终止后，仍然实施代理行为，相对人有理由相信行为人有代理权的，代理行为有效”之规定，代理人签字确认，应视为被代理人认可。两审法院均认为建设公司不具有该抗辩权，其逾期付款的行为已构成违约。

综上，两审判决均支持了混凝土公司的诉讼请求。建设公司对先履行抗辩权的认知错误是致其逾期付款，构成合同违约的原因。本案对先履行抗辩权的行使条件的探讨，为当事人合同履行涉及相关自身利益的保护及权利行使提供些许借鉴。

编写人：广西壮族自治区北海市银海区人民法院　汪丰　涂恬静

20

合同约定的付款条件在较长时间内难以成就，应视为对履行期限约定不明

——金属材料公司诉建筑工程公司、陶某超买卖合同案

【案件基本信息】

1. 裁判书字号

北京市顺义区人民法院（2021）京 0113 民初 4908 号民事判决书

2. 案由：买卖合同纠纷

3. 当事人

原告：金属材料公司

被告：建筑工程公司、陶某超

【基本案情】

金属材料公司（乙方、供货方）与建筑工程公司（甲方、采购方，联系人：陶某超）、陶某超（担保人，系发包方连带保证责任）于2020年8月20日签订《物资采购合同》，约定由乙方提供三级螺纹钢、三级盘螺，数量结算时以实际送货单为准；乙方供货至本项目全部工程封顶后，甲方支付总供货量的80%（中间供货超1500吨，甲方付钢材款300万元）剩余货款工程竣工验收后60天内付清全部货款；甲乙双方以每个自然月最后一天作为对账日，对当月所送材料进行确认，双方签字认可；甲方如不按时支付乙方货款，如甲方逾期付款超过七天乙方有权停止供货；担保人提供连带责任保证。

金属材料公司向本院提交结算单，载明：截至2020年11月5日，金属材料公司共计送货金额为4293834.97元。该结算单上盖有建筑工程公司养老综合服务中心用房等10项技术资料专用章，并有何某龙、盛某、孙某诚签字。金属材料公司另向本院提交送货单，其中2020年12月5日送货金额为168170.4元。陶某超对上述结算单及送货单均予以认可；建筑工程公司则对上述结算单和送货单均不予认可，并称该结算单和送货单都是由陶某超负责，其公司均不知情，何某龙、盛某、孙某诚不是其公司员工，且结算单上的章是陶某超自己刻的。

金属材料公司向本院提交的照片显示，现场工地张贴的管理人员监督公示牌上写明材料员系何某龙。

陶某超和建筑工程公司之间的关系，陶某超称其与建筑工程公司是挂靠关系，实际工程由其承包；建筑工程公司称其是总承包方，陶某超是涉诉工程的实际承包人。

2021年2月5日，陶某超向金属材料公司发送确认函，认可金属材料公司共计送货1118.012吨，货款为4462005.37元，已支付货款为181万元，剩余2652005.37元未支付，鉴于项目于2020年12月开始停工，后续能否继续送货未知，如在本确认函作出后 30 日内，未通知金属材料公司送货，视为后续不再需要供货，并承诺将剩余款项尽快支付。

原告诉求，二被告连带支付原告货款 2652005.37 元及逾期付款违约金。

【案件焦点】

1. 关于未付货款金额的确定；2. 关于付款条件是否成就，即如何认定在较长时间内无法成就的条件。

【法院裁判要旨】

北京市顺义区人民法院经审理认为：争议焦点一：关于未付货款金额的确定。根据金属材料公司与建筑工程公司、陶某超签订的《物资采购合同》，陶某超系建筑工程公司的联系人，现陶某超向金属材料公司所发送的确认函载明了未付货款金额，金属材料公司亦提交了送货单、结算单予以佐证，故本院对陶某超向金属材料公司发送的确认函中所载明的未付货款金额予以确认。

争议焦点二：关于付款条件是否成就。双方签订的《物资采购合同》中虽有“乙方供货至本项目全部工程封顶后，甲方支付总供货量的 80%（中间供货超 1500 吨，甲方付钢材款 300 万元）剩余货款工程竣工验收后 60 天内付清全部货款”的相关约定，但该约定中所附条件具有极大的不确定性，现双方均认可涉诉工程已经自 2020 年底开始停工至今，即该条件在较长时间内无法成就，如继续履行该付款条件将造成金属材料公司的合法权益长期不能受到保护，有违公平原则，故金属材料公司主张货款的诉讼请求应予支持。金属材料公司要求建筑工程公司、陶某超支付自起诉之日起的未付货款利息的诉讼请求，本院亦予以支持，关于利率标准，本院根据双方合同履行情况，酌情予以调整。

北京市顺义区人民法院依照《中华人民共和国民法典》第五百七十七条之规定，判决如下：

一、被告建筑工程公司支付原告金属材料公司货款 2652005.37 元及利息（以 2652005.37 元为基数，自 2021 年 3 月 2 日起以全国银行间同业拆借中心公布的同期贷款市场报价利率为标准计算至实际支付之日止），于本判决生效之日起七日内执行；

二、被告陶某超就上述第一项债务承担连带责任；

三、驳回原告金属材料公司的其他诉讼请求。

判决后，双方当事人均未上诉，本判决现已生效。

【法官后语】

附付款条件的合同在审判实践中常见情形有：合同约定的付款条件为付款方收到第三方付款、付款方收到销售回款、付款方与业主方完成验收、工程竣工等，这些付款条件的共同特点是，债权人难以掌控付款条件的实现，付款条件成就与否主要取决于付款方自身的行为。那么，这些约定是否属于附条件合同？如果付款条件一直未能实现，债权人是否无法要求付款？

《中华人民共和国民法典》第一百五十八条对附条件民事法律行为进行了规定："民事法律行为可以附条件，但是根据其性质不得附条件的除外。附生效条件的民事法律行为，自条件成就时生效。附解除条件的民事法律行为，自条件成就时失效。"第一百五十九条规定："附条件的民事法律行为，当事人为自己的利益不正当地阻止条件成就的，视为条件已经成就；不正当地促成条件成就的，视为条件不成就。"上述规定系针对就民事法律行为效力问题约定附条件，也就是说解决的是合同是否生效的问题。而本案并非围绕合同效力问题展开，并不属于上述法律规定的附条件合同。本案涉及的是对合同约定的付款条件应当如何理解，付款方是否应当付款产生的争议。因此对于这类纠纷，难以直接根据上述法律规定进行裁判，而应根据民法的基本原则，准确地适用法律。一方面应根据诚实信用原则，尊重当事人的意思自治；另一方面应根据公平原则，维护市场交易双方的利益平衡。具体应考量以下几个因素：

一、根据合同内容，付款方是否具有确定的付款义务

如果按照合同约定，债权人已经履行合同义务，且付款方负有明确、必然的付款义务，若此时将合同约定的付款内容认定为付款条件，将意味着付款条件未成就时，付款方无须付款，这明显不符合合同目的，因此应将该付款条件的约定视为双方对履行期限约定不明。

二、合同约定的付款条件是否显失公平，是否有违当事人的利益平衡

如果合同约定的付款条件依赖于付款方自身或者第三方实现，债权人在合同签订时无法预见付款条件是否会成就、何时会成就，在合同履行时也无法掌控付款条件成就的进度，若此时从尊重当事人意思自治的角度认定该付款条件的约定有效，则会极大地损害市场交易秩序，将其认定为履行期限约定不明，更有利于维护当事人之间的利益平衡。

三、合同约定的付款条件是否已经无法实现或较长时间内难以实现

如果按照合同，付款方具有确定的付款义务，但是付款条件已经无法实现，如本案中双方约定工程封顶、竣工验收后再付款，而现有证据已经证明工程停工较长时间，即该付款条件难以成就，如认定付款人无须付款，这对债权人而言有失公平。

在名义上为付款条件，实质上是履行期限约定不明的情况下，根据《中华人民共和国民法典》第五百一十一条第四项“履行期限不明确的，债务人可以随时履行，债权人也可以随时请求履行，但是应当给对方必要的准备时间”的规定，法院可以在综合分析整体案情，探究当事人约定的真实意思，参照一般交易习惯，酌情确定履行期限，力求实现各方当事人之间的利益平衡。

编写人：北京市顺义区人民法院　李青　张国龙

21

履行期限届满前以物抵债协议的认定及规则适用

——H 公司诉混凝土公司买卖合同案

【案件基本信息】

1. 裁判书字号

北京市第三中级人民法院（2021）京 03 民终 494 号民事判决书

2. 案由：买卖合同纠纷

3. 当事人

原告（被上诉人）：H公司

被告（上诉人）：混凝土公司

【基本案情】

H公司与混凝土公司于2018年、2019年分别签订三份《北京市混凝土外加剂买卖合同》，约定混凝土公司向H公司购买混凝土外加剂。2019年4月28日，双方签署对账单，确认：截至2019年4月28日，混凝土公司共欠H公司货款7111772.31元，H公司恳请混凝土公司一次或分批于2019年底还清所欠货款。

2019年7月20日、2019年7月25日，H公司法定代表人马某浩作为买受人马某浩之妻的代理人与房地产公司分别签订四份《商品房买卖合同》，购买位于嘉峪关市的四套房屋，总价款1150万元。房地产公司法定代表人为常某忠，混凝土公司控股房地产公司，四套房屋尚未办理产权登记。

2019年9月17日，混凝土公司法定代表人常某忠与H公司法定代表人马某浩短信聊天记录显示："关于购买你别墅之事，如果有人要，优先考虑全部卖掉，目前的困难是严重短缺流动资金而不是房子。8月我理解你的困难才同意顶账要别墅的。"H公司认为没有抵账协议，抵账非真实意思表示，即使存在抵账的意思表示，但房屋没有验收合格、未办理产权登记。现H公司诉至法院，要求混凝土公司支付材料款7111772.31元及自2019年4月29日起至实际付款之日止的逾期付款损失。

【案件焦点】

1. 双方是否形成以物抵债的合意，何时形成以物抵债的合意；2. 以物抵债与原合同关系如何。

【法院裁判要旨】

北京市怀柔区人民法院经审理认为：以物抵债是当事人双方达成以他种给

付代替原定给付的协议。本案中，根据双方交易往来过程、法定代表人意见交流，虽然双方并未签订以物抵债的书面协议，仅存在签署买卖嘉峪关四套房屋合同顶账的事实，综合各方证据来看，可以认定双方达成以物抵债合意。2019年4月28日双方签署对账单约定混凝土公司一次或分批于2019年底还清所欠货款，2019年7月签署买卖嘉峪关四套房屋的合同，表明双方以物抵债的意思表示形成于货款清偿期限届满之前。鉴于当事人在债务履行期届满前形成以物抵债合意，涉案房屋未办理产权登记，因原债权尚未到期，为避免双方利益显失公平，债权人请求债务人履行原债权债务关系的，应予支持。故混凝土公司应向H公司支付货款7111772.31元及逾期付款损失。

北京市怀柔区人民法院依照《中华人民共和国合同法》第八条、第六十条、第一百零九条和《最高人民法院关于审理买卖合同纠纷案件适用法律问题的解释》第二十四条第四款之规定，判决如下：

一、混凝土公司于判决生效后十日内给付H公司材料款7111772.31元及逾期付款损失（以7111772.31元为基数，自2020年1月1日起至实际付清之日止，按照同期全国银行间同业拆借中心公布的贷款市场报价利率的1.5倍计算）；

二、驳回H公司的其他诉讼请求。

混凝土公司不服一审判决，提出上诉。

北京市第三中级人民法院经审理认为：一审法院关于混凝土公司与H公司之间针对涉案货款在履行期限届满前达成以物抵债合意，认定正确，应予确认。现混凝土公司认可用于抵债的四套别墅尚未转移登记，故涉案情况不符合让与担保情形，为平衡双方权利义务关系，应将原债权债务关系作为履行依据，H公司有权要求混凝土公司支付合同货款。一审法院根据混凝土公司逾期付款情况认定相关损失，符合规范性法律文件的规定，二审法院予以确认。

北京市第三中级人民法院依照《中华人民共和国民事诉讼法》第一百七十条第一款第一项之规定，判决如下：

驳回上诉，维持原判。

【法官后语】

本案主要讨论当事人达成以物抵债协议后，债务人未按照以物抵债协议履行情形下，原债务与以物抵债协议应如何作为履行依据的适用问题，即是新债和旧债能否并存以及在新债和旧债之间如何确定请求履行的顺序。

一、履行期限届满前的以物抵债协议

债权人与债务人在履行期限届满前达成以物抵债协议的，因该以物抵债协议是以原债权债务关系为前提，以物抵债协议的达成往往暗含为原债务提供担保的意思，目的是保障原合同履行期限届满之后，当债务人无法履行原债务时，债权人则可以要求债务人履行以物抵债协议的交付义务，保障自己的合同权益得到有效实现。履行期限届满前达成的以物抵债协议，性质上类似于让与担保。

所谓让与担保，是指债务人或第三人为担保债务人的债务，与债权人约定将担保标的物的所有权等权利转移给债权人作为履行债务的担保，当债务人清偿债务后，债权人将担保标的物返还给债务人或者第三人。当债务人不能清偿债务时，债权人有权选择以该标的物优先受偿的非典型担保方式。

但履行期限届满前达成的以物抵债协议又与让与担保存在不同。因以物抵债协议系诺成合同，不以物的交付作为成立要件，当事人达成以物抵债协议时，并未要求交付抵债物；但让与担保需要完成公示，即动产已经交付债权人、不动产已经完成登记。故对于履行期限届满前达成的以物抵债协议，抵债物尚未交付的，因不符合让与担保的法律特征，债权人不得要求债务人交付抵债物或拍卖、变卖该抵债物并获得优先受偿。债权人应根据原债权债务关系主张权利。

二、履行期限届满后的以物抵债协议

履行期限届满后达成的以物抵债协议在无法律规定的无效情形之下，债权人有权请求债务人履行以物抵债协议。但实践中，随着抵债物价值的变化或其他因素影响，也存在债权人要求履行原债务而债务人要求履行以物抵债协议的情形。

以物抵债协议属于债的履行方式的变更，由于物的价值在以物抵债协议履行期间存在变动的风险，才导致了债权人在诉讼过程中提出了不同的主张，债务人提出了不同的抗辩。在债权人与债务人关于履行原债务与以物抵债协议发生分歧时，应如何认定双方之间的债务履行方式是困扰实践的难点。

（1）新债与旧债的效力问题。原债权债务关系与以物抵债协议均属双方达成的一致意思表示，在不违反效力性强制性规定的情形下，均合法有效，且合同效力不存在两者谁更优先的问题。

在原债权债务关系与以物抵债协议均合法有效前提下，以物抵债协议即新债的产生是否会代替原债务关系即旧债，学理上亦存在不同的观点。一种观点认为，新债产生之后，旧债消灭，旧债附随的相关担保等权利义务关系亦随之消灭。另一种观点认为，新债产生的根本目的是清偿债务，在债务未得清偿的情形下，新债与旧债应是并存的关系。笔者认为，上述第二种观点更具合理性。因以物抵债协议实质上仅是变更了原债务履行方式，目的系使原基础债务得到清偿，在原基础债务未得清偿情形下，为保护债权人利益，应允许新债与旧债并存。《全国法院民商事审判工作会议纪要》亦是采取并存的观点。

（2）利益平衡考量。

以物抵债的关键问题在于维持债权人与债务人之间的利益均衡，在新债与旧债并存的情形下，至于请求履行以物抵债协议还是原先的旧债，则需要根据以物抵债协议的约定。笔者认为，新债与旧债的区别在于债的履行方式不同而已，既然以物抵债协议更改了债的履行方式，应尊重当事人意思自治，原则上应当履行新债。

当抵债物不能如期按约交付，按照新的履行方式不能实现债的清偿目的时，或者抵债物在交付前发生价值贬损，履行新债无法保护债权人利益，导致债权人与债务人之间利益失衡时，债权人当然可以请求债务人按照旧的履行方式清偿债务。不论以何种方式清偿债务，应当综合考量债权人与债务人的利益，根据公平正义之原则判断双方之间的债务履行依据。在以物抵债中，债权人应当获得的利益至少是旧债务的清偿，债务人应当承担的至少是旧债务的履行。在新债务与旧债务并存时，债权人既有权通过主张新债务也有权通过主张旧债务来实现债权；并且，债权人在主张旧债务时，并不以以物抵债协议被确认为无效、被撤销或者被解除为前提。[①]

本案中，H公司与混凝土公司在履行期限届满前达成以物抵债协议，且混凝土公司未将抵债物之房产完成变更登记，应认定为混凝土公司未交付抵债物，该种情形不符合让与担保法律特征。现H公司要求履行原债务，为平衡双方当事人利益，法院对H公司要求履行原债务的主张予以支持。混凝土公司要求履行以物抵债协议的主张缺乏依据，应不予支持。

编写人：北京市第三中级人民法院　尚晓茜　夏海曼

22

未履行合同附随义务不能成为先履行抗辩权的行使条件

——N公司诉建设集团第四工程公司买卖合同案

【案件基本信息】

1. 裁判书字号

北京市第一中级人民法院（2021）京01民终第7900号民事判决书

2. 案由：买卖合同纠纷

3. 当事人

原告（被上诉人）：N公司

被告（上诉人）：建设集团第四工程公司

【基本案情】

2017年9月30日，建设集团第四工程公司作为甲方与N公司作为乙方签订《新建高速公路工程柴油买卖合同》（以下简称《柴油买卖合同》），约定

① 庄晓勇、袁杏桃：《论以物抵债的法律适用———以最高人民法院指导案例72号为例》，载《山东青年政治学院学报》2020年第5期。

甲方向乙方采购成品柴油。(1)关于质量,乙方应向甲方随车提供本批次产品的《质量检验报告单》,双方合同中未约定质保期。在现场交接时,如甲方对质量有异议,应由乙方随车押运人员、甲方有权经办业务人员共同对本批次产品取样并封存。(2)关于货款结算及支付,双方约定:此合同无预付款。每月10日为当月的结算截止日期,遵循先开票后付款的原则。双方分别就2017年12月2日至2017年12月16日、2017年12月17日至2018年1月6日两个期间的柴油供应情况进行结算,结算金额分别为370594.18元、206711.95元,双方对此均无异议。庭审中,N公司陈述除16278.95元金额的柴油增值税发票未向建设集团第四工程公司开具外,其余结算金额均已开具,并同意开具剩余金额的发票,同时提交6张增值税发票予以证明。然而建设集团第四工程公司仅支付了300000元,故N公司主张被告支付原告油款欠款277306.12元及利息。建设集团第四工程公司认可增值税发票的真实性,但陈述仅收到370594.18元增值税发票,认为欠付款项仅为70594.18元,因原告方的票据丢失无法入账,付款条件尚未达成,被告不承担违约责任。

【案件焦点】

1.《柴油买卖合同》货款金额的认定标准是双方共同结算金额还是开具发票金额;2.建设集团第四工程公司以未收到发票为由,行使先履行抗辩权拒绝履行付款义务,是否有法律依据。

【法院裁判要旨】

北京市门头沟区人民法院经审理认为:关于焦点一,买卖合同是出卖人转移标的物的所有权于买受人,买受人支付价款的合同。本案中,建设集团第四工程公司向N公司购买柴油,经双方结算,建设集团第四工程公司对N公司提供的柴油质量和价款均无异议,故双方就《柴油买卖合同》的货款金额应以双方共同结算金额为准,而非发票金额。关于焦点二,《柴油买卖合同》中约定,N公司需向建设集团第四工程公司开具相应发票后,建设集团第四工程公司方依据发票向N公司支付货款。建设集团第四工程公司以未收到发票主张涉案款项未达到支付货款条件，实质上是在以同时履行抗辩权或先履行抗辩权拒绝履行付款义务。但根据《中华人民共和国发票管理办法》的规定，开具发票的义务属合同的从给付义务，与建设集团第四工程公司向N公司支付货款这一主合同义务不能构成相应对等，故建设集团第四工程公司不能因N公司未出具发票而主张同时履行抗辩权或先履行抗辩权。

综上，依据《中华人民共和国民法典》第五百九十五条，《中华人民共和国民事诉讼法》第六十四条第一款，《最高人民法院关于民事诉讼证据的若干规定》第二条第一款之规定，判决如下：

一、建设集团第四工程公司于本判决生效之日起七日内向N公司支付货款277306.13元；

二、驳回N公司的其他诉讼请求。

建设集团第四工程公司不服原审判决，提起上诉。北京市第一中级人民法院认为：本案争议焦点在于建设集团第四工程公司向N公司支付欠付货款是否应以N公司开具发票为条件。关于合同义务，根据《柴油买卖合同》的约定，N公司向建设集团第四工程公司提供货物，建设集团第四工程公司支付货款，上述内容系双方合同项下的主要权利义务，开具发票为N公司的附随义务，建设集团第四工程公司以此对抗其案涉合同项下支付货款的主要合同义务缺乏法律依据，依照《中华人民共和国民事诉讼法》第一百七十条第一款第一项之规定，判决如下：

驳回上诉，维持原判。

【法官后语】

本案是未履行合同附随义务并非先履行抗辩权的行使条件的典型案例，其背后的核心争议是先履行抗辩权中的“当事人互负义务”应该如何进行法律评价。通说观点认为，互负义务应当是具有对价关系的。以此案例为出发点，放眼整个合同领域，法官可按照三步法解决此类纠纷，下文详述。

一、先履行抗辩权的构成要件

先履行抗辩权，规定在《中华人民共和国民法典》第五百二十六条：“当事人互负债务，有先后履行顺序，应当先履行债务一方未履行的，后履行一方有权拒绝其履行请求。先履行一方履行债务不符合约定的，后履行一方有权拒绝其相应的履行请求。”由此可以看出，先履行抗辩权的构成要件有三：双方互负债务；债务有先后履行顺序；先履行一方未履行。

二、如何区分合同主义务和附随义务

附随义务并非我国法律中明确使用的术语，通常认为其出处是《中华人民共和国民法典》第五百零九条第一款和第二款规定：“当事人应当按照约定全面履行自己的义务。当事人应当遵循诚信原则，根据合同的性质、目的和交易习惯履行通知、协助、保密等义务。”结合第五百九十五条和《最高人民法院关于审理买卖合同纠纷案件适用法律问题的解释》第四条的规定，买卖合同的主义务是出卖人转移标的物的所有权，买受人支付价款，而先开票只是一种附随义务。换言之，只要把握住具有主导性和确定性的合同主义务，那么其他的义务都可归类为附随义务。

三、未履行合同附随义务能否成为先履行抗辩权的行使条件再探讨

上述结论的产生有一个前提，那就是主义务和附随义务的区分是法定的。但如果前提本身不存在，审判者就必须找到一个可操作性的司法路径。在没有法律明确规定的情况下，主义务与附随义务的界限将会模糊。以交换为基础的买卖合同，和众多典型合同一道，与其说是法定主合同义务，不如说是长期交易习惯提炼形成的、符合合同目的的主合同义务。但在商事合同面前，主义务与附随义务的区分往往需要法官的主动作为。这种作为的第一阶段是类推适用，即依照《中华人民共和国民法典》第四百六十七条之规定；第二阶段则是以宏观视角结合诚信原则、合同目的和交易习惯判断。以特许经营加盟合同为例，它混合了买卖、租赁、劳务、合伙等典型合同与授权合同等非典型合同。当双方存在纠纷时，法官可以类推适用买卖合同，确定一方的主合同义务是提供特许资源，法官还可以考量合同的目的，作出在被特许人特定经营区域内开展自营业务属于主合同义务的判断。

综上，当一方主张对方未履行在先义务而行使先履行抗辩权时，法官可按

照三步法解决此类纠纷：第一步：找法。根据合同类型寻找法律明文规定，确定双方互负义务属于合同主义务或是附随义务。第二步：类推。分析双方争议的义务类型，参照适用最相类似合同的法律规定。第三步：验证。结合诚信原则、合同目的和交易习惯，以包容的态度对待当事人的约定，确保依据第一步和第二步对合同主义务和附随义务的判断，不会产生严重利益失衡的裁判后果。

编写人：北京市门头沟区人民法院　周伟男　康凯川

23

致使“合同目的不能实现”的迟延履行属于合同解除事由

——化纤公司诉实业公司买卖合同案

【案件基本信息】

1. 裁判书字号

上海市第一中级人民法院（2020）沪01民终14120号民事判决书

2. 案由：买卖合同纠纷

3. 当事人

原告（反诉被告、被上诉人）：化纤公司

被告（反诉原告、上诉人）：实业公司

【基本案情】

2020年4月2日，原告化纤公司、被告实业公司签订《设备买卖合同》，约定被告将30套某产品全自动生产线（以下简称生产设备）包销给原告，单价每台88万元，货款共计2640万元。4月3日，原告通过某银行向被告转账支付750万元。4月17日，原告向被告支付货款1890万元。5月2日、5月3日被告各向原告交付生产设备一台，剩余28台至今未交付。5月12日，原告通过快递分别向被告深圳实业公司及其关联公司东莞实业公司发送《解除合同通知》。根据查单信息显示，两封邮件均已签收。5月12日，原告就本案纠纷向本院提起诉讼，本院于5月14日正式立案，并于5月19日向被告邮寄送达传票、诉状副本、证据副本等诉讼材料。另查明，5月15日，被告通过快递向原告发送《提货联络函》，督促原告5月30日之前将剩余设备全部提清，原告于5月17日收到该邮件。6月2日，被告通过快递向原告发送《关于敦促提货的通知函》，要求原告6月10日前完成提货，否则被告将对设备予以处理。

【案件焦点】

涉案《设备买卖合同》这一包销合同应否解除，即被告实业公司延期交货构成根本性违约，致使原告无法实现合同目的，有权解除合同还是因前后误差几天属于合理预见的范围，不应解除合同。

【法院裁判要旨】

上海市奉贤区人民法院经审理认为：买卖合同是出卖人转移标的物的所有权于买受人，买受人支付价款的合同。原告化纤公司、被告深圳实业公司签订的《设备买卖合同》不存在违反法律及行政法规的情形，应属合法有效。本案争议焦点在于涉案《设备买卖合同》应否解除。本院认为，本案被告未能按照合同约定如期交付货物，存在严重违约情形，导致原告合同目的无法实现，原告依法享有并行使解除权，涉案合同应当解除。综上，本院认定双方于2020年4月2日签订的《设备买卖合同》于5月13日解除，鉴于涉案合同已经解除，尚未履行的28台设备中止履行，对于已经交付的两台设备，双方对于设备交付、货款支付并无异议，对其对应的货款176万元应予扣除，其余货款应由被告返还原告。被告占用资金期间，原告确实存在利息损失，原告主张利息应属合理。对利息计算标准，本院将其调整为按照同期全国银行间同业拆借中心公布的贷款市场报价利率计算。对于计息起诉时间，本院认为双方合同于5月13日解除，利息损失从5月13日起算更为合理。对于原告主张被告双倍返还定金9856000元的诉讼请求，于法无悖，本院对其诉请予以支持。对于反诉原告的诉讼请求，本院认为依据不足，无法支持。

上海市奉贤区人民法院判决如下：

一、确认原告化纤公司与被告实业公司于2020年4月2日签订的《设备买卖合同》于2020年5月13日解除；

二、被告实业公司于本判决生效之日起十日内返还原告化纤公司货款19712000元并支付利息（以19712000元为基数，自2020年5月13日起至实际付清日止，按同期全国银行间同业拆借中心公布的贷款市场报价利率计算）；

三、被告实业公司于本判决生效之日起十日内向原告化纤公司返还双倍定金9856000元；

四、驳回反诉原告实业公司全部诉讼请求。

一审宣判后，被告实业公司向上海市第一中级人民法院提出上诉，上海市第一中级人民法院同意一审法院裁判意见，作出判决：驳回上诉，维持原判。

【法官后语】

合同解除是在合同有效成立后，因一方或双方当事人的意思表示使合同关系终止。合同解除权的设置目的在于“合同有效成立后，出现主观或客观情况致使合同目的无法实现时，若仍然固守合同拘束力，反而不利于合同当事人一方或双方利益，乃至损害社会整体利益”。[①] 从债权人立场，合同解除权的功能在于“把债权人从不能得到利益的合同中解放出来，以进行新的交易”。[②] 而从债务人立场出发，也可以避免其可能在时间、精力和财力上继续投入。因此，当出现合同解除情形时，允许当事人行使解除权，使合同关系得到确定和稳定，这完全符合民法公平、效率、秩序等价值。

对于合同解除情形而言，“合同目的不能实现”是判定法定解除的实质标准。本案争议焦点在于涉案《设备买卖合同》这一包销合同应否解除，原告化纤公司认为，被告实业公司延期交货构成根本性违约，致使原告无法实现合同

① 韩世远：《合同法总论》，法律出版社2018年版，第648-649页。

② [中] 韩世远、[日] 下森定主编：《履行障碍法研究》，法律出版社2016年版，第207-208页。

目的，故原告有权解除合同；被告实业公司则认为，前后误差几天属于合理预见的范围，原告不应解除合同。笔者认为，当事人是否具有法定解除权，关键在于判断合同目的能否实现，不管是预期违约、迟延履行或者其他违约行为，如果影响合同目的实现，通常允许以法定解除权解除合同。故本案支持原告合同解除权的关键在于迟延履行导致“合同目的不能实现”的判断。

一、合同目的内涵和外延

（1）把握合同目的的实质内涵。合同目的是合同的灵魂，合同引发的协商和解、调解、仲裁、诉讼等均与合同目的的合法性，为实现合同目的而履行的行为和主客观因素等息息相关。从《中华人民共和国民法典》合同编整体的条文内容来看，涉及合同目的的表述共有11处，但其中未规定合同目的的具体定义。本文认为，合同法定解除的前提是合同继续存在的基础丧失，合同义务得不到完全履行或者合同义务的履行已经对债权人无实际意义，守约方本欲从合同履行中得到的各项利益落空，继续维系合同对双方均无必要，此时法律方可介入合同当事人的自由意思中，赋予守约方单方解除合同、脱离合同对待给付义务约束的权利。由此对应到合同目的落空的解释上，可以认为合同目的不能实现即指当事人基于合同产生的预期利益无法实现，合同目的约等于合同预期利益。

（2）把握合同目的与动机的区别和转化。实践中，法院在区分合同目的时常会将其与合同动机产生混淆。通常，合同动机不得作为合同目的。合同动机是指驱使、推动行为人订立合同的内心起因，其一般隐藏于表意人的内心深处，不为外人所知，多在意欲之外，表意人也难以证明动机为何，故法律一般不对动机作评价，也未赋予动机常态下的法律效果，因此动机原则上不构成合同目的。相对于合同动机，合同目的具有一定客观性，是当事人订立的合同所希望达到的结果，可以从当事人的意思表示中反映或推断出来。如果当事人希望其主观动机转化为合同的客观目的，当事人一方就应当向合同相对方予以明示，或者虽未明示，但一方有证据证明对方已经知悉或根据一般人的社会常识和经验能够推知的，此时订立合同的动机转化为合同目的。唯此，合同一方的合同目的能够约束合同相对方。区分合同目的和合同动机的意义在于，防止将合同动机的落空引申为合同目的落空，从而避免轻易以不能实现合同目的之名，随意解除合同，滥用合同解除权。

（3）把握合同目的表现的多样性。合同目的通常表现为经济利益，但并不必然、唯一地表现为经济利益，精神利益亦是合同目的表现形式之一。以买卖合同为例，卖方认为买卖合同根本目的是一方得到并使用货物，而另一方的目的是得到价款，此时双方当事人对实现各自经济利益的目的在合同中达成了合意。诚然，经济利益无疑是任何货物买卖合同目的之重要组成部分，但如果因此否认其他目的的存在显然不合理，用经济利益来衡量法律意义上的合同目的亦有其欠缺之处。例如购买球星签名球衣目的显然不仅仅在于获得球衣本身的穿着价值，婚庆公司遗失新人新婚的录像资料，损失显然不只是一张光盘的价格。因此合同目的不能仅限于经济利益，还应注意到经济利益之外的其他价值目的，如精神享受、亲情关爱和人格权益等。

二、合同目的认定规则

（1）根据合同条款确定合同目的。合同条款是当事人意思表示的外化形式，是合同目的固化的表现。例如，在司法实践中，有些合同目的直接以一个单独条款表达出来，法院就此可以直接认定合同目的。有些合同虽然不直接表述，但通过具体合同条款体现出来，例如通过合同标的、价格、支付方式、运输条件、质量标准、验收条件、质保期限等间接表达出合同的目的。

（2）根据主给付义务确定合同目的。通常合同目的应当根据合同约定的主给付义务判定，不能依据当事人订立合同的主观动机认定。比如在买卖合同中，出卖人的主要给付义务为交付货物，买受人的主要给付义务为支付货款，因此可以判断出卖人的缔约目的在于取得价款，买受人的缔约目的在于取得标的物所有权。同理，在租赁合同中，出租人意在获取租金收入，承租人意在取得租赁物的使用权；在建设工程合同中，发包人的缔约目的在于获得质量合格的建设工程，承包人的缔约目的在于收取建设劳务价款等。

（3）根据合同整体内容确定合同目的。在存在多个交易行为构成交易组合的场合，应当依据交易整体体现的法律关系性质确定“合同主要目的”。比如在房地产开发交易中，可能存在股权转让、债务重组、合作开发、权益分配等多个交易行为，此时应当依据交易实质、合同文本、合同履行情况等综合判断交易组合的主要合同目的。应当注意的是，在确定交易组合的“合同主要目的”时，除非存在以虚假意思表示隐藏的民事法律行为，否则应当严格依照合同文本的文义表述确定当事人的“合同主要目的”，不宜以推定的“真实交易动机”作为合同目的。

三、致使“合同目的不能实现”的迟延履行司法认定因素

当事人无正当理由在合同约定履行期限届满仍未履行债务，构成合同法上的迟延履行。在迟延履行对合同目的产生实质性影响时，法律赋予守约方解除合同的权利。司法实践中，法院可以依据合同标的和合同类型、合同履行情况、交易习惯和交易形势等，并结合诚实信用原则来综合认定迟延履行导致“合同目的不能实现”的事实。

(1) 依据合同标的和合同类型。合同标的是合同权利义务共同指向的对象。依据合同标的的不同，可以划分不同的合同类型。本案中双方签订的《设备买卖合同》的合同标的是用于生产制造的设备，合同类型属于包销合同，属于商事合同。“一般而言，不同于一般的民事交易中订立的合同对于公平及诚实信用的追求，商事合同更加注重效率、外观主义，以及增加社会的整体效益，故商事交易中的履行期限相较民事合同更为严格。”① 设置较短合理的合同履行期限，尽快使商事交易合同关系确定及其稳定符合商事交易的价值理念。本案中，合同明确约定被告实业公司指定原告化纤公司为温州地区及其相邻地区唯一包销商。由该包销合同的合同目的可见，原告签订合同购得该批生产设备，主要目的不是用于自己生产而是用于转售他人并获取利益，从维护善意第三人利益以及保障营商环境和规范市场秩序角度考虑，合同履行期限应当更加严格地限制，被告对此理应明知并应恪守。现因被告严重违约行为，无法在合同约定的期限之内交付剩余28台设备，而且已经交付的2台设备也因质量问题迟迟

① 赵一瑾：《商事合同解除权的特殊限制》，载《国家检察官学院学报》2016年第2期。

未能正常运转，导致原告对其他人违约以及潜在客户未能与其签约，致其合同目的无法实现，据此原告应当享有合同解除权。

（2）依据合同履行情况。对于迟延履行是否构成“合同目的不能实现”从而解除合同，法院还应结合合同履行情况进行综合认定。合同履行情况之所以作为认定的重要因素，在于合同解除本身是一种对合同履行障碍后的处置方式，而考量合同履行情况可以判断合同当事人对于合同解除或者继续履行的意愿和可能性，主张合同解除时的法律后果等，在实现合同订立目的和稳定交易关系之间，尽量平衡债权人和债务人之间的利益。就合同履行情况的考量因素，具体而言要认真考量双方当事人的合同履行情况和履行意愿。如果虽然一方已经构成迟延履行，但合同相对方或者双方当事人均在为实现合同目的而以实际行动继续积极履行合同，则可以认定迟延履行未构成“合同目的不能实现”。反之，如果一方迟延履行之后合同一直处于未履行状态，且双方没有继续履行意愿的情形，一方在此情况下行使合同解除权，可以认定双方当事人都没有实现合同目的的意愿，宜判定合同解除。本案中原告在合同签订并付款后，专门派人到被告公司等着被告交货，但被告未能按约交货。除了 2020 年 5 月 2 日、3 日各交货 1 台外（已交货的 2 台设备质量有问题至今未调试成功），剩余 28 台至今未交付，可以表明合同相对方没有继续履行意愿的情形，原告据此可以解除合同。

（3）依据交易习惯和交易形势。交易习惯，描述的是在社会上或特定的交易范围中事实上遵守的行为规则。交易习惯的规范功能分布在合同各个阶段，从合同订立方式和合同成立的时间确定，到合同义务的发生和合同内容的确定，再到合同条款的解释。而在商事交易中，交易习惯对于商人之间的交易来说具有尤为重要的意义。就包销合同交易习惯而言，包销合同是为了将货物转售他人并获取利益而订立的合同，当事人在订立合同时期待从该份合同中可以获得利益，依此交易习惯而形成的行使期限比一般合同更为严格。值得注意的是，法院结合交易习惯认定合同履行期限时，应由主张该交易习惯的当事人承担举证责任，法院在必要时应依职权查明、确认该交易习惯是否存在，以使交易习惯得到公正和正确的运用。原告签订合同后及时将货款如数支付被告，足以表明原告对该项业务往来的重视程度，即便被告提出的“左右”可以理解为提前几天或者延迟几天，但如果前后相差过多则明显不符合合同本意。

（4）结合诚实信用原则。对于迟延履行是否构成“合同目的不能实现”从而解除合同，诚实信用原则是司法判断的补充原则。“诚实信用的目标方向是保证公平的利益平衡，本质上，涉及的是顾及对方的利益、保护正当的信赖以及保证贸易往来中的一般诚信度。”[①] 诚实信用原则要求“尊重他人利益，以对待自己事务的注意对待他人事务，不得损人利己，保证法律关系的当事人都能得到自己应得的利益”。[②] 涉案合同第六条约定，“甲方应按本合同第二条约定履行付款义务。逾期付款的，每迟延 1 天，甲方应向乙方支付应付款的 5%作为违约金和预期货款利息损失 0.3%/天……”由此可见，对于原告付款义务而言，合同约定了较为严格、数额较高的违约责任，从权利义务平衡角度考虑，在被告履行合同义务方面也应做出较为严格而不是较为宽泛的理解。故而认为，被告未能在 5 月 10 日左右履行期限届满之前履行交货义务，存在严重违约。

（5）四个司法认定因素相互关系。如上所述，法院可以通过运用上述四个因素来综合认定迟延履行导致“合同目的不能实现”的事实。首先，合同标的和合同类型是认定履行期限的主轴和最基本的因素，进行司法认定时不能背离合同本身的法律性质。其次，合同履行情况是认定中最重要因素，对合同履行情况的考察最能回应解除权制度和解除权设置的价值。再次，交易习惯和交易形势是认定中可以考量的因素。最后，诚实信用原则是漏洞补充方法和认定中的综合兜底原则，前三个因素的运用不得违背诚实信用原则。因此，在综合进行司法认定时，既要注意对每一个要素予以厘清，也要考量各个要素之间的相互关系，结合具体案情，进行综合判断。

编写人：上海市奉贤区人民法院　杨国志　项天伦

---

① ［德］迪尔克·罗歇尔德斯：《德国债法总论》，沈小军、张金海译，中国人民大学出版社 2014 年版，第 28 页。

② 徐国栋：《诚实信用二题》，载《法学研究》2002 年第 4 期。

24

出卖方不享有物权请求权的“指令交割”不构成指示交付

——化纤公司诉贸易公司、国际公司买卖合同案

【案件基本信息】

1. 裁判书字号

江苏省无锡市中级人民法院（2021）苏02民终2834号民事判决书

2. 案由：买卖合同纠纷

3. 当事人

原告（被上诉人）：化纤公司

被告（上诉人）：贸易公司

被告：国际公司

第三人（被上诉人）：H公司

【基本案情】

2020年4月2日，H公司作为供方，贸易公司作为需方，签订精对苯二甲酸（PTA）销售合同，合同载明产品名称为精对苯二甲酸（PTA），数量为7014吨，单价为2700元/吨，总金额为18937800元。合同第六条载明：“供方收到需方全部货款后，于2020年5月15日前交完全部货物。”后贸易公司向H公司支付了相应货款。

2020年5月7日，贸易公司作为供方，化纤公司作为需方，签订产品购销合同一份，合同载明产品标的为精对苯二甲酸（PTA），数量为2004吨，单价为3276元/吨，总金额为6565104元，品牌为A。合同第五条载明：“价格条款：先款后货，指令交割。需方于2020年5月20日前（含当日）电汇支付全

额货款给供方，供方收到全额货款后当天根据需方指令立即给 A 品牌仓库下达放货指令。”合同第六条载明：“运输方式及费用承担：需方 A 品牌仓库自提。”合同第七条载明：“责任承担：本合同标的货物的所有权及其损毁、损耗、灭失的风险自供方下达放货指令之后转移至需方。”化纤公司分别于 2020 年 5 月 14 日和 2020 年 5 月 19 日通过银行转账的方式向贸易公司名下账户转入金额均是 3282552 元的两笔货款，共计转入 66565104 元。

2020 年 5 月 14 日，化纤公司向贸易公司出具提货指令。2020 年 5 月 14 日、5 月 18 日，H 公司向贸易公司出具产品发货提单，载明产品名称 PTA，数量为 1002 吨，备注载明“5 月现货，货转宏凯自提”。贸易公司分别在 2020 年 5 月 14 日和 5 月 19 日向 H 公司出具货权转移指令，要求 H 公司将数量均为 1002 吨的精对苯二甲酸货权转移给化纤公司，交货地 H 公司。

化纤公司分别于 2020 年 5 月 21 日及 2020 年 5 月 22 日向贸易公司出具催货函，称截至目前还有 796.24 吨货物未能提货，要求贸易公司尽快发货。贸易公司向化纤公司出具情况说明称 H 公司于 2020 年 5 月 19 日晚通知停产，发货中断，待装置重启后将尽快安排发货。

因剩余货物未能提货，化纤公司提起诉讼，请求判令贸易公司退还化纤公司未交货物的货款本金共计 2608482.24 元及利息，并支付违约金 1313020.8 元，律师费 180000 元，国际公司对上述债务承担连带责任。

【案件焦点】

贸易公司向 H 公司下达放货指令能否视为已经履行对化纤公司的交货义务。

【法院裁判要旨】

江苏省无锡市新吴区人民法院经审理认为：H 公司系履行自身与贸易公司之间的销售合同，在交付货物时是代贸易公司将货物交付给化纤公司。对于化纤公司，H 公司的行为属于第三人代为履行。H 公司明确不能交付货物，贸易公司在与 H 公司交涉未果后，交付货物的义务仍应由贸易公司承担。化纤公司向贸易公司催告后，贸易公司一直未履行交货义务，化纤公司有权依法行使合同解除权。综上，判决如下：

一、化纤公司与贸易公司 2020 年 5 月 7 日签订的产品购销合同于 2020 年 8 月 13 日解除；

二、贸易公司于判决生效之日起十日内退还化纤公司货款 2608482.24 元；

三、贸易公司于判决生效之日起十日内支付化纤公司违约金 521696 元；

四、贸易公司于判决生效之日起十日内给付化纤公司律师费损失 180000 元；

五、驳回化纤公司的其他诉讼请求。

贸易公司不服一审判决，提起上诉。

江苏省无锡市中级人民法院经审理认为：因贸易公司向 H 公司下达放货指令时货物并未现实交付，合同中关于自该时间货物所有权转移的约定如要产生效力应当符合法律特别规定。贸易公司称该约定属于指示交付性质。然而，指示交付是指动产物权设立和转让前，第三人占有该动产的，负有交付义务的人可以通过转让请求第三人返还原物的权利代替交付。仅有在贸易公司对 H 公司占有的货物享有所有权的前提下，其向化纤公司转移对 H 公司提货的权利才构成指示交付。对于 H 公司尚未生产或明确预留给贸易公司的货物，合同约定的所有权转移形式实际无法完成，故本案指示交付并未成立。在此前提下，结合本案当事人之间并未约定 H 公司直接向化纤公司承担违约责任，一审法院认定合同约定的货物交付性质为第三人代为履行，并无不当。现 H 公司未向化纤公司交付全部货物，视为贸易公司未能履行合同义务，故一审法院认定贸易公司应向化纤公司承担相应违约责任，并无不当。判决如下：

驳回上诉，维持原判。

【法官后语】

本案买卖合同约定了“指令交割”这一特殊的货物所有权转移形式。该“指令交割”是指出卖人向第三人下达放货指令，则视为货物的所有权已向买受人转移。实际上，在普通货物买卖中，并无“指令交割”这一专业词汇，但在商品期货或证券交易市场合约之中普遍存在“交割”“指令”等专业术语。本案是当事人在货物现实交易合同中移植了部分证券交易中的概念，但因普通的货物买卖与证券交易立法规制存在很大区别，交叉使用概念容易导致混淆法律关系的性质。对于该项约定是否符合民法典意义上动产物权转移的规定，如何认定其法律性质，法院审理思路如下：

一、当事人约定动产物权转让的形式应当符合法律特别规定

根据《中华人民共和国民法典》第二百二十四条的规定，动产物权的设立和转让，自交付时发生效力，但法律另有规定的除外。法律另有规定的交付情形，包括《中华人民共和国民法典》第二百二十六条简易交付、第二百二十七条指示交付、第二百二十八条占有改定这三种形式。本案交易的产品系化工原材料，属于动产，当事人约定的指令交割，是关于动产所有权转移的约定。因贸易公司下达放货指令之时，货物并未交付给化纤公司，故该约定不属于现实交付而系拟制交付。根据物权法定原则，该特别约定应当符合立法规定的特殊拟制交付情形。如不符合，则该约定应属无效，不能产生物权转移的效果。

二、“指令交割”并不构成法律规定的拟制交付情形

简易交付是指动产物权设立和转让前，权利人已经占有该动产的，则物权自民事法律行为生效时发生效力。占有改定是指动产物权转让时，当事人又约定由出让人继续占有该动产的，物权自该约定生效时发生效力。本案指令交割之时货物由第三方控制，显然不符合简易交付和占有改定这两种情形。贸易公司称该约定构成指示交付。指示交付与指令交割，从文义上看似乎很相似，且均涉及第三方占有动产，交付义务人转移对第三方的请求权给权利人。但是，两者仍然存在根本性的区别。指示交付是指物权设立和转让前，第三人占有该动产的，负有交付义务的人可以通过转让请求第三人返还原物的权利代替交付。是否对第三人享有返还原物请求权是区别指示交付与本案中“指令交割”的关键所在。返还原物请求权属于物权请求权，也即负有交付义务的人本身对物享有所有权，据此其才可以仅凭转让对第三方的请求权就实现物权的转移。但本案中，贸易公司与H公司之间仅系货物买卖合同关系，双方约定的交付形式也

为现实交付。在H公司没有交付货物之前，贸易公司对H公司仅享有请求交付货物的债权请求权。此时贸易公司尚未取得所有权，无法完成所有权的移转。因此，本案也不构成指示交付。至于当事人之间的提货、放货指令、货权转移指令等，均非民法典意义上的物权凭证属性，仅能视为贸易公司对行使或转移其债权请求权的依据。

三、“指令交割”约定无效之下，可认定为第三人代为履行

因当事人约定的动产物权转移形式不符合法律特别规定，故该约定无效。贸易公司与化纤公司约定由第三方H公司向化纤公司交货，因H公司并非合同主体也未同意由其直接作为债务人向化纤公司履行合同义务，故本案尚不足以认定构成债务转移或者债务加入。但依据现有的证据，足以认定构成债务人指定第三人向债权人履行义务的第三人代为履行情形。第三人履行债务不符合约定的，仍应当由债务人承担违约责任。因此，在H公司未交付货物时，应由债务人贸易公司承担违约责任。

编写人：江苏省无锡市中级人民法院　李佳　宋婉龄

五、买卖合同的变更、转让和解除

25

第三人债务加入应当有明确的意思表示

——覆膜砂公司诉 F 机械公司等买卖合同案

【案件基本信息】

1. 裁判书字号

江苏省无锡市中级人民法院（2021）苏 02 民终 4466 号民事判决书

2. 案由：买卖合同纠纷

3. 当事人

原告（被上诉人）：覆膜砂公司

被告（上诉人）：B 机械公司

被告：F 机械公司、金属制品公司

【基本案情】

覆膜砂公司与 F 机械公司、金属制品公司、B 机械公司存在买卖合同关系，F 机械公司、金属制品公司及 B 机械公司曾向覆膜砂公司采购覆膜砂。2015 年 1 月 27 日，F 机械公司及金属制品公司共同向覆膜砂公司出具公司名称变更通知一份，载明 F 机械公司自 2015 年 1 月 25 日起由金属制品公司进行经营。2016 年 9 月 26 日，F 机械公司及金属制品公司共同出具证明一份，载明截至

2016年9月26日，F机械公司及金属制品公司欠覆膜砂公司货款共计1128754元，其中F机械公司欠588456元，金属制品公司欠540298元。

B机械公司自2017年起陆续代F机械公司、金属制品公司向覆膜砂公司进行还款计22万元，覆膜砂公司开具的部分收据的收款事项处记载为B机械公司代金属制品公司偿还货款。2018年5月31日，覆膜砂公司向金属制品公司、B机械公司出具企业对账函一份，载明截至2018年5月31日合计收到B机械公司承担金属制品公司偿还货款22万元，尚欠货款908754元，要求予以核对确认。对账函上注明了B机械公司每期还款金额及金属制品公司尚欠金额。对账函下方由F机械公司、金属制品公司及B机械公司盖章确认。同年8月1日，覆膜砂公司再次向金属制品公司、B机械公司出具企业对账函一份，记载对账截止日期为2018年7月31日，其余内容与2018年5月31日对账函一致，金额未有变动。F机械公司、金属制品公司及B机械公司予以盖章确认。2020年11月30日，覆膜砂公司向F机械公司、金属制品公司及B机械公司出具企业对账函一份，载明截至2020年11月30日，贵公司累计欠覆膜砂货款915399元，其中金属制品公司合计欠款908754元，B机械公司合计欠款6645元。该对账函亦由F机械公司、金属制品公司及B机械公司盖章确认。2020年12月4日，B机械公司向覆膜砂公司采购覆膜砂合计价款34500元，后B机械公司于2020年12月25日向覆膜砂公司付款41145元。

B机械公司于审理中否认其债务加入，称其公司租赁了F机械公司、金属制品公司的厂房，约定租金为60万元/年，但因该两家公司外债较多，债权人经常上门阻挠其公司生产经营，在与F机械公司、金属制品公司及包括覆膜砂公司在内的债权人协商后，达成协议由其公司根据F机械公司、金属制品公司指示将应支付的租金直接支付给覆膜砂公司等债权人。

【案件焦点】

B机械公司的行为是否构成对F机械公司、金属制品公司结欠覆膜砂公司债务的债务加入。

【法院裁判要旨】

江苏省宜兴市人民法院经审理认为：B 机械公司构成债务加入。B 机械公司自 2017 年起陆续代金属制品公司、F 机械公司向覆膜砂公司偿还欠款，前两份对账函系向金属制品公司、B 机械公司一并发送，B 机械公司在对账函上盖章确认，视为其以承诺形式向覆膜砂公司作出了债务加入的意思表示。最后一份对账函系向金属制品公司、F 机械公司、B 机械公司一并发送，载明贵公司累计欠款 915399 元，表明系将三被告的债务作为一个整体进行结算。函中分别列明金属制品公司及 B 机械公司欠款额，系因覆膜砂公司与 B 机械公司之间亦存在买卖往来，应理解系原被告之间为便于各自对账而为，不能据此认定覆膜砂公司对 B 机械公司债务加入行为的拒绝。覆膜砂公司出具的收据备注有“代付”字样，不足以否定形成时间在后的企业对账函的证明效力。B 机械公司应与金属制品公司、F 机械公司共同承担还款责任。

江苏省宜兴市人民法院依照《中华人民共和国合同法》[①] 第八条、第六十条，《最高人民法院关于适用〈中华人民共和国民法典〉时间效力的若干规定》第一条第二款之规定，判决如下：

一、金属制品公司、F 机械公司、B 机械公司于本判决发生法律效力之日起十日内向覆膜砂公司偿还欠款 908754 元；

二、驳回覆膜砂公司的其他诉讼请求。

B 机械公司不服一审判决，提起上诉。

江苏省无锡市中级人民法院经审理认为：B 机械公司的行为不构成债务加入。第三人是否构成债务加入需有明确的意思表示。B 机械公司自 2017 年起陆续向覆膜砂公司支付了 22 万元，覆膜砂公司的收据上记载为“代付欠款”“标平代付”，表明 B 机械公司系第三人代为履行，而非债务加入。覆膜砂公司前两次发送企业对账函，虽系向金属制品公司、B 机械公司共同发出，但记载的也是金属制品公司的欠款情况及 B 机械公司的代还款情况，B 机械公司虽在该

---

① 该法已于 2021 年 1 月 1 日失效，依据《最高人民法院关于适用〈中华人民共和国民法典〉时间效力的若干规定》第一条第二款规定予以适用，下同。

对账函上盖章，但并无与金属制品公司共同承担还款责任的意思表示。最后一份企业对账函载明贵公司累计欠款 915399 元，系将金属制品公司、F 机械公司、B 机械公司的债务统计在了一起，但对账函中又分别列明了金属制品公司、B 机械公司的欠款数额，也表明上述欠款为金属制品公司、B 机械公司分别结欠，B 机械公司加盖确认的行为也无债务加入的意思表示。故 B 机械公司未与债权人覆膜砂公司、债务人金属制品公司达成三方协议或与覆膜砂公司达成双方协议或向覆膜砂公司单方承诺由其履行债务人的债务，B 机械公司不构成债务加入。

江苏省无锡市中级人民法院依照《中华人民共和国合同法》第六十条、第六十五条，《最高人民法院关于适用〈中华人民共和国民法典〉时间效力的若干规定》第一条第二款，《中华人民共和国民事诉讼法》第一百七十条第一款第二项的规定，判决如下：

一、撤销江苏省宜兴市人民法院（2020）苏 0282 民初 12356 号民事判决；

二、金属制品公司、F 机械公司于本判决发生法律效力之日起十日内向覆膜砂公司偿还欠款 908754 元；

三、驳回覆膜砂公司的其他诉讼请求。

【法官后语】

在民商事活动中，为给债权人实现债权提供充分保障，市场交易主体创设了以第三人加入债务为基本内容的各类增信措施。在《中华人民共和国民法典》颁布实施以前，债务加入与债务转移、第三人代为履行、债务担保等法律关系的区分一直是司法实务中的热点、难点，直至《中华人民共和国民法典》正式确立了“债务加入”制度才定分止争。在审判实践中，认定是否债务加入应当注意以下几方面。

一、第三人需有明示的债务加入意思表示

《中华人民共和国民法典》实施以前，我国法律对债务加入并没有具体的规定。《中华人民共和国民法典》第五百五十二条第一次在法律上明确了债务加入制度，弥补了合同法规定的不足，该条规定：第三人与债务人约定加入债务并通知债权人，或者第三人向债权人表示愿意加入债务，债权人未在合理期限内明确拒绝的，债权人可以请求第三人在其愿意承担的债务范围内和债务人承担连带债务。由此可知，债务加入的形式主要有三种：一是债务人、债权人及第三人三方之间约定，二是债务人与第三人约定后通知债权人，三是第三人向债权人单方作出意思表示。从文义上理解，债务加入需由第三人作出明示的意思表示。该案中，企业对账函虽是向金属制品公司、F机械公司及B机械公司一并发送，但其内容上将金属制品公司的欠款与B机械公司的代偿款、B机械公司的欠款作了区分，B机械公司的盖章行为应理解为其对代偿款及其自身欠款金额的确认，并没有债务加入的意思表示。

二、不能仅凭第三人的代偿行为或代偿承诺推定其作出了债务加入的意思表示

该案中，B机械公司为金属制品公司代偿了22万元货款，虽然企业对账函上有“收到B机械公司承担金属制品公司货款22万元，尚欠908754元”的表述，但未有B机械公司自愿承担金属制品公司剩余欠款的意思表示，故不能据此认定B机械公司对剩余欠款承诺债务加入。司法实践中，即便第三人作出代偿的承诺，也并不必然构成债务加入，应当区分承诺的对象。如果第三人对债权人作出代债务人偿还债务的意思表示，视为其向债权人表示愿意加入债务，在债权人未明确拒绝的情况下，第三人构成债务加入，债权人有权要求第三人承担连带清偿责任；如果第三人作出代偿承诺的对象是债务人，且未通知债权人，则在法律上属于第三人代为履行，其效力仅及于第三人与债务人之间，债权人仍只能向债务人主张合同权利。

三、债务加入的意思表示应当明确——“存疑推定为保证”规则

债务加入和保证具有天然的相似性。相较而言，债务加入赋予第三人的责任更重。在交易实践中，第三人愿意为债务人承担义务的各种意思表示常常难以被准确地区分为债务加入或保证。《中华人民共和国民法典》颁布以前，司法实务中对“存疑推定为债务加入”还是“存疑推定为保证”一直存在不同意见。《中华人民共和国民法典》在确立债务加入制度的同时，也明确了同一债

务中债务加入与保证可以并存的规则，《中华人民共和国民法典》第六百九十七条第二款规定：第三人加入债务的，保证人的保证责任不受影响。这一规定亦增加了两者区分的难度。有鉴于此，《最高人民法院关于适用〈中华人民共和国民法典〉有关担保制度的解释》中对“存疑推定为保证”的裁判规则予以明确，该司法解释第三十六条第三款规定：前两款中第三人提供的承诺文件难以确定是保证还是债务加入的，人民法院应当将其认定为保证。根据该规则可知，债务加入的意思表示应当明确清晰，如意思表示含混不清，无法简单判定是债务加入还是保证，且在依据《中华人民共和国民法典》第一百四十二条第一款的意思表示解释规则，结合意思表示的词句、相关条款、行为的性质和目的、习惯及诚信原则综合分析后，仍无法确定第三人真实意思的，则不认定其构成债务加入。

编写人：江苏省宜兴市人民法院　江周渊

26

买卖标的物未特定化时，如何适用民法典法定解除的规定

——欧阳某某诉温某买卖合同案

【案件基本信息】

1. 裁判书字号

湖北省武汉市中级人民法院（2021）鄂 01 民终 14006 号民事判决书

2. 案由：买卖合同纠纷

3. 当事人

原告（被上诉人）：欧阳某某

被告（上诉人）：温某

【基本案情】

2018年5月，原、被告通过手机微信就买卖“种猫”达成协议，由原告向被告购买“种猫”，2018年5月23日，原告向被告支付了购买两只“种猫”的定金20000元（每只“种猫”的定金为10000元）。2018年9月，原告通过被告发送的视频，选定了被告的一只“种猫”，并约定了该“种猫”价格为80000元，而另一只“种猫”并未选定。原、被告之间就“种猫”买卖并未签订书面协议，仅通过手机微信聊天的形式订立协议，但双方对履行期限和方式、违约责任并没有明确的约定。后原、被告双方就买卖“种猫”合同的履行发生争议诉至武汉市洪山区人民法院，该院于2020年5月19日作出（2020）鄂0111民初261号民事判决，解除原告欧阳某某与被告温某于2018年5月23日订立的买卖两只“种猫”合同中的一只“种猫”（为已通过视频选定的“种猫”）合同并返还该只“种猫”的定金和购猫款，因原、被告均同意解除部分标的物的合同，被告也愿意继续履行合同，故该院认定双方继续履行买卖一只“种猫”的合同。被告温某不服该院一审判决，上诉至武汉市中级人民法院，武汉市中级人民法院于2020年8月31日作出（2020）鄂01民终6587号民事判决，维持原一审判决。

另查明：2018年5月23日，原告通过微信向被告询问“两公两母总计多少钱”，被告称“我们都是先交定金，然后每一只猫按照评价来，这只猫，如果在市场能够很少很多的话，他就大概是8万元，如果这只猫他有机会很少，但是可能会碰到强劲的竞争对手的话，那么他就可能是6万元左右，明白吗”，随后原告回复“我要八万的，不要六万的，不然怎么一鸣惊人，一开始肯定要最好的啊”，被告表示“我懂你的意思了，你放心”，随后原告支付了2只猫的定金20000元。2019年10月20日，被告通过微信向原告表示“第二只猫还没有选，还没有交易，所以定金不退。明白了吗？你若想交易，继续交易，想买猫，我后来跟你说了，可以，什么时候钱准备好，告诉我，我给你选。不过价格涨价了。15万-20万元，接受了价格，还是跟你第一次交易一样，选定猫咪付尾款，等4-5个月后打一场比赛你带走。这是流程”，原告对此不同意。2020年6月19日，原告向被告发微信称“现在洪山法院已经判了，解除一只猫的买卖合同，另外一只猫继续履行，那就按照我们之前交定金的时候谈好的8万元继续履行另外一只猫的买卖合同吧”，被告回复“二审还没有判完。交定金的时候，都是10000元一只，交纳2只猫的定金。你2018年9月选的是我们一起约定的8万元那一只猫，木兰的孩子会更贵，这个你是知道的，解除是8万元这只猫的买卖合同……而且现在有合适的猫，并不是8万元……”后原告称“你当初不是说两只都是8万元的价格给我吗，后来你涨价了，说15万-20万元，那肯定没法买……第一只法院要求解除合同，那就按法院要求办理，第二只继续履行，那就履行，但我希望你能按你当初的承诺，8万元给我”，被告称“第一只你在2018年9月选定的那只是8万元，后面的第二只，根据实际情况来”。

2021年5月25日，原告向本院提起诉讼，2021年5月31日，被告通过微信向原告表示“根据双方前期的沟通交流及交易情况，你方要购买的为木兰或贵妃窝次的赛级种猫，2021年2月22日，我方已将选猫流程告知，且告知了你方木兰的预计生产日期，但你方未予回复。现再次通知你方，目前已经有赛级标准小猫，为木兰&大大的孩子，目前3个月，价格为8万元，你放在我处有一万元定金，可以选择木兰窝次，（如你方需要更改选猫类型及窝次，请及时与我方沟通）。现将流程明确如下：预交定金后（定金已付），指定窝次小猫满三个月后开始进入选猫流程。选猫流程为视频加图片，选猫时间为一周。本次如果在规定时间内没选中将自动延至下一窝，并优先挑选。选猫三次未选中将视为放弃挑选，定金不予退还。选中后请在3日内支付尾款，我方办理小猫Tica证书。逾期未支付视为放弃选猫。我方将在小猫4-5个月的时候带去赛场比赛一场，届时会全程视频，照片。比赛过后会有专人亲自将小猫与奖花一同送至买方手里，敬请知晓。为避免双方产生不必要的争执，我方将书面合同一并发送给你，请在收到本消息后，十日内联系我方签订书面的定金合同以及买卖合同，逾期未签订的，视为你方知晓并同意书面合同的全部内容”，同时被告发送宠物定金合同和布偶猫买卖合同给原告，原告表示拒绝。被告未能提供证据证明其与原告 2021 年 2 月 22 日就履行买卖合同的沟通交流的情况。

在诉讼过程中，本院组织原、被告就继续履行买卖“种猫”的合同进行协商，被告愿意继续按 8 万元的价格出售“种猫”，由原告到被告处见面选猫或视频选猫，从木兰窝次中选定猫，再由被告带着选中的猫参加比赛，在获得成绩后交付给原告，原告支付剩余的 7 万元，但原告认为被告在交易过程中随意改变价格，加价，违背交易原则，双方之间就买猫已经产生多次纠纷，被告一直没有主动找原告解决事情，仅在原告起诉后要求继续履行合同，原、被告双方已丧失交易信任基础，不愿意再继续履行合同。

【案件焦点】

本案是否属于重复诉讼以及原、被告之间未将标的物特定化的买卖合同是否符合解除条件。

【法院裁判要旨】

湖北省武汉市青山区人民法院经审理认为：第一，法院生效判决已经判决解除 2018 年 5 月 23 日订立的买卖两只“种猫”合同中的一只“种猫”合同，因原、被告均同意解除部分标的物的合同，被告也愿意继续履行合同，故法院认定双方继续履行买卖一只“种猫”的合同。本案系原、被告在继续履行买卖“种猫”合同中产生的新的纠纷，故原告的起诉不属于重复诉讼。第二，原、被告之间已解除的一只“种猫”合同中的“种猫”系原告通过视频选定且已支付部分价款，后双方因买卖合同履行方式发生争议，原告诉至法院后解除，而本案继续履行的“种猫”原告尚未选定，原告仅支付定金尚未支付合同价款，买卖标的物尚未特定化，原、被告对于后续的履行方式亦未达成一致意见，履行方式的争议仍然存在，原、被告对于在前次诉讼中已经存在且在后续履行过程中面临的问题应当充分了解，且应当清楚若继续履行合同双方需就“种猫”的选定、价款支付、“种猫”的交付时间、标准、违约责任等问题秉承诚实信用原则进行友好协商，否则此合同较此前洪山区人民法院已经解除的“种猫”

合同更缺乏履行的基础。因在武汉市中级人民法院作出终审判决后，原、被告均未主动联系对方以积极协商合同履行事宜直至本案诉讼。又因在一审判决作出后，原、被告对继续履行合同一事无异议的情况下，被告存在随意涨价的行为致使继续履行合同出现障碍，且在本案诉讼过程中即使被告愿意按原告此前想法（即按照 8 万元的价格出售“种猫”并调整部分交易流程）协商解决的情况下，原告仍以缺乏信任基础为由拒绝继续履行，故各方对于推进合同继续履行均有过错。第三，现原、被告仅在“种猫”选定的价格上能够达成一致意向，对于如何进行“种猫”的选定、价款支付、“种猫”的交付时间、标准等一系列具体履行方式均无法达成一致意见，合同缺乏继续履行的条件，强行要求继续履行合同，涉及上述一系列问题需要原、被告沟通协商解决，而原、被告因“种猫”买卖合同纠纷自 2019 年诉讼至今，已经难以通过自行沟通协商解决继续履行合同面临的一系列问题，反而容易产生新的纠纷导致合同履行陷入僵局，致使合同目的难以实现。

综上，对于原告要求解除原、被告之间的买卖合同的诉讼请求，本院予以支持。对于合同不能继续履行原、被告均有过错，故对于原告提出要求被告双倍返还定金的诉讼请求本院不予支持，结合各方的过错、实际损失并基于公平原则的考量，本院酌定被告返还原告 10000 元。

湖北省武汉市青山区人民法院依照《中华人民共和国民法典》第五百六十三条、第五百六十六条，《最高人民法院关于适用〈中华人民共和国民法典〉时间效力的若干规定》第一条及《中华人民共和国民事诉讼法》第一百四十二条之规定，判决如下：

一、解除原告欧阳某某与被告温某之间于 2018 年 5 月 23 日订立的买卖两只“种猫”合同中的另一只“种猫”合同；

二、被告温某于本判决生效之日起十日内返还原告欧阳某某 10000 元；

三、驳回原告欧阳某某的其他诉讼请求。

一审宣判后，温某不服，提起上诉。

湖北省武汉市中级人民法院经审理认为：一审法院结合双方在合同履行过

程中均存在过错、双方已丧失信任基础等情形，判决解除案涉买卖合同，并酌定温某向欧阳某某返还10000元，并无不当，应予维持。综上，温某的上诉请求及理由不能成立，应予驳回。

湖北省武汉市中级人民法院根据《中华人民共和国民事诉讼法》第一百七十条第一款第一项的规定，判决如下：

驳回上诉，维持原判。

【法官后语】

合同解除制度作为债务履行不能的救济方式，可以使当事人摆脱原有权利义务关系的束缚，在公平合理的基础上重新获得交易自由，进而更好地促进交易效率与市场资源的配置效率。《中华人民共和国民法典》规定的合同解除制度包括约定解除和法定解除，构成了法律行为调整模式与法定调整相互衔接的法定解除权，通常被认为是当事人的一项法定权利，即在“合同目的不能实现时”，解除权人有权解除合同，故此，司法实践中认定当事人是否享有法定解除权，其关键在于如何认定“合同目的不能实现”。

“合同目的不能实现”是判定法定解除的实质标准。当事人是否具有法定解除权的关键，在于判断合同目的能否实现，不管是预期违约、迟延履行或者其他违约行为，如果不影响合同目的的实现，通常不允许以法定解除权解除合同。本案关于“合同目的”的认定主要涉及以下几个方面：第一，根据合同的主给付义务确定合同目的。通常合同目的应当根据合同约定的主给付义务去判定，不能依据当事人订立合同的主观动机认定。在本案中原告仅支付定金尚未支付合同价款，买卖标的物尚未特定化，原、被告对于后续的履行方式亦未达成一致意见，且被告存在随意涨价的行为致使继续履行合同出现障碍，且在本案诉讼过程中即使被告愿意按原告此前想法（即按照8万元的价格出售“种猫”并调整部分交易流程）协商解决的情况下，原告仍以缺乏信任基础为由拒绝继续履行。第二，买卖双方对交易目的没有另行约定时应按照买卖合同一般规则确定合同目的。本案中对于“种猫”的履行方式的争议仍然存在，现原、被告仅在“种猫”选定的价格上能够达成一致意向，对于如何进行“种猫”的选定、价款支付、“种猫”的交付时间、标准等一系列具体履行方式均无法达成一致意见，合同缺乏继续履行的条件，强行要求继续履行合同，涉及上述一系列问题需要原、被告沟通协商解决。

本案的特殊之处在于法院生效判决已经判决解除2018年5月23日订立的买卖两只“种猫”合同中的一只“种猫”合同，因原、被告均同意解除部分标的物的合同，被告也愿意继续履行合同，故法院认定双方继续履行买卖一只“种猫”的合同。在法院已经认定继续履行另一只“种猫”的前提下，根据实际情况是否能解除合同。考虑到与之前解除的“种猫”合同不同的是本案中的“种猫”原告仅支付定金尚未支付合同价款，买卖标的物尚未特定化，原、被告对于后续的履行方式亦未达成一致意见，履行方式的争议仍然存在，且原、被告双方已经解除了一只“种猫”合同，应清楚继续履行合同双方需就“种猫”的选定、价款支付、“种猫”的交付时间、标准、违约责任等问题秉承诚实信用原则进行友好协商，否则此合同较此前洪山区人民法院已经解除的“种猫”合同更缺乏履行的基础。原、被告因“种猫”买卖合同纠纷自2019年诉讼至今，已经难以通过自行沟通协商解决继续履行合同面临的一系列问题，反而容易产生新的纠纷导致合同履行陷入僵局，致使合同目的难以实现。据此，依照《中华人民共和国民法典》第五百六十三条对于原告要求解除原、被告之间的买卖合同的诉讼请求，本院予以支持。对于合同不能继续履行原、被告均有过错，故对于原告提出要求被告双倍返还定金的诉讼请求本院不予支持。

编写人：湖北省武汉市青山区人民法院　万典

27

网购平台针对特定客户订立优惠的条款属格式条款但有效，购物者不满足特定资格的，商家可据此享有合同解除权

——黄某某诉某电子产品商贸公司买卖合同案

【案件基本信息】

1. 裁判书字号

北京市东城区人民法院（2021）京 0101 民初 6542 号民事判决书

2. 案由：买卖合同纠纷

3. 当事人

原告：黄某某

被告：某电子产品商贸公司

【基本案情】

2020 年，某电子产品商贸公司组织了 2020 新学期优惠返场活动/2020 高校优惠返场活动（中国大陆），条款和条件中载明："有资格的购买人在购买符合条件的平板电脑等电子产品，并搭配一副 A 款耳机（配充电盒）、B 款耳机（配无线充电盒）或 C 款耳机时，可享促销优惠金额……有资格购买人：为教育目的，有资格从专卖商店购买之人包括教师、员工、学生及父母（均为'有资格的购买人'）……购买验证资格：当有资格的购买人通过中国大陆在线教育商店或致电购买产品时，品牌方可能会发送单独的电子邮件，要求顾客提供相关的学生/教职员工证副本，以验证其购买资格。提供此类证件并非一项强制性要求，但拒绝提供可能会导致订单取消……"黄某某于 2020 年 10 月 10 日，通过在线商城订购 3 件电子产品。同日，某电子产品商贸公司向黄某某发送邮

件显示“我们收到了你的订单。确认你付款后，我们会开始处理你的订单”。后黄某某通过分期的方式向某电子产品商贸公司支付上述订单款项15016元。

2020年10月10日18：41，某电子产品商贸公司向黄某某发送电子邮件载明，“要求黄某某提供其教育身份的特定信息……我们收到你的信息后，会发送电子邮件进行确认。我们会在5个工作日内核实你的资格，届时你将收到一封订单确认电子邮件。如果我们未在2个工作日内收到你的回复，你的订单将被取消……”2020年10月15日，某电子产品商贸公司向黄某某发送邮件，载明“你的订单已取消。由于我们尚未收到你应提交的文件，无法确定你符合享受教育商店优惠价格的条件，你的订单已取消，我们将为你办理退款，退款方式取决于你当初订购时的付款方式”。2020年10月16日，某电子产品商贸公司向黄某某账户退款15016元，黄某某恢复预支的额度。

据此，黄某某向法院提起诉讼，要求确认教育商店首页中“收件人须为有资格的购买人，我们可能会在订单发货前要求提供额外的信息进行资格审核……品牌方可以取消任何其合理认为不合格的订单”等格式条款无效；某电子产品商贸公司继续履行合同，按照优惠之后的价格15016元向黄某某出售13英寸平板电脑+C款耳机+妙控鼠标。

【案件焦点】

1. 在网络购物中，经营者基于“一对众”的销售平台模式，预先拟定并面向众多用户重复使用的条款，购买者无法与经营者就上述条款进行协商，上述条款内容是否属于格式条款；2. 如认定为格式条款，对于“购物者在收到资格验证的信息后，未按时提供资格验证材料，订单将会被取消”的格式约定是否有效；3. 在格式条款有效的情况下，对于格式条款中约定的网络购物者未按时提供资格验证材料的行为，应认定为双方买卖合同的生效要件还是合同解除权的成就事由。

【法院裁判要旨】

北京市东城区人民法院经审理认为：本案中，被告在经营的在线商城中开展 2020 新学期优惠返场活动，制定并公示了相关规则。原告拟以学生资格购买涉案产品，享受优惠价格。而被告开展此次优惠返场活动针对的是特定资格的消费群体，在公示规则中已明确说明只有消费者在为教育目的且属于教师、员工、学生及父母有资格的购买人前提下，才可享受优惠价格。同时，已告知消费者品牌方可能会向有资格的购买人发送单独的电子邮件，要求顾客提供相关的学生/教职员工证副本，以验证其购买资格，否则可能会导致订单被取消。故原告对被告可能要求其补充相关信息以确认其购买资格，应当是明知的，此为原告应履行的合同义务，不属于免除被告公司责任、加重用户责任、排除用户主要权利的情形，且诉争条款亦不属于合同法规定的应属无效的情形。原告主张诉争条款无效，没有依据。

当事人订立合同，采取要约、承诺方式。承诺生效时合同成立。本案中，原告在被告经营的在线商城订购涉案产品并付款，被告亦收到了上述钱款。而被告公示的规则中明确约定“仅当收到您的全额付款时我们才接受您的订单”，故双方之间合同关系成立，且未违反相关法律法规的强制性规定，应属有效，双方均应按照合同约定履行义务。因双方在合同中约定，未提供验证信息，可能导致订单取消。本案中，被告向原告发送电子邮件要求原告提供信息进行资格确认，因原告未依约及时提供资格确认的信息，被告采用邮件通知的方式行使解除权，将取消订单的通知送达原告，构成有效通知。涉案买卖合同自通知到达原告时解除。故原告要求继续履行买卖合同的请求，于法无据，判决驳回原告诉讼请求。综上，依照《中华人民共和国合同法》第三十九条、第四十条、第九十四条第四项、第九十六条第一款、第九十七条，《最高人民法院关于适用〈中华人民共和国民法典〉时间效力的若干规定》第一条之规定，判决如下：

驳回原告黄某某的诉讼请求。

判决后，双方当事人均未上诉，本判决现已生效。

【法官后语】

格式条款是当事人为了重复使用而预先拟定，并在订立合同时未与对方协商的条款。考虑到品牌方在线商城存在大量用户，客观上无法与每个用户就协议条款进行一对一磋商，此种情况下可重复使用的格式条款呈现明显优势。本案中，黄某某诉争的条款是某电子产品商贸公司基于“一对众”的销售平台模式，预先拟定并面向众多用户重复使用的条款，购买者无法与某电子产品商贸公司就上述条款进行协商。故本院认定黄某某诉称的条款内容属于格式条款。但对于格式条款中的购物者需要提供相关的学生/教职员工证副本，以验证其购买资格，否则可能会导致订单被取消的约定，没有免除某电子产品商贸公司责任、加重用户责任、排除用户主要权利的情形，应认定为合法有效。约定解除是当事人通过行使约定的解除权或者双方协商决定而进行的合同解除。本案中，黄某某在某电子产品商贸公司经营的在线商城中下单并支付货款后，双方在合同中约定的未提供验证材料，可能导致订单取消是合同的生效要件还是网络经营者合同解除权的成就事由，存在不同观点。

第一种观点认为，本案中，黄某某诉争的条款是某电子产品商贸公司基于“一对众”的销售平台模式，预先拟定并面向众多用户重复使用的条款，购买者无法与某电子产品商贸公司就上述条款进行协商，因此应属于格式条款。但对于格式条款中的购物者需要提供相关的学生/教职员工证副本，以验证其购买资格，否则可能会导致订单被取消的约定，没有免除某电子产品商贸公司责任、加重用户责任、排除用户主要权利的情形，应认定为合法有效。双方买卖合同成立且生效，黄某某未按时提供资格验证材料为合同解除权的成就事由，某电子产品商贸公司发送取消订单的行为是行使其合同解除权。《中华人民共和国民法典》第五百六十二条规定当事人协商一致，可以解除合同。当事人可以约定一方解除合同的事由。解除合同的事由发生时，解除权人可以解除合同。本案某电子产品商贸公司在其销售方案中明确写明品牌方专营商城中包含的信息仅构成要约邀请。消费者在网页上下单的方式为要约。因此，黄某某在品牌方专营商城下单的行为为黄某某向某电子产品商贸公司发出的要约，根据双方约定的“仅当收到您的全额付款时我们才接受您的订单”，某电子产品商贸公司接收黄某某付款的行为是对于原告的要约进行承诺，此时双方合同成立且生效。

双方合同中约定的顾客未按时提供资格验证信息，可能导致订单取消为双方约定的合同解除事由，当黄某某未按时提供验证信息时，合同解除的事由发生，某电子产品商贸公司可行使其约定解除权。

第二种观点认为，合同解除权的行使应当以合同成立有效为前提，本案双方网络购物合同成立未生效，不涉及合同解除权。《中华人民共和国民法典》第一百五十八条的规定民事法律行为可以附条件，但是根据其性质不得附条件的除外。附生效条件的民事法律行为，自条件成就时生效。附条件合同是指当事人在合同中特别约定一定的条件，以条件是否成就来决定合同效力的发生或消灭。本案是被告2020年进行的面向的消费者为教师、学生等特定群体的校园优惠返场活动，购买者应按某电子产品商贸公司要求提供资格验证材料，否则可能导致订单取消。能否提供验证材料属于将来发生的不确定的事实，因此，其应属于附生效条件的合同，买方没有按时提供验证材料，合同生效的条件不具备，双方之间的买卖合同成立但没有生效，被告向原告发送取消订单的通知仅仅是将取消订单的情况告知原告，并非行使合同解除权。

笔者同意第一种观点，双方在合同中约定的未提供验证信息，可能导致订单取消，为双方买卖合同的解除事由。当该事由发生时，被告依法取得解除权，此时原告无权取得合同解除权，应为被告单方所享有的解除权。对于该解除权，被告有权行使解除权，解除双方的买卖合同，也可不行使解除权，继续履行买卖合同。解除权行使的后果是双方合同解除，原告承担相应的违约责任。第二种观点存在的问题是，根据《中华人民共和国民法典》第一百一十九条的规定，依法成立的合同，仍然具有拘束力。可见，已经成立未生效的合同具有形式拘束力，受到双方合意的约束，那么也就存在当事人要求解除合同达到摆脱合同形式拘束力需要的可能。因此，对于成立未生效的合同当事人仍可行使解除权。但成立未生效合同与成立生效合同的解除权在行使主体及法律后果方面存在不同。前者行使合同解除权的主体可以是签订合同的双方当事人，因为双方签订的合同虽然成立但并未生效，双方均可要求解除合同形式上的拘束力；此时，提出合同解除的一方如无正当理由，应向对方承担缔约过失责任。后者行使合同解除权的主体是守约方，其可依合同约定享有单方的合同解除权；合同解除的后果是违约方按照合同约定承担违约责任。

编写人：北京市东城区人民法院　李国平　宿云达

28

当事人在买卖合同中约定"便利终止权"是否成立

——K公司诉环保公司买卖合同案

【案件基本信息】

1. 裁判书字号

北京市第一中级人民法院（2021）京01民终3488号民事判决书

2. 案由：买卖合同纠纷

3. 当事人

原告（被上诉人）：K公司

被告（上诉人）：环保公司

【基本案情】

2017年11月30日，环保公司（买方）与K公司（卖方）签订《买卖合同》，约定："……其中合同第二部分'合同通用条款'第二十四条'便利终止合同'条款中约定，买方可在任何时候出于自身的便利向卖方发出书面通知全部或部分终止合同，终止通知应明确该终止合同是出于买方的便利，合同终止的程度，以及终止的生效日期。卖方在收到终止通知后应立即停止与合同相关的投入，对于此前的投入，买方应按原来的合同价格和条款予以接收，对于尚未交付的货物，买方可：（1）让任何一部分按照原来的合同价格和条款来完成和交货；和/或（2）取消该剩下的货物，并按双方商定的金额向卖方支付完成部分的货物和服务、卖方以前已采购的与本合同直接相关的材料、部件以及半成品的费用……”

2018年1月8日、1月26日，某银行公司开封分行向环保公司提供上述合同的履约担保。

2018年1月10日，环保公司向K公司付款20500000元。

2019年11月8日即该案开庭前四天，环保公司向K公司发出《终止合同通知》，表示其根据涉案合同第二十四条之约定，行使“便利终止合同”的权利，自K公司收到该通知之日起，涉案合同终止履行，并开展清理核算工作，对满足合同要求的材料、部件以及半成品进行折价，从其已付款中进行抵扣，多出部分K公司需退还。环保公司将上述通知以邮件形式发送给K公司，并做证据保全。同时，其亦在该院开庭时，当庭将该份通知交至K公司，K公司表示不予接收，不同意解除合同。

【案件焦点】

K公司与环保公司在涉案合同中约定的“便利终止权”是否成立。

【法院裁判要旨】

北京市海淀区人民法院认为：双方签订的《买卖合同》真实有效。K公司已按合同约定向环保公司提交了履约保函，但环保公司并未依照合同约定向K公司全额支付首期款，仅支付了部分并明确表示其将不予继续履行合同。法院认为，双方对于合同权利义务的自行约定需要符合合同法的基本规定及精神。现行合同法并未在总则中规定法定任意解除权的一般条款，仅在委托合同、承揽合同等特殊的合同关系中设定了任意解除权，买卖合同中并未有任意解除权的相关规定。合同解除的法律效果是使合同关系归于消灭，是否解除合同需要考虑解除合同的条件是否成就，违约行为的形态和后果，而不能机械地依据合同文本赋予买方或卖方任意解除权。允许环保公司任意解除合同的权利，事实上并不符合K公司缔约的真实意思，也容易造成对已经生效且部分履行的合同的任意否定，有悖于民商事交易中诚实信用的基本准则，因此该案将对环保公司行使任意解除权的意见不予采纳。

环保公司拒绝依约履行合同，其行为已构成违约，现K公司不同意解除合同，而涉案合同并未陷入僵局，不具备法律上或事实上不能履行的情况，倘若允许环保公司单方任意解除合同，将使作为守约方的K公司蒙受不利益，同时，继续履行合同也不会对环保公司显失公平。因此，该院认为，涉案合同并不具备解除条件，环保公司应当继续履行合同，依约向K公司支付首付款。环保公司的违约行为给K公司造成了损失，现K公司主张利息损失，该院予以支持。

综上，根据《中华人民共和国合同法》第八条、第一百零七条、第一百一十条、第一百一十三条之规定，判决如下：

一、环保公司于判决生效之日起十日内向K公司支付合同款40000000元；

二、环保公司于判决生效之日起十日内向K公司支付利息（以40000000元为基数，按中国人民银行同期贷款利率计算，自2018年1月11日起至2019年8月19日；按同期全国银行间同业拆借中心公布的同期贷款市场报价利率计算，自2019年8月20日至实际付清之日止）；

三、驳回K公司的其他诉讼请求。

环保公司不服一审判决，提起上诉。

北京市第一中级人民法院经审理认为：环保公司与K公司之间签订的《买卖合同》系双方当事人真实意思表示，其内容未违反国家法律、行政法规的强制性规定，应属合法有效。依据《买卖合同》约定，其内容符合合同法关于买卖合同的构成要件，系买卖合同法律关系，一审法院对此认定正确，该院对此不持异议。

依据《买卖合同》约定，环保公司可在任何时候出于自身的便利向K公司发出书面通知全部或部分终止合同。该案中，环保公司基于自身的便利于诉讼中向K公司发出《终止合同通知》，终止涉案《买卖合同》的履行，在此情况下，K公司要求环保公司支付合同款并赔偿逾期付款利息缺乏依据，该院不予支持。K公司虽称经其催告，环保公司未在合理期限内行使解除权，环保公司所享有的解除权消灭，但K公司未就此主张向该院提交充足证据予以证明，故K公司该主张缺乏依据，该院不予采信。因环保公司便利终止合同所产生的法律后果，双方当事人可另诉解决。因环保公司于诉讼中终止合同，该院酌定由环保公司承担一、二审案件受理费。

北京市第一中级人民法院依照《中华人民共和国民事诉讼法》第一百七十条第一款第二项之规定，判决如下：

撤销原判，驳回K公司的全部诉讼请求。

【法官后语】

本案是一起买卖合同纠纷案件，主要问题在于双方当事人在涉案《买卖合同》中约定了“便利终止权”，即“买方可在任何时候出于自身的便利向卖方发出书面通知全部或部分终止合同”，该约定类似于合同中“任意解除权”的设置，当事人亦辩称任意解除权属于法定解除权，仅在法律有明确规定的前提下才可以适用，在合同法中合同主体享有任意解除权的情形均规定在不定期继续性合同类型中，如委托合同、租赁合同、保管合同等有名合同，而本案是买卖合同纠纷，并没有法定的任意解除权的设置，双方对约定的“便利终止权”是否成立产生了争议。

针对上述争议的焦点问题，分析如下：

对于任意解除权是否能够约定的问题，学界讨论较少，实务中不乏此类情况。有学者认为，任意解除权为法定解除权，如果合同双方约定其中一方享有任意解除权，会构成对合同法的蔑视，也违反了契约严守规则，引起合同的不稳定[①]；也有学者认为，法无禁止即自由是重要的司法精神，当事人在合同中约定设立任意解除权并无不可[②]。这亦是一审法院和二审法院观点相左的关键问题。笔者认为当事人约定任意解除权有效并无不妥，理由如下：

一、遵循缔约自由原则

根据缔约自由原则，当事人可以选择订立合同的内容，只要不违反法律的

---

① 郑秋阳：《合同中约定任意解除权条款法律问题探析》，载《法制与经济（下旬）》2010年第11期。

② 陈自强：《民法讲义Ⅱ——契约之内容与消灭》，法律出版社2004年版，第45页。

强制性效力规范，就应当充分尊重当事人的意思自治。不论是从此前的《中华人民共和国合同法》，还是现在的《中华人民共和国民法典》都没有对约定任意解除权进行任何限制。在理论上，法定解除与约定解除、协议解除的本质不同，后两者属于意思自治的范畴，与法定解除无关，具体到本案中，双方约定解除的内容是在当事人自身便利情况下随时解除合同，只要基于当事人自愿，不违背公序良俗即可。任意解除权的约定会使合同陷入不稳定的状态，但该约定是双方的事前约定，双方当事人是有一定预期的，可能是合同双方权衡利弊的安排，是当事人对自身权利所做的处分，不应予以禁止。

二、缓和理论冲突

在本案中，涉案合同约定的是买方具有便利解除权，但是买方也是违约方，其未按合同约定的时间付款，若是按照一般的民法原理，合同的违约方没有解除合同的权利，而在一些合同僵局的情况下，一概不允许违约方解除合同对双方都不利，过分强调违约方继续履行合同义务可能会造成极其不效率的行为。若是当事人能约定任意解除权，在一定程度上能够缓解“契约严守”原则与“效率违约”的理论矛盾。[1] 在合同中约定任意解除权，可以为当事人在违约与继续履行的困境中提供脱离合同的路径。当事人进而可以同时约定相应的赔偿，弥补解除合同给对方带来的损失。

三、约定任意解除权是否需要限制

任意解除权是一项可以使合同归于消灭的重大权利，赋予权利人极大的自主性，以对方当事人的权利牺牲为代价。法定的任意解除权，有适用的具体范围，而双方当事人约定的任意解除权，法院是否完全没必要进行干预呢？合同主体若可以约定任意解除权，但一律不加限制是否合理呢？笔者认为在尊重当事人意思自治的基础上，法院应该发挥其利益权衡的作用，对于出现极端的违背诚实信用的行为予以司法调整，矫正不合理的契约关系，综合从合同履行情况、合同主体过错程度等方面予以裁断。

编写人：北京市第一中级人民法院　童晶晶

---

① 效率违约是指违约方从违约中获得的利益大于其向非违约方做出履行的期待利益；或者指当履行的成本超过各方所获得的利益时，违约比履行更有效。

29

购买的宠物携带传染性疾病，买家可以要求退货退款，卖家不得以疾病可治疗为由拒绝解除合同

——王某韩诉陈某买卖合同案

【案件基本信息】

1. 裁判书字号

北京市平谷区人民法院（2021）京0117民初3082号民事判决书

2. 案由：买卖合同纠纷

3. 当事人

原告：王某韩

被告：陈某

【基本案情】

2021年3月3日王某韩通过网络平台联系陈某商量买猫事宜，并商定猫价格为5500元，后双方交换微信。2021年3月13日王某韩通过微信转账给陈某500元定金，2021年3月21日中午陈某将猫交付给王某韩，同日12时25分王某韩通过微信转账给陈某5000元合同尾款。2021年3月21日王某韩称接到猫后就将它带到宠物医院进行检查并提交电子病历。该电子病历显示猫品种英国短毛猫，年龄1岁，被诊断为猫携带披衣菌、患有衣原体病，建议与其他健康动物分开饲养；该病有最快2-5天潜伏期。2021年3月29日宠物医院出具发票，显示医疗服务宠物医疗费1988元，打折后实付1875.47元。陈某不认可电子病历，称其出卖的猫是健康的，即使猫得病，也不知猫患病的原因，称其出卖的猫仅有7个月，没有1岁，称王某韩带去看病的猫不是其出卖的猫。陈某

在本案中对涉案猫是否患有猫衣原体病进行检查，陈某答不申请。

双方对于涉案猫的质量产生争议，诉至法院。

【案件焦点】

1. 案涉宠物买卖合同是否应予解除；2. 陈某是否应支付王某韩给猫看病的费用。

【法院裁判要旨】

北京市平谷区人民法院经审理认为：公民合法的民事权益受法律保护。原告在被告处购买幼猫，双方之间买卖合同关系成立。双方虽未明确约定标的物质量，但按照交易习惯被告应提供符合健康标准的猫。现原告主张被告交付的猫患有传染病不符合质量标准并提交微信聊天记录、打车记录、电子病历等证据，被告否认其交付的猫患有疾病且认为原告送检的猫并非其交付的猫但未能提供证据证明，故本院采信原告的主张，被告提出电子病历显示猫年龄为1岁，故原告送检的猫并非被告出售的猫，在本院询问被告对涉案猫是否患有猫衣原体病进行检查时其表示不申请，故对于被告的上述抗辩，本院不予采信。因被告交付的猫患有传染病，原告据此要求解除与被告之间的买卖合同，于法有据，本院予以支持。合同解除后，被告应承担退还货款并赔偿原告损失的相应民事责任，故对于原告在被告处购买猫产生的费用以及为猫看病的费用，被告应一并予以返还。原告要求解除合同后被告接走猫，被告表示同意，本院对此不持异议。原告主张被告支付其使用的宠物用品（猫砂盆）等消耗费500元，但其并未提交证据，故本院对此不予支持。原告要求被告参照宠物医院宠物住院护理标准对其进行赔偿，于法无据，本院不予支持。

北京市平谷区人民法院依照《中华人民共和国民法典》第五百一十条、第五百一十一条、第五百六十三条、第五百六十六条、第六百一十六条之规定，判决如下：

一、解除王某韩与陈某之间的宠物买卖合同；

二、陈某于本判决生效后七日内退还王某韩购猫款5500元；

三、陈某于本判决生效后七日内将出售给王某韩的一只英国短毛猫接走；

四、陈某于本判决生效后七日内赔偿王某韩为猫看病费用1875.47元；

五、驳回王某韩的其他诉讼请求。

判决后，双方当事人均未上诉，本判决现已生效。

【法官后语】

本案涉及宠物买卖，购买人是否享有解除权是争议焦点。根据法律规定，因标的物不符合质量要求，致使不能实现合同目的的，买受人可以拒绝接受标的物或者解除合同。故本案审理最大难点在于当事人提出买卖的宠物质量不合格如何对此认定。法律规定，质量要求不明确的，按照强制性国家标准履行；没有强制性国家标准的，按照推荐性国家标准履行；没有推荐性国家标准的，按照行业标准履行；没有国家标准、行业标准的，按照通常标准或者符合合同目的的特定标准履行。本案双方未对质量有约定，当事人提出质量抗辩时如何认定质量合格与否以及决定合同是否可以解除。经过调查，发现宠物买卖合同里对于质量认定存在一定难度。

首先，宠物买卖没有行业规范，且没有专业机构对此进行评价，没有行业的行管机构指导，法官需要通过生活经验自行判断难度极大。但是我国宠物买卖大量存在，为避免发生争议如何规范此类型也是需要考虑的问题。本案中，如果双方在交易之初先对标的物进行体检可能不会出现后续争议。对此，我们建议购买宠物前，双方应该列清宠物是否已经接种疫苗，健康状况，交接宠物时为宠物进行必要的体检。本案中，如果购买人在对宠物前往宠物医院体检时要求出卖人一同前往，可能也不会发生后续的问题。

此外，宠物买卖解除后的返还问题。在作出裁判之前，虽然已经询问了双方意见，但是宠物买卖标的物是活物，如何判断返还的对象极易产生矛盾，极有可能在执行阶段产生争议。

近年来，关于宠物的消费纠纷频有发生。由于宠物不像其他商品有明确、规范的质量标准，对宠物的消费纠纷，往往双方各执一词，难以达成一致意见。再次提醒广大消费者，购买宠物尽量做到“三注意”：

一是注意“购买途径”。当前消费者饲养宠物热度升而不降，不少宠物店通过网络方式宣传、售卖宠物。此时，消费者最好选择正规、有资质且信誉好的实体宠物商家。若要网购宠物，则应多方了解清楚商家的地址、经营资质等相关信息，避免出现收到的宠物与商家宣传“名不副实”。

二是注意“检疫证明”。在近几年处理的宠物消费纠纷中，宠物店销售带病宠物较为常见，为避免此情况，建议消费者在购买宠物前，提前学习了解宠物相关的选购知识，选好宠物后，要求商家提供宠物的检疫证明，了解是否已经注射相关疫苗。收到宠物后，有条件的应当带宠物到宠物医院再做一次较为全面的检查。

三是注意“签订合同”。部分纯种名贵宠物价格较高，建议消费者最好实地查看宠物情况，网购的尽量采取货到付款的形式，将风险降到最低，以免出现“名贵种”变“土种”。购买时最好与商家签订协议，注明宠物的品种、售后等相关条款，如果是口头约定，注意保存好相关聊天记录，以便出现纠纷时有利于维护自己的合法权益。

编写人：北京市平谷区人民法院　徐婷

30

合同僵局情形下违约方申请解除合同的认定标准

——管理公司诉食品公司、贾某琴买卖合同案

【案件基本信息】

1. 裁判书字号

北京市第一中级人民法院（2021）京01民终7334号民事判决书

2. 案由：买卖合同纠纷

3. 当事人

原告（反诉被告、被上诉人）：管理公司

被告（反诉原告、上诉人）：食品公司、贾某琴

【基本案情】

2020 年 5 月 9 日，管理公司与食品公司订立《销售合同》，合同约定，管理公司向食品公司订购 10 柜牛肉产品，食品公司按时将货物运送到天津港，由管理公司自提，到货时间为 2020 年 6 月 20 日起至 7 月 15 日止。合同签订后，管理公司按照合同约定向食品公司支付了 30%合同总价款。2020 年 6 月 17 日，食品公司通知管理公司，有 2 柜货物即将到港，要求管理公司于 6 月 10 日前支付该 2 柜货物 70%尾款 175770 美元及相应关税人民币 306542. 88 元。2020 年 6 月 19 日，管理公司及时将该 2 柜货物 70%尾款支付到乙方指定账户。2020 年 6 月 29 日，食品公司告知管理公司，该 2 柜货物即将于 6 月底到港，指示管理公司向其指定账户支付关税及清关费用合计人民币 415220 元。2020 年 7 月 16 日，管理公司按照合同约定向食品公司支付了上述资金。2020 年 7 月 27 日，管理公司又按照食品公司指示将第三柜货款 614650 元支付到食品公司账户中。之后双方协商解除，8 月 21 日管理公司微信发送给食品公司的法定代表人。迄今为止，管理公司在支付了大量货款的情况下尚未收到食品公司货物，给管理公司合法权益造成重大损害。又因食品公司是一人公司，贾某琴是公司股东，股东财产与公司财产存在混同情形，根据公司法的相关规定，贾某琴应对食品公司的赔偿承担连带赔偿责任。故管理公司提出诉求，主张解除《销售合同》，食品公司向管理公司返还已支付的货款、代扣关税、清关费用及逾期交货的违约金，贾某琴对食品公司的上述付款义务承担无限连带责任。食品公司、贾某琴不同意上述诉讼请求，并提出反诉称，要求确认双方签订的《销售合同》解除，管理公司赔偿食品公司相应损失。

【案件焦点】

1. 本案合同解除权的性质及行使方式；2. 贾某琴是否对食品公司的付款承

担连带付款责任。

【法院裁判要旨】

北京市海淀区人民法院经审理认为：按照《销售合同》约定，如食品公司逾期超过 10 天仍无法向管理公司交货，管理公司有权解除合同。根据食品公司的履行情况，管理公司依约具备了行使单方解除权解除的条件。鉴于约定解除权的行使属于形成权，系单方法律行为，依解除权人单方意思表示到达对方即可产生解除合同关系的法律效力，故约定解除权的行使应当通过向对方发出解除通知的方式行使。但是，管理公司经办人于 2020 年 8 月 21 日通过微信向食品公司姚某扬发送了《合同解除协议》并征求其意见，属采用协商解除的方式向食品公司发出解除合同的要约，而食品公司并未对该解除合同要约表示承诺，双方并未达成解除买卖合同关系的协议。但庭审中经本院询问管理公司明确表示请求法院确认其于 2020 年 8 月 21 日发出的《合同解除协议》系单方行使解除权的行为，双方的销售合同应当自食品公司当日收到该所谓通知时解除，而非直接通过诉讼的方式主张解除合同，对此法院不予支持。

但是，食品公司已经事实上将涉案货物转卖给他人，无法履行交付约定 10 柜牛肉货物的合同义务，且该公司亦反诉主张解除双方的买卖合同关系，双方在事实上不能履行涉案销售合同。民法典施行前成立的合同，当事人一方不履行非金钱债务或者履行非金钱债务不符合约定，对方可以请求履行，但是有民法典第五百八十条第一款第一项、第二项、第三项除外情形之一，致使不能实现合同目的，当事人请求终止合同权利义务关系的，适用民法典第五百八十条第二款的规定。根据该规定，本院可以根据当事人的请求终止双方的买卖合同关系，但是并不影响违约责任的承担，故本院对食品公司请求确认双方于 2021 年 2 月 23 日解除买卖合同法律关系的诉讼请求予以支持，因系食品公司的违约行为导致合同无法继续履行，其仍应当承担合同解除后返还预付货款及清关费用和税费的法律责任并承担相应的违约责任。贾某琴作为一人有限责任公司的股东，不能证明公司财产独立于股东自己的财产的，应当对公司债务承担连带责任。

综上，北京市海淀区人民法院判决如下：

一、管理公司与食品公司之间的买卖合同关系解除；

二、食品公司向管理公司返还货款、代扣关税及清关费用，并赔偿逾期交货违约金；

三、贾某琴对食品公司的前述债务承担连带责任。

食品公司、贾某琴不服原审判决，提起上诉。

北京市第一中级人民法院同意一审法院裁判意见，判决：驳回上诉，维持原判。

【法官后语】

本案是关于《中华人民共和国民法典》第五百八十条“合同僵局”条款适用的典型案例。守约方在未依法行使法定或约定解除权解除双方的买卖合同关系，而违约方因不享有法定解除权，无法行使该形成权的情况下，形成了合同无法继续履行而又无法通过当事人行使法定或约定解除权的方式解除合同的“合同僵局”。基于“一次性解决纠纷”便利诉讼的原则，法院适用《中华人民共和国民法典》第五百八十条确认双方之间的买卖合同关系终止，从而有效化解合同僵局。

一、如何判断合同目的落空，造成合同目的落空的一方当事人能否主张终止合同

根据《中华人民共和国民法典》第五百八十条的规定，非金钱债务履行出现法律上或事实上不能履行、债务的标的不适于强制履行或者履行费用过高、债权人在合理期限内未请求履行等三种情形，致使合同目的不能实现的，当事人可以向人民法院或仲裁机构请求终止合同权利义务关系，但是不影响违约责任的承担。从该法条的文本含义上解释，条文适用的范围是非金钱债务的继续履行，负有该非金钱债务的一方当事人不履行或不完全履行属于客观不能（包括法律不能、事实不能及经济上不能）、永久不能（包括错过合理期限的客观不能及经济不能）时，则合同在客观上及实际效果上不能实现缔约时双方设定的目的，即为合同目的落空。

既然合同目的已经落空，双方互相僵持和维系现有合同关系的约束就在事实上没有实际意义，任何一方当事人都应当可以请求终止合同关系，这里也包括造成合同目的落空的一方当事人。这种合同关系的终止方式不是有解除权一方当事人行使解除权这一形成权使合同法律关系归于消灭的结果，而是司法及准司法裁判机构依当事人申请行使司法变动权消灭合同法律关系的结果。

二、符合合同僵局情形时，一方当事人申请解除合同，法院如何处理

在符合合同僵局情形时，守约方和违约方均可主张终止合同权利义务关系，但法律依据是不同的。守约方可依据《中华人民共和国民法典》第五百六十二条和第五百六十三条行使约定解除权或法定解除权，无须向法院或仲裁机构请求终止合同权利义务关系，而违约方依据《中华人民共和国民法典》第五百八十条向人民法院或仲裁机构申请终止合同权利义务关系，并非享有合同的法定解除权，而是允许违约方向法院或仲裁机构提起诉讼，请求法院或仲裁机构通过裁判方式行使司法变动权终结双方的合同关系，从而使当事人从难以继续履行的合同中脱身。

当出现一方当事人请求法院终止合同权利义务关系，另一方未依法行使合同解除权而不能产生合同解除效果的，即出现本案类似情形时。笔者认为，本案中，违约方食品公司已经事实上将涉案货物转卖给他人，无法履行交付约定10柜牛肉货物的合同义务，该种情形属于事实上不能继续履行的客观不能情形，管理公司坚持主张其已经依法行使了单方法定解除权，而法院认定其所谓的解除权行使行为并不符合单方法定解除权行使的法定条件，管理公司未正确行使法定解除权而无法解除买卖合同，其亦未当庭另行主张行使法定解除权，因此在实际上形成了管理公司不行使法定解除权的效果。然而，食品公司系造成合同目的落空的一方当事人，其并不享有法定解除权，无法行使该形成权依法解除双方的买卖合同关系，因此双方形成了合同无法继续履行而又无法通过当事人行使法定或约定解除权的方式解除合同的合同僵局。庭审中，食品公司依据10柜牛肉货物已转卖他人而无法继续交货的法律事实，当庭反诉请求法院依法解除双方的买卖合同关系。根据《中华人民共和国民法典》第五百八十条

的规定，法院可以根据当事人的请求终止双方的买卖合同关系，但是并不影响违约责任的承担。故本院确认解除双方之间的买卖合同法律关系，食品公司应当承担合同解除后返还预付货款及清关费用和税费的法律责任并承担相应的违约责任。

编写人：北京市海淀区人民法院　万晓丹

31

买受方合同解除权的认定

——某能源公司诉某设备公司分期付款买卖合同案

【案件基本信息】

1. 裁判书字号

山东省济宁市中级人民法院（2021）鲁08民终6254号民事判决书

2. 案由：分期付款买卖合同纠纷

3. 当事人

原告（反诉被告、上诉人）：某能源公司

被告（反诉原告、被上诉人）：某设备公司

【基本案情】

2020年9月28日，原告与被告签订《买卖合同》，购买浮选机1台、浓缩机2套、沫煤筛10台、安装费11.1万元，设备价款及安装费共计59.5万元；并约定合同经双方签字盖章后立即生效，生效后买受人先付设备款40%、设备生产制作完毕发货前再付40%，安装完毕试机正常后付20%，买受人打款之日起算、工期为25天左右等相关事项。当日，某能源公司支付货款23.8万元，后某能源公司分三次又支付货款23.8万元；2021年4月14日，某设备公司将浮选机一台交付给某能源公司，其余设备未交付。双方产生争议，某能源公司起诉至法院。

【案件焦点】

1. 案涉《工业品买卖合同》能否解除；2. 原告某能源公司要求将1台16立方浮选机留下使用并让被告某设备公司返还货款17.61万元的请求能否支持；3. 原告某能源公司要求被告某设备公司赔偿的有关损失能否支持；4. 被告某设备公司要求原告某能源公司赔偿经济损失10万元的反诉请求能否支持。

【法院裁判要旨】

山东省济宁市汶上县人民法院经审理认为：关于原、被告双方签订《工业品买卖合同》的效力问题，合同系双方的真实意思表示，不违反法律、行政法规的强制性规定，为有效合同，双方应按照合同的约定履行自己的义务。鉴于本案涉及的设备系配套成套设备，整体配套使用才能发挥整体效能，不宜分解使用，合同解除后，原告应将浮选机返还被告，被告应将所收货款47.6万元返还原告。关于原告主张赔偿损失的项目及金额，根据过错，原、被告对产生的资金占用损失各负担50%。被告某设备公司提出的反诉请求没有证据印证，不予支持。据此，一审判决：

一、解除原告某能源公司与被告某设备公司于2020年9月28日签订的《工业品买卖合同》；

二、被告某设备公司于本判决书生效后十五日内返还原告某能源公司货款47.6万元及相应资金占用损失（以47.6万元为基数，自2021年3月13日起至实际支付之日止，按年利率1.925%计算）；

三、原告某能源公司于本判决书生效后十五日内返还被告某设备公司16立方浮选机1台；

四、驳回原告某能源公司的其他诉讼请求；

五、驳回被告某设备公司的反诉请求。

某能源公司不服一审判决，提起上诉。

山东省济宁市中级人民法院经审理认为：关于合同如何解除的问题，虽然双方签订的《工业品买卖合同》，系双方真实意思表示，不违反法律、法规的强制性规定，合同有效，双方当事人应当依照合同约定履行自己的义务。但在合同履行过程中，后期通过协商以实际行动变更了合同的履行期限，但某设备公司并未按照合同约定交付除16立方浮选机以外的其余设备，某设备公司迟延履行其余设备的交付已超出合理期限，某能源公司要求解除该部分设备的合同应予支持。根据《中华人民共和国民法典》第六百三十二条规定，标的物为数物，其中一物不符合约定的，买受人可以就该物解除。但是，该物与他物分离使标的物的价值显受损害的，买受人可以就数物解除合同。本案中《工业品买卖合同》分别载明了物资名称，并单独作价。虽然某设备公司主张本案设备系成套设备，无法分割，但其在一审庭审时提交了一份《买卖合同》，载明已将生产完毕的浓缩机出卖，故本案不符合该物与他物分离使标的物的价值显受损害的情形，且根据《中华人民共和国民法典》第九条规定，民事主体从事民事活动，应当有利于节约资源、保护生态环境。故，民事主体在行使财产权利时，应当充分发挥物的效能，使有限的资源在一定范围内得到充分的利用。关于资金占用期间的损失，合同因某设备公司违约解除，某能源公司要求支付资金占用费符合法律规定，应予支持，以176044.9元为基数，自2021年5月21日起至实际支付之日止，按同期一年期贷款市场报价利率3.85%计算。其他主张因证据不足，不予支持。据此，判决：

一、维持山东省汶上县人民法院（2021）鲁0830民初2407号民事判决第一项、第五项；

二、撤销山东省汶上县人民法院（2021）鲁0830民初2407号民事判决第二项、第三项、第四项；

三、被上诉人某设备公司于本判决书生效后十五日内返还上诉人某能源公司货款176044.9元及相应的资金占用损失（以176044.9元为基数，自2021年5月21日起至实际支付之日止，按同期一年期贷款市场报价利率3.85%计算）；

四、驳回上诉人某能源公司的其他诉讼请求。

【法官后语】

本案主要涉及在双方签订《买卖合同》的前提下，如何根据双方的履行情况进行正确判断双方的违约行为，进而对买受方提出部分行使合同解除权进行正确的认定问题。

本案系因合同履行过程中钢材涨价导致制造企业资金不足，未及时交付产品引发的纠纷。对合同如何解除的问题，一、二审法官认识上出现了分歧，一审法官判决《工业品买卖合同》整体解除，原告返还交付的货物，被告返还交付的货款，完全符合法律的规定，但不利于双方矛盾的化解，更不利于节约资源、发挥物的效能。二审法官从双方履行合同的情况、绿色节能原则等多角度析理释法，进行依据民法典的最新规定认定事实，作出最终裁判，实现法律效果和社会效果的有机统一。就本案体现的典型性问题，应当根据以下审判思路予以正确把握。

一、合同解除的法律后果虽然可以由买方返还交付的货物，卖方返还交付的货款，但应根据合同履行的实际情况，买受人可选择决定行使全部合同解除权或部分合同解除权

《中华人民共和国民法典》第六百三十二条明确了买受人的合同解除权。买受人的合同解除权行使分两种情形：一是解除部分合同，即标的物为数物，其中一物不符合约定的，买受人可以就该物解除；二是解除全部合同，即标的物为数物，其中一物不符合约定，该物与他物分离使标的物的价值显受损害的，买受人可以就此解除全部合同。同时也明确了买受人的合同解除权由买受人选择决定，即买受人可以选择部分或者全部解除合同。

本案中，合同履行过程中因钢材涨价导致被告生产成本增加，被告仅交付部分货物。双方协商增加合同价款不成，原告向法院起诉。合同标的物包含浮选机1台、浓缩机2套、沫煤筛10台。原告已付清货款的80%，被告仅交付了浮选机一台，其他设备均未交付。原告起初的诉讼请求为解除合同、要求被告返还全部货款，其返还已交付的设备。后变更诉讼请求，将已交付的设备留下，发挥效能，解除合同未履行的部分。这充分体现了买受方对合同解除的选择权。

且从双方合同的履行情况看，浮选机已经安装完毕，配套设施某能源公司已经另行采购并正常运营。如果解除全部合同，某能源公司将浮选机返还给某设备公司，不仅不能解决双方的矛盾，某能源公司正常运营的生产线将被拆除，势必会扩大其经济损失；同时设备拆除后如无法另行出售，可能造成更大的经济损失和资源浪费。

二、综合考虑双方签订合同的目的，从节约资源、避免浪费的角度，尊重买受方的合同解除选择权，实现法律效果和社会效果的有机统一，最终能够实现案结事了

《中华人民共和国民法典》第九条规定："民事主体从事民事活动，应当有利于节约资源、保护生态环境。"第五百零九条第三款规定："当事人在履行合同过程中，应当避免浪费资源、污染环境和破坏生态。"这是我国民法典第一次对绿色原则作出规定，是重要的新规则。二审法院综合考虑双方签订合同的目的，从节约资源、避免浪费的角度，尊重原告的合同解除选择权，对一审判决予以改判。如果二审维持一审判决的话，双方矛盾不仅得不到解除，而且有可能造成矛盾激化。一审判决的判项执行起来是有难度的。交付的浮选机已经上生产线，如果强制拆除，势必影响原告某能源公司的生产效能，且机器拆除后交付给被告，产品已经产生折旧，价值亦不能等同于新产品，再利用也存在困难。被告某设备公司在未收回设备的情况下，也不可能主动履行返还货款的义务，双方的矛盾无法化解，亦有可能引发其他的矛盾。二审法院综合全案考虑，既能从审判上提升审判效果，又考虑到执行的问题，既充分保障了买受方的合同解除选择权，也对懈怠合同履行方予以了惩戒。

本案的裁判结果，旨在督促两公司严格守信履约，使涉案设备能够发挥应有之效能，促进两公司健康良性发展。诚信是企业生存和发展的基石，是企业获得最大利润的基础，是企业发展最重要的"名片"。企业只有提供优质的产品和专业的服务，才能赢得消费者的信任，才能行稳致远。人民法院作为国家司法机关，坚持严格公正司法，对违约者进行惩戒，对守约者权益予以保护，维护社会诚信与市场秩序，营造适应经济高质量发展的法治化营商环境，为新

时代加快完善社会主义市场经济体制提供更加有力的司法服务和保障。

编写人：山东省济宁市中级人民法院　潘玉清

32

买受人受领迟延致使合同目的无法实现，出卖人享有合同解除权

——塑料公司诉化工公司买卖合同案

【案件基本信息】

1. 裁判书字号

江苏省常州市中级人民法院（2021）苏04民终4638号民事判决书

2. 案由：买卖合同纠纷

3. 当事人

原告（反诉被告、上诉人）：塑料公司

被告（反诉原告、被上诉人）：化工公司

【基本案情】

2020年6月24日，塑料公司与化工公司签订《甲醇购销合同》，约定：塑料公司向化工公司订购甲醇300吨，单价1660元/吨，合同总金额为498000元，交货期限为2020年6月30日至2020年7月30日，违约责任为若一方违约，应按合同总价款的30%支付另一方的违约金。结算方式为货到见票付款。由化工公司负责送货至塑料公司指定地点。合同签订后，8月6日，塑料公司接收了甲醇28.92吨，并开具了金额为48007.20元的增值税专用发票。另查明，7-8月期间，化工公司曾先后多次联系塑料公司要求送货，但塑料公司却以“要等等”“缓几天”“不能送货”等方式拒绝接收货物。到9月以后，甲

醇价格上涨至1900元/吨，2021年3月案件受理时，上涨至2400元/吨。因甲醇市场价格与合同约定价格相差较大，化工公司不同意按照合同约定的价格交付货物。于是，塑料公司诉至法院要求化工公司继续履行合同，并承担相应的违约金。化工公司则反诉要求解除《甲醇购销合同》。

【案件焦点】

塑料公司作为货物买受人迟延受领，化工公司是否有权行使合同解除权。

【法院裁判要旨】

江苏省溧阳市人民法院经审理认为：当事人一方迟延履行债务或者其他违约行为致使不能实现合同目的的守约方有权解除合同。本案中，双方之间的《甲醇购销合同》依法成立且合法有效。因塑料公司迟延在交货期间内履行收货义务，后因交易标的物甲醇的价格上涨，交货期届满后，化工公司仍按原合同价格交付货物将不能实现其订立合同的交易目的。同时，双方未对按照新价格计算价款达成一致，故化工公司依法有权解除合同。因解除权系形成权，送达即发生法律效力。化工公司于2021年4月28日开庭时提出，本院依法确认双方之间的涉案合同于2021年4月28日解除，故化工公司的该诉讼请求，本院依法予以支持。因合同已按解除处理，故塑料公司要求化工公司继续履行合同交付货物的诉讼请求，本院依法不予支持。

江苏省溧阳市人民法院依照《中华人民共和国合同法》第八条、第四十四条、第六十条、第六十一条、第九十四条、第一百零七条、第一百一十四条、第一百三十条，《最高人民法院关于审理买卖合同纠纷案件适用法律问题的解释》第十八条之规定，判决如下：

一、驳回塑料公司的诉讼请求；

二、塑料公司、化工公司于2020年6月24日签订的《甲醇购销合同》于2021年4月28日解除。

塑料公司不服一审判决，提出上诉。

江苏省常州市中级人民法院经审理认为：在双方约定的交货期内及交货期

届满后的期间中，化工公司多次要求向塑料公司交付货物，但塑料公司没有合理地履行接收货物义务，该不作为系违约行为，一审法院认定化工公司享有合同解除权并无不当。

江苏省常州市中级人民法院依照《中华人民共和国民事诉讼法》第一百七十条第一款第一项之规定，判决如下：

驳回上诉，维持原判。

【法官后语】

债权人受领迟延，债务人行使解除权的案件在司法实践未见相关判例，《中华人民共和国民法典》对此均没有明确规定。通说认为，受领义务是一种不真正义务，违反该义务，相对方不能因此行使解除权。《中华人民共和国民法典》第五百八十九条规定：债务人按照约定履行债务，债权人无正当理由拒绝受领的，债务人可以请求债权人赔偿增加的费用。在债权人受领迟延期间，债务人无须支付利息。该条款明确了债务人的责任减轻。第六百零八条规定：出卖人按照约定或者依据本法第六百零三条第二款第二项的规定将标的物置于交付地点，买受人违反约定没有收取的，标的物毁损、灭失的风险自违反约定时起由买受人承担。该条款明确了风险的转移。根据上述规定及不真正义务的解释，通常认为，在买卖合同纠纷中，当买受人受领迟延，出卖人只能通过提存的方式履行债务，出卖人无合同解除权。

但是，受领义务可以被认定为是一种协助义务。我国《中华人民共和国民法典》第五百零九条第一款和第二款规定：当事人应当按照约定全面履行自己的义务。当事人应当遵循诚信原则，根据合同的性质、目的和交易习惯履行通知、协助、保密等义务。第七百七十八条规定：承揽工作需要定作人协助的，定作人有协助的义务。定作人不履行协助义务致使承揽工作不能完成的，承揽人可以催告定作人在合理期限内履行义务，并可以顺延履行期限；定作人逾期不履行的，承揽人可以解除合同。该条规定了承揽合同中定作人的协助义务，如不履行，承揽人有解除权。类比到买卖合同纠纷中，如买受人不履行该义务，债务人的合同目的不能实现的，可以享有法定解除权。本案中，化工公司虽为债务人，却是守约方，合同未能履行的根本原因在于塑料公司无正当理由迟迟不予以协助收货，致使合同目的不能实现。后期甲醇价格上涨后，如继续要求化工公司履行合同，对其显失公平。

本案价值在于填补法律的漏洞，也是法官在司法实践中，将诚实信用原则解释的具体化，即买受人的协助义务，以及不履行该协助义务出卖人可否行使解除权，该案在法律适用上具有重要的参考和指导意义。

编写人：江苏省溧阳市人民法院 杜平 周作飞

33

行为人存在缔约过失导致守约方合同目的落空时，守约方享有合同解除权

——王某安诉魏某兰买卖合同案

【案件基本信息】

1. 裁判书字号

福建省南平市中级人民法院（2021）闽07民终1332号民事判决书

2. 案由：买卖合同纠纷

3. 当事人

原告（被上诉人）：王某安

被告（上诉人）：魏某兰

【基本案情】

2019年10月，魏某兰在邵武市一个店面门口竖立旋磁式细胞修复糖尿病康复馆的广告牌，因王某安患有糖尿病，便进店咨询。店主魏某兰告知王某安其店内有两种仪器，一种是旋磁式糖尿病治疗仪，另一种是磁能五行平衡仪，

均是H公司生产的产品，现在公司这两款产品在做优惠活动，活动规则为：支付15600元购买一套仪器（磁能五行平衡仪或旋磁式糖尿病治疗仪自由选择一种），同时可以获得15600的通证，通过每天打卡签到的方式，每次打卡奖励80元通证变现金额，若一天打卡两次，可获得160元通证变现金额，15600通证97天可奖励完毕；通证变现方式有：（1）在A平台自行交易；（2）可做市场分享成功；（3）可商城自行消费；（4）可通证转让。王某安于2019年10月23日支付现金15600元向魏某兰购买了一台磁能五行平衡仪，当日王某安的手机App上获得15600的通证。几日后王某安至店中领取了一台磁能五行平衡仪。后王某安通过每日签到打卡的方式分别于2019年11月6日、2019年11月16日获得魏某兰支付给其的两次2000元通证变现现金，共计4000元。从2020年开始王某安向魏某兰要求支付其签到获得的通证变现金额，魏某兰以其没有做市场分享为由不再支付。

魏某兰在店面发布广告宣传磁旋式糖尿病治疗仪和磁能五行平衡仪的过程中，违反了《中华人民共和国广告法》的规定，构成发布违法广告行为，市场监督局于2021年1月8日作出了《行政处罚决定书》，对魏某兰作出如下处罚：责令停止发布广告，在相应范围内消除影响，处10000元罚款。王某安遂向一审法院提起诉讼，请求魏某兰应返还王某安支付的预付金额11600元。

【案件焦点】

魏某兰是否应当返还王某安剩余价款11600元。

【法院裁判要旨】

福建省邵武市人民法院经审理认为：王某安与魏某兰已经形成买卖合同关系，双方当事人均应遵循诚实信用原则全面履行各自的合同义务。依照《中华人民共和国民法典》第五百七十七条的规定，王某安手机App上显示通证变现金额为11468元，按照活动规则应获得11468元的变现金额，但魏某兰辩称其无法变现是因无人做市场分享影响，但强调该原因仅属于正常的商业风险，不可作为其规避自身义务的理由；同时魏某兰辩称其实际为王某安变现了5000元的通证奖励，但未提供证据证明，不予认可。王某安出具的《承诺书》的格式和内容均是魏某兰提供的，属于格式条款，《承诺书》中不合理地免除了魏某兰的责任，加重了王某安的责任且限制了王某安的主要权利，该《承诺书》无效。因此王某安主张魏某兰应返还其支付的购买仪器预付金额11600元，予以支持11468元。

福建省邵武市人民法院依照《中华人民共和国民法典》第四百九十七条第一款第二项、第五百七十七条，《中华人民共和国民事诉讼法》第六十四条第一款之规定，判决如下：

一、魏某兰应于判决生效后十日内支付王某安购买磁能五行平衡仪后变现剩余金额11468元；

二、驳回王某安的其他诉讼请求。

魏某兰不服，提出上诉。

福建省南平市中级人民法院经审理认为：根据魏某兰自行提供的活动规则，其对外宣传中带有“免费推广市场”“调理糖尿病”等内容，前述内容涉及买卖合同标的物的价格以及效果，是商业交往买方迫切关注的内容，魏某兰应当遵循诚信原则，向王某安进行详细且真实的说明。然对于支付价款后获得的通证如何变现，魏某兰提供的活动规则仅载明四种方式，并没有详细介绍，对于作为买卖合同标的物的案涉仪器的适用范围以及效果更是没有明确具体内容。王某安虽然出具《承诺书》并手持《承诺书》拍照，但该行为方式明显有违正常的商业惯例，魏某兰以此主张其已向王某安告知相关情况，依据不足。故，魏某兰提供的证据不足以证明王某安对案涉仪器的功效以及价款如何实现返还已经充分知晓。现魏某兰认可提供通证的H公司已注销致通证无法兑现，而邵武市市场监督局也认定了魏某兰构成发布违法广告行为，以上情况，显然不符合王某安在购买产品之初基于魏某兰对外宣传产生的正常预期判断和迫切关注，王某安订立买卖合同的目的不能实现，其要求返还剩余款项11600元，符合法律规定。一审判决魏某兰返还11468元，王某安未提出上诉，视为对一审判决的服从。虽然王某安没有直接主张解除合同，但其在诉前向行政机关举报魏某兰以及诉讼中多次强调案涉仪器不能达成治疗效果、要求返还案涉仪器的意思表示明确，王某安实际是解除合同的意思。为减少当事人的诉累，维护老年人的合法权益，在本案中直接处理返还价款的诉求，并不损害双方当事人的利益，亦不违反公平原则的情形。魏某兰上诉以通证未满足变现条件以及案涉仪器厂商已倒闭无法变现通证为由拒绝返还价款，不予支持。

福建省南平市中级人民法院依照《中华人民共和国民事诉讼法》第一百六十九条第一款、第一百七十条第一款第二项之规定，判决如下：

驳回上诉，维持原判。

【法官后语】

本案二审法院维持了一审裁判结果，但对魏某兰行为的认定观点却截然不同。一审法院援引违约责任的法律规定认定魏某兰需承担支付变现剩余金额11468元的违约责任。正因如此，魏某兰将王某安持有的通证不具备合同约定的变现条件作为其上诉理由。如果继续审查活动规则的内容，难以得出王某安可以获得变现奖励的结论，其症结在于一审法院未正确识别魏某兰违反义务的性质。二审法院认为魏某兰违反诚信告知的先合同义务导致王某安合同目的无法实现，进而认定王某安享有合同解除权，魏某兰应承担返还价款的法律责任。通过本案的分析，有助于正确把握行为人存在缔约过失致使守约人享有合同解除权的判断标准。

一、行为人违反先合同义务

先合同义务是指缔约人从发出要约开始到合同生效前依法负有告知、保密、协助、忠实等义务。先合同义务作为一种法定义务，其产生依据是诚信原则。诚信原则具有的高度抽象性和概括性，决定了以其作为本源的先合同义务有很大的弹性。尽管学界有将先合同义务归纳为告知义务、保密义务、协助义务、忠实义务四种类型，但仍不够明确、具体，亦不便于操作。因此，在司法实践中，先合同义务需要法官结合个案合同当事人、标的、意思表示等要素来确定先合同义务的内容。缔约过程中是否违反诚信义务，须根据合同类型和个案情境予以审查。本案系涉保健产品的买卖合同纠纷，作为标的物的保健产品的价格和功效对买受人的订约意愿有重大影响。因此，出卖人是否在缔约过程中对产品的价格和功效进行了如实告知，是考察出卖人是否违反先合同义务的关键。本案魏某兰对外宣传免费推广产品，但对所谓的“通证变现”设定了烦琐的条件，实际加重了王某安的义务，且未对可能存在的风险进行提示；而对于产品的功效，仅是以调理若干疾病博取消费者眼球，没有言之有据的介绍。因此，无论是只言及受益未谈及风险的活动规则，还是事后魏某兰被行政机关认定构成违法发布广告的行为，均无法得出魏某兰在缔约阶段对标的物的价格和功效进行了必要说明的结论。因此，应当认定出卖人违反了诚信告知的先合同义务。

二、行为人存在故意或过失

根据《中华人民共和国民法典》第五百条的规定，除存在未尽先合同义务的外在表现外，行为人主观心态上须有故意或过失，方能认定其存在缔约过失。

三、合同有效

合同已经有效成立，是合同当事人享有合同解除权的当然前提条件。根据民法典关于缔约过失责任的法律规定，行为人存在缔约过失，仅导致另一方享有损害赔偿请求权，也就是说缔约过失责任的确定不以合同不成立、无效或被撤销为前提条件。换言之，在行为人存在缔约过失的情况下，合同仍有有效的空间。如受欺诈而订立的合同未损害国家利益，受损害缔约一方未行使撤销权的，合同有效。本案中，魏某兰推销的产品不是医疗器械，在对外宣传中使用了涉及疾病治疗功能的用语，虚构免费体验的事实，构成欺诈，王某安没有行使撤销权，法院不能主动予以撤销，此时合同有效。

四、守约方的合同目的不能实现

不能实现合同目的，是合同法定解除的实质性标准。即便是合同生效后，行为人违反先合同义务对守约人的损害可以通过其他方式予以弥补，此时行为人仅需承担缔约过失责任，毋须赋予守约方合同解除权，否则将增加交易中的机会主义行为，有损交易的稳定性。本案中，买受人在订立合同中所追求的治疗糖尿病以及打卡变现的履行利益，显然无法实现，其享有合同解除权。

只有在前述四个条件都同时具备的情况下，因行为人的缔约过失行为受损的守约方才享有合同解除权。明确此类案件的判断标准，一方面可以有效实现对守约当事人的权利保护，另一方面也加强了对缔约人基于信赖订立的合同关系的维护，保证司法实践的可操作性和统一性。

编写人：福建省南平市中级人民法院　邱翠

34

二手车出卖人注意义务的界限

——周某民诉陈某、汽车销售公司买卖合同案

【案件基本信息】

1. 裁判书字号

广西壮族自治区柳州市柳南区人民法院（2021）桂 0204 民初 2935 号民事判决书

2. 案由：买卖合同纠纷

3. 当事人

原告：周某民

被告：陈某、汽车销售公司

【基本案情】

2020 年 12 月 17 日，陈某（出卖人、甲方）与周某民（买受人、乙方）签订《车辆转让协议》，约定将车牌号为桂 B8××××的车辆转让乙方，转让价格 92500 元，双方在合同中对车况进行了确认。合同签订后，原告依约向陈某付款 92500 元。

本案案涉轿车的机动车登记证书显示该车的初始登记的所有人为温某红，登记时间为 2015 年 2 月 2 日，登记车牌号为粤 A9××××；2020 年 8 月 25 日，

所有人变更为陈某，登记车牌号为渝A1××××，获得方式为购买；2020年12月2日，所有人变更为陈某，获得方式为购买，登记车牌号为桂B8××××；2020年12月25日，所有人变更为周某民，获得方式为购买，登记车牌号为桂AW××××；2020年12月25日，案涉车辆进行转移登记，登记所有人为陈某锋，获得方式为购买，登记车牌号为桂AX××××；2021年1月5日，案涉车辆进行转移登记，登记所有人为周某民，获得方式为购买，登记车牌号为桂AW××××。

根据本院向财产保险公司广州市增城支公司调取的案涉车辆在该公司理赔情况，查实案涉车辆登记在案外人温某红名下时，于2020年5月22日向产保险股公司广东省分公司进行保险报案，出险经过及损失情况为由于暴雨导致标的车停放期间发生事故；已建议报警，现场，赔款金额为58707.2元，结案时间2020年5月28日。

庭审中，被告陈某主张其在购买并向周某民转让案涉车辆时对于案涉车辆为水泡车一事并不知情，并为此提供了中国建设银行客户回单用以证明其为购买案涉车辆于2021年8月12日向案外人陈某分两次转账共计支付87000元用以支付购车款。

原告周某民自认其系从事二手车买卖的人员，其在购买案涉车辆后，出售给案外人陈某锋，后因陈某锋反映案涉车辆为水泡车，为证明案涉车辆情况，其向鉴定公司申请对案涉车辆进行技术状况鉴定。2021年1月7日，鉴定公司出具《二手车鉴定评估报告书》，其中载明：车辆评估价格为68000元，评估结论有效期为90天。

【案件焦点】

被告是否构成欺诈，原告是否有权撤销《车辆转让协议》。

【法院裁判要旨】

广西壮族自治区柳州市柳南区人民法院经审理认为：虽然案涉车辆系水泡车，根据现有证据，不能证明陈某的行为构成欺诈，理由如下：

(1) 本案案涉车辆为二手车，车辆出厂后经过他人长期使用过，并几经转手，陈某虽为二手车买卖从业人员，但现有证据不能证明其对车辆具有检修和事故损伤情况的认定能力，不能仅以其从事的行业推定其在车辆转卖时对车辆状况及历史能够完全认知。原告周某民亦认可其是从事二手车买卖从业人员，如推定陈某有相关渠道、能力可以了解案涉车辆的真实情况，那么作为同是二手车从业人员的周某民亦同样有渠道了解案涉车辆的真实情况，陈某相对于周某民并不必然具有交易优势，且周某民主张其被案外人陈某锋退回案涉车辆，从保险公司获取案涉车辆因水泡而出险的报案记录，并将案涉车辆自行送至鉴定公司进行鉴定，这些行为虽发生在周某民购买车辆之后，但并不排除周某民在购买车辆之前亦可通过前述方式了解案涉车辆的实际情况。

（2）“水泡车”可以作为二手车交易的标的，周某民作为从事二手车买卖从业人员，如其杜绝购买二手车，那么相比一般消费者更应当在《车辆转让协议》中进行特别约定，而并非在《车辆转让协议》中约定已确认车况，仅对所购买的二手车的产权过户、债权债务纠纷等事宜进行了约定，未对车况的车辆技术指标、车辆质量进行约定或承诺。

（3）周某民主张陈某曾口头承诺案涉车辆并非水泡车，但陈某对此不予认可，且周某民亦未有证据证明在双方达成二手车买卖合同时，陈某向周某民进行了虚假陈述，承诺车辆无水泡，使周某民据此得出错误认知并因此达成买卖协议。

综上所述，根据本案现有证据，不能证明本案存在《中华人民共和国合同法》第五十四条规定的合同可撤销情形，故周某民诉请要求撤销《车辆转让协议》于法无据，本院不予支持。

故判决驳回周某民的诉讼请求。

判决后，双方当事人均未上诉，本判决现已生效。

【法官后语】

近年来，二手车市场规模不断扩大，随着二手车市场广阔发展前景而来的，是交易信息不透明带来的混乱。不同于新车交易，二手车交易往往存在事故、维修等信息的获知与披露问题，而由此引发的欺诈赔偿纠纷也屡屡发生，如何确定二手车出卖人的披露义务之界限往往成为该类纠纷的审理难点。本案例就为二手车交易中出卖人注意义务的界限问题提供了较为明晰的分析标准。

一、二手车出卖人注意义务的标准

民法上的注意义务是指民事主体为自己的行为对他人所负担的谨慎法律义务。在民商事案件审判中，注意义务的判断及认定对民事责任的承担具有重要意义，民事主体法律上应尽的注意义务程度越高，其违反时所应承担的民事责任就越重。尽管学理和司法上都将注意义务作为民事责任承担的重要标准和参考依据，但我国现行民商事立法中并无关于注意义务的一般规定。当前，二手车买卖中出卖人的注意义务在司法实务中无确定的量化标准，在实践中自由裁量的空间也很大。

对此，应从二手车交易具有的特殊性、复杂性进行分析。对交易主体而言，二手车交易双方中，出卖人作为具有专业知识的主体，在交易过程中处于强势地位。故为平衡二手车交易中买卖双方信息不对称的局面，出卖人应承担更多的注意义务，出卖人应对销售车辆有全面了解，对车辆基本信息尽告知义务。对交易物而言，二手车在交易前就被长期使用，可能存在剐蹭、碰撞乃至重大事故如水泡、更换发动机等问题，但二手车交易并不排斥事故车作为交易对象。二手车在流转过程中，保险信息、事故信息等资料因年代久远、互联网信息录入不完善、交易对象不知情或隐瞒等各种原因，信息往往无法做到透明。由此，在二手车交易中，买卖双方都有不同于新车交易的更高注意义务。

二、二手车出卖人注意义务的例外

在二手车交易中，出卖人因其主体优势地位要尽善良管理人义务，但也应有必要的合理界限，不能苛责出卖人承担超出合理边界的注意义务。在认定二手车出卖人销售车辆是否构成欺诈时，关键在于判断二手车出卖人对车辆情况是否知情或者应当知情。二手车出卖人虽负有更高注意义务，但不能苛责其对无法获知的二手车修检鉴定等历史信息有完全认知。同时，也要视交易相对方的情况而定，假如交易相对方系从事二手车交易的主体，则买卖双方应均不具有优势地位，就不能要求出卖人有更高注意义务。

本案中，水泡事故发生地在广州，客观上难以取得相关事故材料，且陈某购入案涉车辆时，支付的对价远高于事故车市场价值，故难以认定陈某对水泡事故应当知情。同时，周某民亦认可其是二手车买卖从业人员，在购车时亦对车况进行了确认。综合分析，难以认定陈某存在欺诈的故意及行为。

本案判决驳回原告的诉讼请求，为二手车出卖人的注意义务明确了审查的条件，通过分析“车辆购入价格”“事故知情可能性”“二手车买卖合同约定”“买受人对车况确认”四个方面，对二手车交易中二手车出卖人注意义务的界限确立了较为清晰的标准，有利于优化二手车交易环境，促进二手车交易发展。

编写人：广西壮族自治区柳州市柳南区人民法院　卢楚越

35

买卖合同中买受人行使合同解除权的认定

——王某诉张某买卖合同案

【案件基本信息】

1. 裁判书字号

山东省淄博市中级人民法院（2021）鲁 03 民终 3223 号民事判决书

2. 案由：买卖合同纠纷

3. 当事人

原告（被上诉人）：王某

被告（上诉人）：张某

【基本案情】

2019 年 8 月 2 日，王某经朋友介绍与张某达成口头协议，从张某处购买其名下的奔驰牌汽车一辆，于当日办理了过户手续。交易前，张某向王某介绍该车辆仅有过剐蹭，不存在事故。王某亦对张某所述的剐蹭处进行了查看。后王某支付首付款 60000 元。经张某介绍，余款由王某于 2019 年 8 月 4 日从银行办理了信用卡汽车专项分期付款业务并以该涉案车辆为抵押，签订了合同。该合同显示车辆总价为 230000 元，王某自行支付首付款 72800 元，剩余购车款从银行透支金额为 157200 元，该款直接由银行支付到该汽车销售商/合作机构账户。同时还约定，该款分 36 期，王某每月的偿还金额为 4782 元，其中王某应向银行按分期的方式向银行支付手续费 14934 元。

张某曾于 2019 年 7 月 6 日对涉案车辆进行了喷漆，于 2019 年 8 月 3 日对该车进行了车身改色贴膜、后排电视安装等。2019 年 8 月 12 日王某从张某处提车，13 日因发现空调不制冷与张某联系，张某承诺由其对空调进行维修，14 日王某发现车辆跑偏，随后与张某联系退车产生纠纷。后王某曾向法院提起诉讼，经法院委托，检测技术公司于 2020 年 11 月 17 日对涉案车辆作出鉴定，鉴定结论是：依据现状，涉案车辆的前部发生过碰撞事故，车辆的左右前纵梁及左前悬架因碰撞产生了变形和位移，车辆未经彻底修复，结合现存的安全气囊故障报警及跑偏现象，表明涉案车辆上路行驶存在安全隐患。

张某从事二手车经营，该涉案车辆系张某从案外人处所购，于 2019 年 4 月 15 日过户到张某名下。该涉案车辆曾于 2016 年 8 月 17 日发生过交通事故，当时的保险定损显示为全损车辆。王某办理的信用卡汽车专项分期付款业务按本金和手续费按期等额收取的方式还款，截至 2021 年 7 月 13 日已扣款 104808 元，未扣款金额为 52392 元。尚有十二期未付，实际已支付的手续费为 9966 元。

【案件焦点】

张某是否根本违约，王某是否有权解除车辆买卖合同。

【法院裁判要旨】

山东省淄博市临淄区人民法院经审理认为：原被告于 2019 年 8 月 2 日达成的口头车辆买卖合同系当事人的意思表示，内容不违反法律、行政法规的强制性规定，应属有效。

首先，关于原告要求解除该买卖合同，其关键在于判断被告的行为是否存在根本违约。原告购买涉案车辆，其是为了家庭消费，能正常上路行驶，被告获得对价的基础也在于涉案车辆具备正常上路行驶的功能，能满足一般消费者对车辆性能、质量的基本要求，被告作为二手车经营者应当具备掌握所售车辆状况的专业能力，并且负有告知车辆真实状况的义务。2020 年 11 月，通过鉴定，原告得知被告向其出售的车辆并非只是“仅左边有过剐蹭”，可以认定被告出售的车辆质量并不符合合同约定，属于以次充好，已构成根本违约，故原告要求解除双方的买卖合同的诉求本院予以支持。由于该涉案车辆在交付前已经存在曾发生事故的事实，因此，被告关于买卖合同中标的物转移后风险已经转移的抗辩理由不能成立，本院不予支持。因在对涉案车辆做出鉴定后，原告才明确知道该车的实际情况，故被告关于解除合同已超过一年申请期限的抗辩意见不能成立，本院不予支持。

其次，按照法律规定，买卖合同解除后，被告应当返还购车款。关于车辆交易价格问题，被告对原告首付 6 万元，余款由银行直接打入指定账户这一付款方式并无异议，其虽主张银行只给其 13 万元，因此购车款应为 19 万元，但未能提供证据证实。本案中，原告提供的证据能够证实，因该车辆买卖，原告在支付首付款 6 万元的基础上，办理了信用卡汽车专项分期付款业务 157200 元，该款已按合同约定打进了指定的案外人账户，由于该款项包含了应向银行支付的手续费 14934 元，故该手续费应从贷款总额中扣除。综上，本院认定该车辆交易价格为 202266 元。庭审中，原告同意在合同解除后将涉案车辆返还给被告，本院对此不持异议。因被告的违约行为，导致合同解除，故原告要求被告赔偿保险费 8000 元、鉴定费 38000 元，本院予以支持。因原告按合同分期向银行还款时，已包含了应向银行支付的手续费，该手续费即为原告的损失，故原告再要求以 217200 元为本金，按银行同期贷款利率自 2019 年 8 月 2 日计算利息的诉求不当，本院不予支持。

山东省淄博市临淄区人民法院依法判决如下：

一、原告王某与被告张某于2019年8月2日达成的口头车辆买卖合同于2021年5月7日解除。

二、被告张某于本判决生效后十日内返还给原告王某购车款202266元。

三、被告张某赔偿原告王某经济损失8000元、鉴定费38000元，手续费损失（截止到2021年7月13日为9966元，之后手续费按实际产生的计算，以14934元为限），与上述第二项同时付清。

四、原告王某在本判决生效后十日内办理完毕涉案奔驰牌汽车的银行解押手续，并将该车辆返还给被告张某。

五、驳回原告王某其他诉讼请求。

张某不服一审判决提起上诉，山东省淄博市中级人民法院同意法院裁判意见，故判决：驳回上诉，维持原判。

【法官后语】

本案涉及根本违约不能实现合同目的而行使解除权的问题。本案争议的焦点是被告是否根本违约，原告是否有权解除车辆买卖合同。不能实现合同目的是合同法定解除的实质性条件。根本违约制度确立的重要意义，不仅是一方当事人在相对方严重违约的情况下可以获得解除合同的救济，更在于严格限制当事人滥用合同解除权，换言之，只有合同的履行导致缔约目的不可能获得实现，方能发生法定解除权，由此有助于杜绝合同被任意解除的可能性，很好地维护了“合同必须严守”这一合同法的基石。《中华人民共和国民法典》第五百六十三条第五项规定，有法律明文规定的其他合同解除的情形，当事人可以解除合同。《中华人民共和国民法典》第六百一十条规定：“因标的物不符合质量要求，致使不能实现合同目的的，买受人可以拒绝接受标的物或者解除合同。买受人拒绝接受标的物或者解除合同的，标的物毁损、灭失的风险由出卖人承担。”该条规定主要包括两部分内容：一是出卖人违反质量瑕疵担保义务构成根本违约的责任承担；二是出卖人构成根本违约，标的物毁损、灭失的风险由其负担。

出卖人的质量瑕疵担保义务，又称为物的瑕疵担保责任，是指出卖人应当保证交付买受人的标的物符合法定或约定的品质、价值和效用。买卖合同属于双务有偿合同，出卖人将标的物所有权转移给买受人是其最基本的义务。买受人支付约定的价金的目的是取得符合约定质量要求的标的物，如果标的物存在质量瑕疵，则有违等价有偿原则，不符合合同目的，有损合同正义和有违诚信原则。物的瑕疵担保责任是一种违约责任。

司法实务中，认定出卖人承担物的瑕疵担保责任需具备五个要件：一是出卖人交付的标的物不符合质量要求。即实际交付的标的物的质量不符合法定或者约定的标准。有关质量瑕疵的判断标准归纳起来可以作如下排序：首先应以合同约定为准，有质量说明依质量说明；如果没有约定或约定不明确的，可以协议补充；不能达成补充协议的，按照合同有关条款或者交易习惯确定；仍不能确定的，按照国家标准、行业标准履行；没有国家标准、行业标准的，按照通常标准或者符合合同目的的特定标准履行。二是该瑕疵在合同成立时已存在，且在合同履行时仍未消除。标的物的质量瑕疵应在标的物的风险转移于买受人时即已存在，买受人验收后产生的瑕疵与买卖合同中出卖人的义务无关。三是买受人不知道或者不应当知道标的物具有质量瑕疵。《最高人民法院关于审理买卖合同纠纷案件适用法律问题的解释》第二十四条规定："买受人在缔约时知道或者应当知道标的物质量存在瑕疵，主张出卖人承担瑕疵担保责任的，人民法院不予支持，但买受人在缔约时不知道该瑕疵会导致标的物的基本效用显著降低的除外。"这里的"基本效用"应作如下理解：(1) 需满足买受人订立合同目的的基本需求。(2) 仅限于标的物的主要功能，对实现合同目的不很重要的附属功能则在所不论。在买卖合同订立时，如果买受人已经知道标的物存在质量瑕疵，那么就可以认为买卖双方是针对存在质量瑕疵的物品达成了购买和出售的合意，既然买卖的标的物就是瑕疵物品，那么在该特定合同项下的标的物就是符合约定质量标准的。但是，如果买受人知道标的物质量瑕疵的程度与其订立买卖合同的目的相悖，或对质量瑕疵的严重程度缺乏了解，就不能认为买卖双方达成了购买和出售该物品的合意，也就不能在具体合同项下排除标的物的质量瑕疵。四是买受人需在一定期限内及时履行质量检验和瑕疵通知义务。物的瑕疵担保责任需要与质量检验与异议制度相结合适用。买受人对买卖合同标的物负有检验和通知义务是从现实交易模式中提升的合理划分买卖合同双方当事人权利义务的一项重要制度，也是其独特性所在。《中华人民共和国民法典》第六百二十条至六百二十三条对此进行了规定。五是不以出卖人具有过错作为要件。物的瑕疵担保责任的设立基于公平原则和诚信原则，不考虑出卖人是否具有过错。

本案中，原告购买涉案车辆，其是为了家庭消费，能正常上路行驶，被告获得对价的基础也在于涉案车辆具备正常上路行驶的功能，能满足一般消费者对车辆性能、质量的基本要求，被告作为二手车经营者应当具备掌握所售车辆状况的专业能力，并且负有告知车辆真实状况的义务，应当保证交付原告的标的物符合法定或约定的品质、价值和效用。原告购买涉案车辆时，被告仅告知原告该车辆左边有过剐蹭，虽然原告也对该车辆进行过试驾，但仅通过一两次试驾难以发现车辆存在的隐蔽问题也属正常。在原告购买车辆后正常驾驶过程中，发现车辆存在跑偏等安全隐患，通过查询保险公司的理赔记录，能够认定涉案车辆曾发生重大事故，保险定损显示车辆全损。而且，经一审法院委托司法鉴定，鉴定意见也证实涉案车辆因之前发生的碰撞事故导致上路行驶存在安全隐患。被告主张车辆交付时是否存在安全隐患及该安全隐患与车辆买卖之间存在因果关系并不确定，其应对此负举证责任，在其不能完成举证的情况下，应认定涉案车辆的安全隐患系此前事故造成。

因此，原告作为车辆购买者，因车辆存在上路行驶的安全隐患，其购买车辆的出行目的不能实现，因此被告构成根本违约，原告在此情况下有权解除合同、要求被告返还购车款并赔偿相应损失。

编写人：山东省淄博市临淄区人民法院　刘海红　张英泽

六、买卖合同的违约责任

36

所有权保留买卖合同出卖人与共同买受人之一协商处置标的物是否构成违约

——管某现诉机械厂、王某志买卖合同案

【案件基本信息】

1. 裁判书字号

江苏省无锡市中级人民法院（2021）苏02民终2668号民事判决书

2. 案由：买卖合同纠纷

3. 当事人

原告（上诉人）：管某现

被告（被上诉人）：机械厂、王某志

【基本案情】

2012年11月30日，机械厂作为供方，管某现、王某志作为需方签订工矿产品购销合同，约定管某现、王某志向机械厂购买轮胎起重机1台，价款30.8万元，约定分期付款，2013年10月底付清；货款未付清前起重机产权归机械厂所有；王某国作为担保人。合同签订后，管某现于2012年11月28日、12月26日向机械厂委托代理人杨某贤的银行账户存现合计8万元。

2012年12月27日，王某志、管某现、王某国出具欠条给机械厂，载明起重机余款将分期支付，在2013年10月底付清。未付清货款时起重机产权归机械厂杨某贤所有。

2015年8月19日，王某志出具欠条给机械厂，载明起重机余款分期支付，在2016年6月底付清。在未付完余款之前，原2012年12月27日欠条还是有效的。起重机产权归杨某贤所有（机械厂），余款全部还清后吊机产权归王某志所有。

2018年6月25日，机械厂起诉王某志、管某现、王某国支付起重机货款18.8万元。后机械厂撤回对管某现、王某国起诉，与王某志达成调解协议，由王某志支付5万元了结双方因2012年11月30日工矿产品购销合同引起的纠纷。

管某现以机械厂一物二卖，起重机实际由王某志使用为由，向一审法院提出诉讼请求：判令机械厂返还其支付的8万元及利息（以8万元为基数，自2012年12月26日起至实际给付之日止，按全国银行间同业拆借中心公布的贷款市场报价利率计算）；王某志对机械厂第一项返还义务承担连带清偿责任。

【案件焦点】

机械厂及王某志是否存在违约，应否承担违约责任。

【法院裁判要旨】

江苏省无锡市惠山区人民法院经审理认为：管某现要求机械厂返还货款。理由是机械厂未交付合同标的物，但从查明事实及王某志陈述看，机械厂履行了交付合同标的物的义务。管某现支付的8万元系交付给机械厂购买起重机货款，王某志并未获得该8万元，且机械厂也不负有向管某现返还8万元的义务。（2018）苏0206民初3713号调解书明确的是王某志向机械厂支付货款的义务，并未明确案涉起重机所有权归属问题，机械厂放弃对管某现主张债权系自行处分民事权利行为，不损害管某现的利益。

江苏省无锡市惠山区人民法院依照《中华人民共和国民事诉讼法》第六十

四条之规定，判决如下：

驳回管某现的诉讼请求。

管某现持原审起诉意见提起上诉。

江苏省无锡市中级人民法院经审理认为：依照本案中王某志、机械厂的陈述及 2012 年 12 月 27 日管某现、王某志及王某国出具给机械厂的欠条，可以认定机械厂已向管某现及王某志交付了案涉起重机。机械厂向一审法院提起诉讼，诉讼中王某志与机械厂通过签订调解协议的方式对案涉买卖合同进行了了结，客观上调解协议也已经替代了此前所签欠条，机械厂与王某志协商对案涉设备进行减价并由王某志支付剩余价款，并不损害管某现的利益，且调解协议并未涉及设备所有权归属问题。

江苏省无锡市中级人民法院依照《中华人民共和国民事诉讼法》第一百七十条第一款第一项之规定，判决如下：

驳回上诉，维持原判。

【法官后语】

一、共同买受人对出卖人承担的是连带之债

共同买受人，对于出卖人而言，二者承担的是连带债务。对于连带债务，债权人有权向连带债务人中的一人或数人请求履行全部或部分债务。民法典第五百二十条明确规定了对全体债务人绝对发生效力的事项，包括债务人履行、抵销、提存、债务免除、债权债务混同、债权人迟延受领。从上述规定可知，连带债务人之一与债权达成的结算，如不损害其他连带债务人的利益，应为有效。本案中 2015 年 8 月 19 日王某志出具给机械厂的欠条中虽包含余款付清后所有权归王某志所有的内容，对管某现不利，但其后机械厂与王某志在诉讼中达成的调解协议在明确对案涉买卖合同减价结算的同时并未确认上述内容，故王某志与机械厂之间达成的最终结算，并未损害管某现的利益，机械厂及王某志不构成违约。本案在裁判说理上因形成在后的调解协议替代了 2015 年 8 月 19 日欠条而回避了对欠条所载“余款付清后所有权归王某志所有”效力分析，但结合双方买卖合同中关于所有权保留的约定，笔者认为上述约定并非当然无效，也并非当然构成对买卖合同的违约。

二、所有权保留买卖合同中，买受人违约的，出卖人可以行使取回权

所有权保留买卖合同，指的是出卖人虽然将标的转移给买受人占有、使用，但买受人并未取得所有权，仅享有取得所有权的期待权，所有权与占有权分离的买卖合同。在买受人未依约履行义务时，出卖人得以行使取回权。依照《中华人民共和国民法典》第六百四十二条之规定，买受人未按照约定支付价款，经催告后在合理期限内仍未支付，出卖人可以与买受人协商取回标的物；协商不成的，可以参照适用担保物权的实现程序。本案中管某现、王某志与机械厂签订买卖合同，约定了分期付款期限，但管某现、王某志未按约履行，在机械厂进行催告后，管某现、王某志向机械厂出具2012年12月27日欠条，但欠条出具之后，二者仍未依约支付，机械厂于欠条所载还款期限届满之日，即2012年11月已经获得了标的物的取回权。2015年8月19日，王某志出具欠条给机械厂，约定余款由王某志支付，付清之后标的物所有权归王某志所有。可以理解为机械厂已经行使所有权买卖合同中赋予的取回权，并将标的物另行处置。

需要说明的是，取回权的行使不导致买卖合同的解除，出卖人行使取回权是为了撤回先行给付以恢复同时履行的状态，并在一定条件下就标的物清偿价款债权，就物受偿。民法典第六百四十三条虽然规定了出卖人行使取回权后，买受人可以在双方约定或出卖人指定的合理回赎期限内，消除取回事由，请求回赎标的物，但并未明确出卖人取回之后能否立即处置。在《中华人民共和国民法典合同编理解与适用》一书中，明确指出出卖人取回后如有必要立即另行出售属于原买卖合同利益的替代实现方式，并不构成违约。出卖人将标的物再次转卖后的所得价款应先扣除原买受人未支付的价款以及必要费用，仍有剩余的，返还给买受人，不足部分由买受人清偿。故本案中机械厂取回标的物后，另行以合理价格处置，并不构成对买卖合同的违约。

三、出卖人不行使取回权的情况下一物二卖，也不当然构成对所有权保留合同的违约

即使将2012年12月27日王某志出具的欠条不理解为机械厂行使取回权，

而是在所有权保留买卖合同履行期间，重新与王某志达成的买卖合同，也不必然损害管某现的利益。依照《中华人民共和国民法典合同编理解与适用》一书中对所有权保留合同出卖人一物二卖的理解，未经买受人同意将标的物再转让的，虽然合同有效，但却不能通过现实交付来转移所有权。如果最终买受人履行了约定条件并取得了标的物的所有权，出卖人将构成对第二份买卖合同的买受人违约。本案中所有权保留合同签订之后，机械厂即将起重机交付给管某现、王某志，已经完成占有转移，即使共同买受人内部实际由王某志使用标的物，也非应机械厂重新向王某志转移交付所致。在王某志、管某现占有标的物的情况下，二人如履行完毕合同项下付款义务，则所有权自动转移至王某志、管某现，针对所有权保留的买卖合同，机械厂不构成违约。机械厂仅须承担对第二份合同的违约责任。

编写人：江苏省无锡市中级人民法院　费益君　尹慧

37

因买方原因导致特定货物买卖合同无法履行的，买方赔偿损失的范围应包含全部合同标的

——体育产业公司诉建筑工程公司买卖合同案

【案件基本信息】

1. 裁判书字号

北京市第二中级人民法院（2021）京02民终8300号民事判决书

2. 案由：买卖合同纠纷

3. 当事人

原告（反诉被告、被上诉人）：体育产业公司

被告（反诉原告、上诉人）：建筑工程公司

【基本案情】

2019年11月，体育产业公司与建筑工程公司签订《人工草坪销售铺装合同》（以下简称《销售铺装合同》），约定体育产业公司销售给建筑工程公司专用人工草坪，并免费铺装，合同货款最终以实铺面积结算。合同约定，比赛区为青春牌门球专用草坪（橄榄绿），草纤维结构PA卷曲单丝；四周围墙及走廊，草丝材质PE。体育产业公司于15个工作日内织草并发货，货到建筑工程公司合同目标场地后，建筑工程公司向体育产业公司支付合同货款金额的30%，体育产业公司收到建筑工程公司支付的第一笔货款后，方可为建筑工程公司铺装草坪。草坪铺装完工三日内，建筑工程公司组织验收，验收合格后，建筑工程公司向体育产业公司支付合同货款金额的60%，建筑工程公司整体竣工验收后七日内向体育产业公司支付剩余10%的合同金额。双方同时约定，在体育产业公司铺装前，建筑工程公司需负责进行门球场地面硬化，并清理现场，保证地面平整无鱼鳞坑、干燥清洁无灰尘，符合铺装要求。合同中同时就违约责任作出约定：体育产业公司逾期完工的，需每天向建筑工程公司支付合同总额0.5%的违约金，建筑工程公司未按合同规定期限及数额支付货款的，需每天向体育产业公司支付逾期部分款项总额0.5%的违约金，逾期7天以上的，体育产业公司有权运走货物且不退还建筑工程公司已付款项。

因目标场地未完成平整硬化，合同签订后，体育产业公司未按照合同约定时间供货。2020年3月19日，体育产业公司按建筑工程公司要求将草坪送至指定地点。建筑工程公司未按照合同约定向体育产业公司付款，体育产业公司向被告发送催款函，告知建筑工程公司应按合同约定支付30%的合同价款并依约承担违约责任。

2020年4月15日，建筑工程公司向体育产业公司发出律师函，载明：依据《销售铺装合同》，体育产业公司应自合同签订之日（2019年11月8日）起15日内织草并发货，但体育产业公司直至2020年3月19日才进场铺装，已严重逾期，构成合同违约。

另查明，涉案门球场草坪已由第三方供货并铺装完毕。

【案件焦点】

因买方原因导致特定货物买卖合同无法履行的，买方赔偿损失的范围的界定。

【法院裁判要旨】

北京市房山区人民法院经审理认为：

本案中，依据《销售铺装合同》的约定，原告应于协议签订后15个工作日内织草并发货，但协议中同时明确了原告供货并铺装的前提为门球场地面已完成平整硬化，在被告尚未完成场地平整硬化的情况下，原告实际上无法进行供货并铺装。原告依据被告的要求于2020年3月9日向目标场地供货，符合履行合同的通常要求。

原告要求被告继续履行《销售铺装合同》，但本案庭审过程中，双方一致认可涉案门球场地草坪已由第三方公司供货并铺装完毕，原告要求继续履行合同完成草坪铺装，属于事实上履行不能，双方签订的《销售铺装合同》应予解除，解除时间依本案判决作出之日确定。合同解除后，尚未履行的，终止履行；已经履行的，根据履行情况和合同性质，当事人可以要求恢复原状、采取其他补救措施，并有权要求赔偿损失。据此，原告经本院释明后，将其诉讼请求变更为要求被告赔偿损失。在《销售铺装合同》已因被告的违约行为导致无法履行而解除的情形下，鉴于原告所供货的草坪系依据被告的要求进行织草和尺寸裁剪，该草坪系供应给被告的特定货物，无法采用恢复原状的方式进行救济，原告有权要求被告赔偿损失。具体损失数额，本院依据《销售铺装合同》中约定，原告铺装前，被告需负责进行门球场地面硬化，并清理现场，保证地面平整无鱼鳞坑、干燥清洁无灰尘，符合铺装要求。

关于逾期付款违约责任，本案中，原告于2020年3月9日完成了供货，依《销售铺装合同》的约定，被告应于货到合同目标场地后，支付合同货款金额的30%，此后按照铺装完毕后三日内验收合格、整体竣工验收后七日内的时间节点，分别按60%、10%的比例支付剩余货款。现原告履行完供货义务后，被告未按约定支付合同货款金额30%的款项，且未为原告提供后续铺装、验收的必备条件，致使原告未能继续履行合同，亦未能满足后续付款的条件，据此，可以认定被告存在逾期付款的违约行为，且被告恶意阻止后续付款条件成就，应视为付款条件已经成就。故，原告主张被告应以413280元为欠付金额自2020年3月25日起承担逾期付款违约责任，于法有据。北京市房山区人民法院依据《中华人民共和国民法总则》第一百五十九条，《中华人民共和国合同法》第九十八条、第一百零七条、第一百一十条、第一百一十四条，《最高人民法院关于审理买卖合同纠纷案件适用法律问题的解释》（法释〔2012〕8号）第二十六条之规定，判决如下：

一、解除建筑工程公司与体育产业公司于2019年11月8日签订的《销售铺装合同》；

二、建筑工程公司于本判决生效之日起十日内赔偿体育产业公司损失413280元；

三、建筑工程公司于本判决生效之日起十日内向体育产业公司给付违约金22317.12元；

四、驳回体育产业公司的其他诉讼请求；

五、驳回建筑工程公司的其他反诉请求。

建筑工程公司不服一审判决，提出上诉。

北京市第二中级人民法院经审理认为：本案二审中争议的焦点为建筑工程公司应向体育产业公司赔偿损失的金额。

《中华人民共和国合同法》第一百一十三条第一款规定："当事人一方不履行合同义务或者履行合同义务不符合约定，给对方造成损失的，损失赔偿额应当相当于因违约所造成的损失，包括合同履行后可以获得的利益，但不得超过违反合同一方订立合同时预见到或者应当预见到的因违反合同可能造成的损失。"在本案中，《销售铺装合同》约定体育产业公司向建筑工程公司销售专用人工草坪，并免费铺装。因此，涉案价款中并不包括铺装费用，建筑工程公司上诉主张应扣除铺装成本缺乏事实依据。建筑工程公司同时主张应扣除增值税费金额亦缺乏事实与法律依据，对其相应上诉主张不予采纳。

综上所述，建筑工程公司的上诉请求不能成立，应予驳回；一审判决认定事实清楚，适用法律正确，应予维持。依照《中华人民共和国民事诉讼法》第一百七十条第一款第一项之规定，判决如下：

驳回上诉，维持原判。

【法官后语】

本案主要争议焦点在于因买方原因导致特定货物买卖合同无法履行的，买方赔偿损失的范围的界定。

本案中，原、被告双方在签订特定物买卖合同后，原告按照被告要求编织并供应草坪，被告未向原告支付任何货款。同时，涉案门球场草坪已由第三方供货并铺装完毕。根据《中华人民共和国民法典》第五百八十条第一款“但书”规定及第五百六十六条关于合同解除后果的规定，被告的违约行为使涉案合同失去继续履行的客观事实基础，导致合同目的无法实现而被判决解除。在合同履行过程中，原告作为守约一方，按照被告的要求为被告定制并供应草坪，草坪在双方交易中被特定化。原告有权要求被告赔偿损失，但损害赔偿的具体范围应进一步明确。

《中华人民共和国民法典》第五百八十四条规定违约情形下的损害赔偿的范围是因违约所造成的损失，包括合同履行后可以获得的利益。该款通过“实际损失”和“可得利益损失”的概念对损害赔偿作了原则性规定，同时也确立了“可预见性规则”的限制。由此可知，我国合同履行利益赔偿系完全赔偿规则，即要求违约方应赔偿因其违约而导致守约方所造成的全部损失，包括如果合同能适当履行可获得的利益，而不考虑违约方的过失程度。但赔偿范围只对违约人在合同订立时所能预见的或应当预见的因违约可能造成的损失进行赔偿，超出其所能预见范围的损失则不需赔偿。

可得利益损失的计算是要将守约方的财产总额恢复至合同依约履行状态，故探究违约损害赔偿范围问题，应先确定假如没有违约行为，守约方获得的利益会有多少。在买方违约的情况下，若设签订合同时间为T1，对应的合同价格为A1，合同解除时间为T2，A1数额的金钱在T1-T2时间内可获得的利息为A2。假如卖方依约履行，那么卖方在T2时间即可取得资金及利息，其可得利益为A1+A2。具体到本案中，如果买方（被告）没有违约，原告的可得利益将会是多少？涉案特定物买卖合同约定，“原告于15个工作日内织草并发货，货到被告合同目标场地后，被告向原告支付合同货款金额的30%，原告收到被告支付的第一笔货款后，方可为被告铺装草坪。草坪铺装完工三日内，被告组织验收，验收合格后，被告向原告支付合同货款金额的60%，被告整体竣工验收后七日内向原告支付剩余10%的合同金额”。合同约定了先后履行顺序，即针对第一部分合同货款金额的30%而言，原告需完成按约供货义务，被告方才需支付对应货款。本案中，在涉案特定物买卖合同签订后，目标场地未完成平整硬化，原告供货的前提条件尚未实现。原、被告双方对原合同约定的供货时间进行了变更，该变更是建立在自由协商、合意形成的基础上，是双方自主的交易安排。原告按被告要求时间进行供货系诚信履约的表现。此时，双方的履行顺序发生了变化，即被告需先向原告给付30%合同款，原告方会进行铺装工作。在被告未履行在先合同义务时，原告进行催告，被告仍然以自己的行为表示不再继续履行合同，其不积极主动的行为可视为不正当、不诚信的行为。假设被告依约给付原告合同款项的30%，同时经查明，原告所提供的草坪符合质量要求与合同要求，那么被告理应按照合同总标的向原告支付全部款项。

同时，本案适用的《中华人民共和国民法典》第五百八十条第一款“但书”规定排除的仅为违约方履行给付义务，并未排除守约方履行对待给付义务。《中华人民共和国民法典》第五百六十六条规定，违约责任的赔偿范围应以守约方履行给付义务程度为限。因此，根据体系解释，在守约方继续履行不能的情况下，其所获得的损害赔偿范围应与其已经履行的给付保持一致。本案中，原、被告双方约定被告分三次给付原告合同款项，而每笔款项对应的合同义务也有所不同。具体而言，第一笔合同款对应的是买卖合同的主给付义务——原告按约为被告编织并运送草坪，第二、三笔合同款对应的是从给付义务

——草坪铺装完毕及质量验收合格。实际履行过程中，原告按照被告要求编织、交付并转移草坪所有权，完成了合同的主给付义务。同时，根据查明的事实，原告所提供的特定物也是符合质量标准的。关于双方约定的原告为被告免费铺装草坪一节，系原告为最大限度满足被告利益为条件而作出的约定，性质上属于从给付义务。被告不能基于从给付义务的不履行而拒绝履行给付货款的主给付义务，除非原告违反从给付义务导致被告所买货物无法正常使用，达到影响合同目的实现的程度。显然，本案中并不存在上述除外情况。因此，即使原告确未铺装草坪，被告也不能仅凭此理由而拒付货款。本案原告作为特定物买卖合同中的守约方，其已经完全履行对待给付义务，故可请求被告全额赔偿其给付的客观价值，即被告赔偿损失的范围应包含全部合同标的。

编写人：北京市房山区人民法院　马艳佳　孟薇

38

未明确约定消灭原债务的以物抵债协议无法实现的，债权人有权请求债务人清偿原债务

——陆某明等诉建设公司买卖合同案

【案件基本信息】

1. 裁判书字号

江苏省淮安市中级人民法院（2021）苏08民终2060号民事判决书

2. 案由：买卖合同纠纷

3. 当事人

原告（被上诉人）：陆某明、周某明、赵某、王某中

被告（上诉人）：建设公司

【基本案情】

原告陆某明、周某明、赵某、王某中（以下简称四原告）系合伙关系，共同向被告建设公司经营的混凝土搅拌站供应石料、黄沙。双方于2019年4月30日进行清算，被告建设公司共欠付四原告货款2200万元，并对其中1800万元货款的清偿方案达成协议，另400万元约定由被告建设公司用其通过江苏省淮安市中级人民法院民事裁定书所取得的投资公司的18间商铺折抵。清账协议签订后，被告建设公司陆续履行了1800万元欠付货款的清偿责任，但用于抵债的18间商铺却无法办理不动产权利变更登记手续。四原告认为其无法取得折抵不动产的物权，又因大额资金被占用造成损失，清账协议在无法履行的基础上对合同一方的合法权益造成侵害，显失公平，符合请求撤销的法定条件。四原告多次与被告建设公司协商解决方案未果，遂诉至法院，请求撤销原、被告双方于2019年4月30日、2020年9月26日签订的清账协议，由被告建设公司承担400万元欠付货款的清偿责任。

被告建设公司则辩称，原、被告签订清账协议及补充协议是双方的真实意思表示，四原告事先均知晓案涉房产的情况，被告建设公司经营场所虽已拆迁但仍存续运营，后续也将积极配合办理各项手续。四原告诉请既不符合法定撤销权条件，也过了行使撤销权期限，其请求不应得到支持。

【案件焦点】

清账协议（即以物抵债协议）无法履行的情况下，债权人是否有权要求债务人履行原债务。

【法院裁判要旨】

江苏省淮安市淮阴区人民法院经审理认为：原、被告双方签订清账协议约定用涉案商铺折抵400万元货款的行为属于以物抵债，系债务清偿的方式之一。本案双方当事人于债务清偿期届满后签订该以物抵债协议，系双方真实意思表示，且内容并不违反法律、行政法规的强制性规定，该以物抵债协议为有效协议。该协议以涉案商铺折抵债务，在未明确约定该折抵行为产生消灭债务的情况下，所谓抵债行为在本质上只是就400万元金钱给付债务所增加的一种履行方式。被告建设公司基于生效法律文书取得涉案商铺物权，但享有不动产物权的，在处分该物权时，仍需要依照法律规定办理登记，未经登记不发生效力，即不经过登记公示，虽然占有、使用和收益的权利不受影响，但处分权得不到登记公示的保护。本案中，四原告虽请求撤销清账协议，但本意是终止以物抵债的履行方式，仍要求被告建设公司清偿400万元货款，因涉案商铺确实未达过户条件，致使清偿400万元债务的合同目的不能实现，故四原告的该请求，应当予以支持。

江苏省淮安市淮阴区人民法院依照《中华人民共和国民法典》第五百七十九条、第五百八十条，《中华人民共和国民事诉讼法》第一百四十二条之规定，判决如下：

被告建设公司于本判决生效之日起十日内向原告陆某明、原告周某明、原告赵某、原告王某中支付货款400万元。

建设公司不服一审判决，提出上诉。

江苏省淮安市中级人民法院经审理认为：双方当事人对《清账协议》中约定以投资公司18间商铺折抵货款400万元并无异议，四原告与建设公司签订抵债协议是以取得涉案商铺产权登记为目的，现建设公司明确涉案商铺暂无法取得产权登记，也无法确定四原告取得产权登记具体期限，故四原告不能通过协议实现债权，一审判决认定抵债协议解除，并要求建设公司继续履行原付款义务，并无不当。

江苏省淮安市中级人民法院依照《中华人民共和国民事诉讼法》第一百七十条第一款第一项之规定，判决如下：

驳回上诉，维持原判。

【法官后语】

本案不仅涉及以物抵债协议效力问题，还涉及司法实践中对以物抵债协议的性质争议，即：以物抵债协议是诺成性合同还是实践性合同？以物抵债协议的性质是债务的“新旧更替”还是“新旧并存”？在以物抵债协议不能得以履行的情况下，债权人是否仍可主张清偿原债务？

一、以物抵债协议是诺成性合同还是实践性合同

根据2017年最高人民法院发布的第15批指导性案例中的第72号案例，将以物抵债协议确认为诺成性合同。因此，应尊重当事人的意思自治，除非其明确约定以物抵债协议为实践性合同，否则，当事人于债务清偿期届满后签订以物抵债协议，并不以当事人现实地受领抵债物或取得抵债物所有权、使用权为成立或生效条件。也就是说，以物抵债系债务清偿的方式之一，是当事人之间对于如何清偿债务作出的一种安排。只要协议是当事人真实意思表示，且不违反无效或可撤销条件等强制性法律规范，则以物抵债协议即为有效。本案中，双方当事人于债务清偿期届满后签订的《清账协议》，系双方真实意思表示，且内容并不违反法律、行政法规的强制性规定，该《清账协议》应为有效协议。

二、以物抵债协议是新旧债务更替还是新旧债务并存

我国早期的司法观点认为，以物抵债协议导致旧债消灭而新债产生，且此类协议为实践性合同，若无实际履行，则代物清偿协议不生效力。但是这种情况下，一旦遇到不能及时履行而债权人要求履行的，往往会因其不成立而难以得到法院支持。对此，在前述第72号指导性案例中，就将以物抵债协议确认为诺成性合同。特别是在2019年11月《全国法院民商事审判工作会议纪要》出台后，这种裁判理念得到进一步的明确与强化。当事人于债务清偿期届满后所达成的以物抵债协议，可能构成债务更新，从而产生新债务替代旧债务导致旧债务消灭的法律效果，即“新旧更替”；也可能是以新债务来履行旧债务，在尚未履行完毕时存在“新旧并存”的法律效果。故在债务更新的情况下，双方当事人必须有消灭旧债的明确合意，否则当事人于债务清偿期届满后所达成的以物抵债协议，应只认定为新债清偿，不能产生新旧更替的法律后果。

三、以物抵债协议目的不能实现，债权人是否有权要求履行原债务

根据前述裁判思路，在最高人民法院民事审判第一庭编《民事审判实务问答》一书中明确，在以物抵债这种新债清偿方式下，旧债务于新债务履行之前

并未消灭，旧债务与新债务处于衔接并存的状态。新债务合法有效履行后，旧债务才会归于消灭。若新债务到期而不履行，致使以物抵债协议目的不能实现的，则债权人有权请求债务人履行旧债务，而且该请求权的行使，无须以物抵债协议的无效、被撤销或被解除为前提。本案中，双方当事人达成的《清账协议》，本质上是就400万元金钱给付债务所增加的一种履行方式。因涉案商铺确实未达过户条件，致使合同目的不能实现，故四原告请求终止以物抵债的履行方式而仍要求建设公司清偿400万元货款的诉讼请求，人民法院应当予以支持。

编写人：江苏省淮安市淮阴区人民法院　滕威　商雪娇

39

完整型预约合同的违约损失赔偿范围认定

——科技公司诉Z公司买卖合同案

【案件基本信息】

1. 裁判书字号

重庆市第一中级人民法院（2021）渝01民终6037号民事判决书

2. 案由：买卖合同纠纷

3. 当事人

原告（被上诉人）：科技公司

被告（上诉人）：Z公司

【基本案情】

2018年5月21日，科技公司与Z公司签订《关于云对讲平台与社区网关合作项目对接会议纪要》，第五条载明：关于天智慧云门禁首批采购的选型及预备下单事宜，目前决定型号为JLAK-05-IC设备，预计采购量1000台。2018

年5月25日，Z公司向科技公司发出《订货通知单》，该订货通知单载明了设备名称、型号、数量、单价、交货时间、订金金额以及货款支付时间及具体金额。2018年6月14日，科技公司（甲方）与Z公司（乙方）签订《针对物业项目代理采购合作协议书》，载明：甲方同意授予乙方为甲方生产的云对讲等产品在J集团全国项目（含物业外接项目）的唯一经销商；甲方应按照合同或订单约定的时间和地点及时发货；双方商定的结算价格（附件2《2018年JL智慧社区全系列报价单》），经双方签字确认后应严格执行。同时，该协议书还约定了货款支付方式以及货款支付时间。该协议书共5份附件：1. 代理商登记表；2. 2018年JL智慧社区全系列报价单；3. 订货通知单；4. 采购合同模板；5. 代理授权书。

2018年6月16日至2018年6月26日期间，科技公司与Z公司就签订设备采购合同、付款和开票等事宜通过电子邮件和函件进行沟通。其中，Z公司向科技公司发送的采购合同中记载的付款方式与《订货通知单》不一致。嗣后，Z公司向科技公司发出函件，告知其取消此次《订货通知单》，不再接受科技公司此次供货。

科技公司于2021年3月21日以公证方式对其主张的案涉已生产货物进行清点。经清点，科技公司已生产并存放的云门禁控制器数量为1020台，发卡器数量为23个。科技公司陈述，流量卡已安装在云门禁控制器内，其中包含1年的通信费；如果Z公司赔偿价款损失后，可将案涉货物交给Z公司。

【案件焦点】

1. Z公司是否违反预约合同并承担违约责任；2. 违反预约合同的损失赔偿范围如何确定。

【法院裁判要旨】

重庆自由贸易试验区人民法院经审理认为：首先，《订货通知单》基于《关于云对讲平台与社区网关合作项目对接会议纪要》有关约定发出，其性质应为预约合同；《针对物业项目代理采购合作协议书》则是确定双方合作关系与交易模式的框架性协议。因此，形成订货通知单后，双方仍有义务订立正式的采购合同。本案中，Z公司发送的采购合同中变更了《订货通知单》与《针对物业项目代理采购合作协议书》的付款方式，未能订立采购合同的主要责任在于Z公司，其应承担违约损害赔偿责任。

其次，通常情况下，违反预约合同导致本约无法成立的，违约方应当赔偿由此给对方造成的信赖利益损失；但是，如果预约合同本身已经约定了本约的必要条款内容，预约合同签订后双方当事人的交易已达到较高的完成度，订立本约仅具有程式性或象征性的意义，则违反预约合同时还应适当赔偿守约方的履行利益损失。本案中，作为预约合同的《订货通知单》具备了买卖合同基本的必要条款，科技公司亦已按照约定开始履行义务，故Z公司应当合理预见到不履行预约合同所可能造成的损失后果。与此同时，科技公司在双方就采购合同订立事宜进行磋商且争议较大的情况下，仍按订单完成全部产品生产，存在一定程度的放任损失扩大的主观过错。

最后，结合双方当事人的过错程度、科技公司的损失状况等因素，人民法院酌情确定Z公司应当向科技公司赔偿损失280000元。

重庆自由贸易试验区人民法院依照《中华人民共和国合同法》第一百零七条、第一百一十八条，《最高人民法院关于审理买卖合同纠纷案件适用法律问题的解释》第二条之规定，判决如下：

一、Z公司于本判决生效之日起十日内赔偿科技公司损失280000元；

二、驳回科技公司的其他诉讼请求。

Z公司不服一审判决，提起上诉。

二审法院同意一审法院的裁判意见。重庆市第一中级人民法院依照《中华人民共和国民事诉讼法》第一百七十条第一款第一项之规定，判决如下：

驳回上诉，维持原判。

【法官后语】

预约是当事人约定将来订立本约的合同。《中华人民共和国民法典》第四百九十五条规定："当事人约定在将来一定期限内订立合同的认购书、订购书、预订书等，构成预约合同。当事人一方不履行预约合同约定的订立合同义务的，对方可以请求其承担预约合同的违约责任。”这是法律首次对预约合同的构成及其救济方式作出一般规定。但是，该规定并未区分预约合同的类型，也未明确违反预约合同的损失认定标准。

一、预约合同的类型层次

实践中，根据预约合同内容要素的完备程度不同，可分为简单预约、典型预约和完整预约等类型。简单预约，即合同仅具备当事人、标的、数量等基本内容要素；典型预约，即合同除了包括简单预约中的基本内容要素外，还具备价款等核心条款；完整预约，即预约合同已经具备本约的主要合同内容要素，但当事人仍约定需要签订正式的本约合同。就完整型预约而言，签订本约只具有程式性或象征性的意义。但由于预约合同的本质性特征是约定将来要签订本约，故完整预约的性质仍为预约合同，而不能直接解释为本约。本案中，作为预约合同的《订货通知单》已明确约定了案涉标的数量、单价、总价、交付时间、付款方式等买卖合同的主要内容，已基本包括了详尽的本约条款，故案涉《订货通知单》属于完整型预约。

二、完整型预约的违约责任形式

违反预约合同的民事责任承担方式，历来存在争议。最主要的分歧在于，一方当事人拒绝履行预约合同内容，对方当事人是否可以主张“强制缔约”，以及不能强制订立本约时的违约损失赔偿范围如何确定。就完整型预约而言，因其已具备本约的主要条款，说明双方当事人已经就将来签订本约达成最终合意，即便某些必要条款并不完全具备，也可以根据诚信原则及漏洞填补规则予以补充。因此，当事人的合同信赖程度较深，也更易对合同履行产生合理期待。因此，若一方违约，允许守约方主张“强制缔约”具有合理性，也能够促使当事人在交易过程中审慎行使自己的权利。

三、完整型预约的违约损失赔偿范围

此前司法实践中通常认为，预约合同的违约损害赔偿范围主要为信赖利益损失，而不包含履行利益损失。但是，违约损害赔偿的目的是最大限度地填补守约方所遭受的实际损失，即对守约方的损害予以全部赔偿。如前文所述，因预约合同内容完整度不同，当事人对预约合同履行所产生的信赖程度也不同，因而违反预约合同导致守约方的损失亦不相同。

对于完整预约，守约方的合理期待较大，甚至已按照合同内容履行了部分本约义务，此时若仍将违约损失范围限定为信赖利益损失，显然并不公平。因此，如果一方已经依照预约合同的约定履行了主要合同义务，在效果上发生了与履行本约无异的效力，则应当将履行利益损失纳入违反预约的损失赔偿范围。当然，基于预约合同的基本属性，此时同样需要通过适用可预见规则、损益相抵规则等，平衡双方当事人的利益关系，公平保护当事人的合法权益。

编写人：重庆两江新区人民法院（重庆自由贸易试验区人民法院）
肖明明　吴高杰

40

买卖合同中瑕疵履行违约责任的认定

——焦某亮诉某食品超市、张某宏买卖合同案

【案件基本信息】

1. 裁判书字号

山东省淄博市博山区人民法院（2021）鲁 0304 民初 2969 号民事判决书

2. 案由：买卖合同纠纷

3. 当事人

原告：焦某亮

被告：某食品超市、张某宏

第三人：科技公司

【基本案情】

原告焦某亮与被告某食品超市存在买卖合同关系。2021年8月12日，原告通过微信添加被告单位的工作人员，询问A品牌酒的种类、价格。2021年8月17日，双方协商确定原告购买被告的具有纪念意义的A品牌酒一瓶（出厂日期20131202，批次2013-023，编号是00203），金额36800元。同日，原告向被告的账户转款36800元。被告告知原告"不包邮、不包损"，原告最终选择科技公司，并保价4万元。8月17日14：23，被告工作人员在微信中跟原告核实信息，单价36800元，数量1瓶，总价36800元，物流（费用自理），报价4万元（费用自理）缠膜，备注带票，原告核实后将其收货地址发给被告。8月17日15：00，被告工作人员通过微信向原告发送了从不同角度拍摄的A品牌酒照片及视频，之后被告工作人员在第三人某快递公司工作人员不在场的情况下自行将A品牌酒打包，再交付某快递公司工作人员进行运输。物流信息显示，物流公司收取快件的时间为8月17日18：08。原告提供的监控录像显示，原告的工作人员于8月22日收到快递后，在物流公司工作人员在场的情况下进行验货并签收快递、支付快递费用，物流公司工作人员离开后，原告的工作人员再次检查瓶身时发现存在一条细微的裂痕，随即追回物流公司工作人员并反映上述问题。原告通过微信向被告发送涉案A品牌酒的照片，向被告反映瓶身存在裂痕的问题，双方协商不成形成本案诉讼。

【案件焦点】

被告某食品超市在履行买卖合同时是否存在违约行为。

【法院裁判要旨】

山东省淄博市博山区人民法院经审理认为：原告焦某亮与被告某食品超市之间的买卖合同关系依法成立，合法有效，双方均应按照约定履行各自的权利义务。本案的主要争议焦点为被告某食品超市在履行买卖合同时是否存在违约行为。根据庭审查明的事实，原告焦某亮通过微信联系被告后，被告工作人员于2021年8月17日15：00通过微信向焦某亮发送了从不同角度拍摄的涉案酒水照片及视频，焦某亮并未到现场验货。第一次庭审时，原告焦某亮将涉案酒水连同包装一并带至庭审现场。经检查，涉案酒水外包装完好无损，在瓶身下半部存在一条细微裂痕，在裂痕处有轻微粉末状渗透物。原告提供的证据可以证明其收到涉案 A 品牌酒时瓶身已经存在该裂痕。至于该裂痕系在被告交付物流公司时即已经存在还是在运输途中产生，根据法律规定，当事人对自己提出的主张，有责任提供证据。被告辩称其交付物流公司时涉案酒水完好无损，对此被告应承担举证责任。被告自认涉案 A 品牌酒的来源为从其他人处采购，且系其在物流公司工作人员不在现场的情况下自行打包再交付物流公司，第三人科技公司否认涉案酒水系在运输途中出现裂痕。诉讼中，本院询问被告是否对涉案 A 品牌酒瓶身出现裂痕的时间进行鉴定，被告在指定期限内未提交鉴定申请。由于涉案 A 品牌酒瓶身的裂痕较为细微，不易察觉，被告仅于 2021 年 8 月 17 日 15：00 通过微信向原告发送的照片及视频不足以证明涉案酒水在交付物流公司时完好无损，被告对此应承担举证不能的法律后果。原、被告双方在微信聊天记录中约定的“不包邮、不包损”，适用的前提为被告交付承运人的酒水是完好无损的，即出卖人将标的物交付第一承运人后，标的物毁损、灭失的风险由买受人承担，但被告提供的现有证据不足以证明涉案 A 品牌酒在交付第三人物流公司时完好无损，被告所持的“不包邮、不包损”的辩解不予采信。被告并未举证证明其交付物流公司的系完好无损的 A 品牌酒，被告应自行承担举证不能的法律后果。因涉案 A 品牌酒并非种类物，而是具有独立编号的特定物，具有收藏价值，无法替代交付，现涉案 A 品牌酒瓶身存在裂痕瑕疵，原告订立涉案买卖合同的目的无法实现。综合上述因素，原告要求解除合同、判令被告返还货款 36800 元的诉讼请求，具有事实依据和法律依据，予以支持。根据法律规定，双方之间的买卖合同自起诉状副本送达对方时解除，故本案所涉买卖合同的解除时间为 2021 年 9 月 15 日。合同解除后，被告自行取回涉案酒水，原告应予配合。至于取回的具体方式，当事人可以自行协商。据此，依照《中华人民共和国民法典》第五百六十五条、第五百九十五条、第六百一十条，《中华人民共和国民事诉讼法》第六十四条规定，判决如下：

一、原告焦某亮与被告沈阳市某食品超市之间关于买卖A品牌酒一瓶（出厂日期20131202，批次2013-023，编号是00203）的合同于2021年9月15日解除；

二、被告某食品超市于判决生效之日起十日内返还原告焦某亮货款36800元；

三、被告某食品超市于判决生效之日起十日内自行取回涉案A品牌酒一瓶（出厂日期20131202，批次2013-023，编号是00203），原告焦某亮应予配合。

判决后，双方当事人均未上诉，本判决现已生效。

【法官后语】

标的物的质量是买卖双方是否能够达成买卖合意的重要考量因素，质量条款因此也成为买卖合同的重要条款。关于买卖合同中质量标准的确定原则。《中华人民共和国民法典》第六百一十五条规定，出卖人应当按照约定的质量要求交付标的物。出卖人提供有关标的物质量说明的，交付的标的物应当符合该说明的质量要求。若出卖人交付的标的物不符合质量要求，买受人可以根据《中华人民共和国民法典》第五百八十二条至第五百八十四条的规定请求承担违约责任。实践中，对买受人主张出卖人瑕疵给付时的举证责任分配问题是重点。《中华人民共和国民事诉讼法》第六十七条规定，当事人对自己提出的主张，有责任提供证据。但由于交付有不同种类，比如现实交付、指示交付等。在现实交付中，随着网络的发展，又存在直接交付，即买受人与出卖人对接，由出卖人直接交付买受人；或者标的物需要运输时，出卖人按照约定将标的物交付指定的承运人。不同的交付模式下，举证责任的分配应有所差别，若一概将瑕疵给付的举证责任分配给出卖人或买受人有可能出现不同交付模式下，某一方当事人被科以不合理的举证责任而败诉的情形，这显然与民法典所确立的公平原则相违背。

标的物的交付直接决定着标的物毁损失的风险应该由谁承担，因此，在买卖合同中，从标的物毁损、灭失这一结果，不能直接得出出卖人瑕疵给付、需要承担违约责任这一结论。[①] 根据交付模式不同，笔者认为买卖合同中瑕疵给付举证责任的分配可分为两种情况：第一种情况，接触型交付。即出卖人与买受人存在直接接触的交付（或者与指定的第三方接触）。在此类交付中，不论是买受人自取或者由出卖人送货，均存在当面验收的现实可能。因此，根据法律规定买受人应当及时进行检验，否则视为标的物的数量或质量符合约定。此时，买受人主张出卖人瑕疵给付应承担相应举证责任。第二种情况，非接触型交付。比如需要通过承运人运输的情况，买受人若在收到货物时发现标的物已毁损、灭失，此时若买受人主张出卖人瑕疵交付，举证责任该如何分配？首先，需要确定标的物毁损、灭失这一结果已经出现，且不是买受人的原因导致。其次，确定毁损灭失风险应该由谁承担。笔者认为，此时出卖人需要承担交付承运人的标的物不存在质量问题的举证责任。若出卖人可以证实这一点，则在交付后标的物毁损、灭失的风险由买受人承担，买受人不得要求出卖人承担瑕疵给付的违约责任。

关于买卖合同中瑕疵给付的权利救济问题。《中华人民共和国民法典》第五百八十二条规定，履行不符合约定的，应当按照当事人的约定承担违约责任。对违约责任没有约定或者约定不明确，依据《中华人民共和国民法典》第五百一十条的规定仍不能确定的，受损害方根据标的的性质及损失的大小，可以合理选择请求对方承担修理、重作、更换、退货、减少价款或者报酬等违约责任。该条以概括列举的方式列举了在瑕疵履行时守约方的权利救济方式。修理包括对产品、工作成果等标的物质量瑕疵的修补，也包括对服务质量瑕疵的改善，

---

① 《中华人民共和国民法典》第六百零四条规定，标的物毁损、灭失的风险，在标的物交付之前由出卖人承担，交付之后由买受人承担，但是法律另有规定或者当事人另有约定的除外；第六百零五条规定，因买受人的原因致使标的物未按照约定的期限交付的，买受人应当自违反约定时承担标的物毁损、灭失的风险；第六百零六条规定，出卖人出卖交由承运人运输的在途标的物，除当事人另有约定外，毁损、灭失的风险自合同成立时起由买受人承担；第六百零七条规定：出卖人按照约定将标的物运送至买受人指定地点并交付给承运人后，标的物毁损、灭失的风险由买受人承担。当事人没有约定交付地点或者约定不明确，依据本法第六百零三条第二款第一项的规定标的物需要运输的，出卖人将标的物交付给第一承运人后，标的物毁损、灭失的风险由买受人承担。

是较为普遍的补救方式。在存在严重质量瑕疵，以致不能通过修理达到约定或者法定的质量标准的情形下，受损害方可以选择更换或者重作的补救方式。退货，主要发生在买卖合同、承揽合同领域。减少价款，实际上是变更合同内容的请求权，守约方若不能与对方达成减价合意，只能请求法院或仲裁机构予以调整，或者诉诸违约损害赔偿予以救济。①

需要明确的一点是，与种类物买卖不同，在特定物买卖合同关系中，需要结合个案具体情况进行分析认定。就本案而言，原、被告双方通过微信联系确立买卖合同关系，双方未签订书面合同，也未就具体合同条款进行详细约定。结合双方所买卖的标的物性质，即具有纪念意义、具备珍藏价值的珍贵A品牌酒，每瓶都有独立编号，不可替代。因此，本案为特定物买卖，特定物买卖与种类物买卖最大的不同，即不可替代交付。因此在特定物买卖中一旦认定出卖方违约，则守约方可起诉要求退货或者解除合同、返还货款。

本案中，被告主张其交付的A品牌酒完好无损，对此其应承担举证责任，证明其交付物流公司时涉案A品牌酒的状态为完好无损。但被告并未提交相关证据，对此应承担举证不能的法律后果。因涉案A品牌酒并非种类物，而是具有独立编号的特定物，具有收藏价值，无法替代交付，现涉案A品牌酒瓶身存在裂痕瑕疵，原告订立涉案买卖合同的目的无法实现。因此法院对于原告要求解除合同、判令被告返还货款36800元的诉讼请求予以支持无疑是正确的。

编写人：山东省淄博市博山区人民法院　杜洪芳

---

① 参见最高人民法院民法典贯彻实施工作领导小组编：《中华人民共和国民法典合同编理解与适用（二）》，人民法院出版社2020年版，第752-755页。

41

二手车个人经营者构成欺诈时的责任承担

——陈某峰诉董某委等买卖合同案

【案件基本信息】

1. 裁判书字号

浙江省宁波市中级人民法院（2021）浙02民终4759号民事判决书

2. 案由：买卖合同纠纷

3. 当事人

原告（被上诉人）：陈某峰

被告（上诉人）：董某委

被告（被上诉人）：杨某、销售服务公司

【基本案情】

2019年1月，案外人黄某所有的车辆发生事故，承保涉案车辆的保险公司新昌支公司以14万元推定全损价格对黄某进行理赔，车辆残值归保险公司。保险公司将涉案车辆通过拍卖平台卖给了董某委。董某委购买涉案车辆后进行了维修。2019年5月23日，陈某峰作为购买方，案外人肖某作为出售方代理人，杨某、销售服务公司作为中介方签订《宁波二手车买卖合同》一份，约定：原告向出售方购买涉案车辆，车价105080元，出售方保证发动机、变速箱无拆卸，大梁无修复，无火烧、无泡水、无重大事故，如有一项退还车款等。该协议抬头处所写甲方（出售方）为原车主黄某，该协议落款处由肖某在出售方处签字“肖某（代）”，陈某峰在购买方处签字，杨某和销售服务公司在中介方签字盖章。肖某系被告董某委让其将涉案车辆开至杨某处。签字后，《宁波二手车买卖合同》一式三联，其中红联为出售方持有联，肖某将该联带回给被告董某委，杨某在该联背面书写“此车成交价为102080元全包”。陈某峰向杨某及其指定人员共计支付了车款105080元和中介费3000元，并办理了涉案车辆的过户登记手续。杨某向董某委支付了101030元，杨某从董某委处收取了4050元，从陈某峰处收取了3000元中介费。杨某系被告销售服务公司业务员。

另查明，董某委系宁波市某汽车维修公司的法定代表人及股东，经营范围为机动车维修。董某委在某网络拍卖平台先后购买了49台保险公司拍卖的事故车辆，维修之后对外出售。

原告起诉要求：（1）撤销原、被告于2019年5月23日签订的《宁波市二手车买卖合同》，原告返还案涉车辆；（2）被告董某委退还原告支付的购车款105080元，并从起诉日起按贷款市场报价利率计算利息损失至实际履行之日；（3）被告董某委赔偿原告损失315240元；（4）被告董某委赔偿原告车辆修理费损失2000元，保险费用7444.99元，贷款利息损失8700元；（5）被告杨某、销售服务公司赔偿原告中介费损失3000元。

【案件焦点】

1. 被告董某委是否是涉案车辆出卖人；2. 被告董某委能否认定是经营者；3. 被告董某委是否构成欺诈。

【法院裁判要旨】

浙江省宁波市海曙区人民法院经审理认为，关于第一项争议焦点，《宁波市二手车买卖合同》系各方当事人就买卖涉案车辆所达成的真实意思表示，虽该合同抬头处所写甲方（出售方）为原车主黄某，但该协议落款处由肖某在出售方签字“肖某（代）”，黄某并非本案车辆交易的主体，应以实际签字主体认定出售方。肖某和被告董某委均陈述，涉案车辆系董某委让肖某开至被告杨某处，肖某并非代表其本人，结合其签字后将合同出售方所持有一联交给被告董某委的行为，肖某系代表被告董某委在该合同上签字，故被告董某委是涉案车辆的出卖人。董某委虽主张涉案车辆由其出售给被告杨某，杨某才是实际出卖人，但未提供充分的证据予以证明，且与上述签字和持有合同出售联的行为不符，故对其抗辩本院不予采纳。

关于第二项争议焦点，被告董某委曾陆续通过拍卖平台购买了49台保险公司拍卖的事故车辆，对车辆维修之后对外出售以获得利润，上述行为符合经营行为营利性、长期性的特点，属于经营行为，应当认定被告董某委为《中华人民共和国消费者权益保护法》中规定的经营者。

关于第三项争议焦点，根据《中华人民共和国消费者权益保护法》第五十五条第一款规定："经营者提供商品或者服务有欺诈行为的，应当按照消费者的要求增加赔偿其受到的损失，增加赔偿的金额为消费者购买商品的价款或者接受服务的费用的三倍；增加赔偿的金额不足五百元的，为五百元。法律另有规定的，依照其规定。"又根据《浙江省实施〈中华人民共和国消费者权益保护法〉办法》[①] 第二十八条规定："家用二手汽车销售经营者应当对二手汽车的来源是否合法、行驶里程、维修记录、交易记录、车辆存在问题等重要信息在出售前进行全面核查、检测，并将核查、检测的准确结果以书面或者其他可以确认的方式告知消费者。二手汽车的行驶里程、维修等情况无法核查的，应当将无法核查的事实和可能存在的隐患以书面或者其他可以核查的方式告知消费者……经营者未按本条第一款的规定对二手汽车进行核查、检测或者隐瞒、谎报核查、检测结果，造成消费者损失的，消费者有权依照《中华人民共和国消费者权益保护法》第五十五条的规定向经营者要求赔偿。"本案中，原告作为消费者，依法享有知情权。被告董某委明知购买的车辆系发生过重大事故的车辆，且其对车辆进行了修复，其在出售涉案车辆时，应当将上述车辆维修记录如实告知原告方。被告董某委虽抗辩称已告知被告杨某车辆系事故车，但未提供有效的证据予以证明，本院不予采纳。肖某的代理行为的法律后果应由被告董某委承担，被告董某委未告知原告购买的车辆系发生重大事故的车辆，且在合同上承诺发动机、变速箱无拆卸，大梁无修复，无火烧、无泡水、无重大事

① 全文可参见中国浙江人大网，https：//www.zjrd.gov.cn/cwh/hygg/201704/t20170401_73611.html，最后访问时间：2023年2月28日。

故，明显具有欺诈的故意。原告有权要求撤销《宁波二手车买卖合同》，要求被告董某委退回车款 105080 元，并要求三倍赔偿，即赔偿 315240 元。被告董某委与被告杨某之间的中介服务费约定，与原告无关，车款应以原告实际支付金额为准。上述三倍赔偿足以弥补原告的全部损失，故原告其他要求赔偿损失的诉请，本院不予支持。

被告杨某系被告销售服务公司业务员，其行为应认定为职务行为。销售服务公司已提供了居间介绍服务，且无证据证明其存在欺诈行为，故原告要求被告销售服务公司退回实付中介费 3000 元，缺乏法律依据，本院不予支持。被告杨某自愿向原告退回其收取的中介费 3000 元，未违反法律规定，予以确认。

浙江省宁波市海曙区人民法院依照《中华人民共和国民法总则》第一百四十八条、第一百五十七条，《中华人民共和国消费者权益保护法》第八条、第二十条第一款、第五十五条第一款，《浙江省实施〈中华人民共和国消费者权益保护法〉办法》第二十八条，《中华人民共和国民事诉讼法》第六十四条第一款之规定，判决如下：

一、撤销原告陈某峰与被告董某委、杨某、销售服务公司签订的《宁波二手车买卖合同》；

二、被告董某委向原告陈某峰返还购车款 105080 元，并赔偿损失 315240 元，合计 420320 元，于本判决生效之日起十日内付清；

三、原告陈某峰于本判决生效之日起十日内向被告董某委返还涉案车辆；

四、被告杨某于本判决生效之日起十日内向原告陈某峰归还中介费 3000 元；

五、驳回原告陈某峰的其他诉讼请求。

董某委不服一审判决，提出上诉。

浙江省宁波市中级人民法院经审理认定的事实与一审判决认定的事实一致。浙江省宁波市中级人民法院经审理认为：涉案车辆系董某委通过拍卖平台拍得的保险公司推定全损价格理赔的事故车，董某委对该事故车进行维修后用于出售。董某委虽称其将车辆维修后卖给了杨某，并提供了由杨某在涉案《宁波市二手车买卖合同》出售方联的背面书写的“此车成交价为102080元全包”予以证明，但董某委提供的该证据不足以证明涉案车辆系董某委卖给杨某后，再由杨某出售给陈某峰。结合董某委派肖某将涉案车辆开到杨某处，肖某在涉案《宁波市二手车买卖合同》出售方处代为签名，并由肖某将该合同出售方联原件交给董某委的事实，可以认定董某委系涉案《宁波市二手车买卖合同》的出售方。董某委称其非涉案车辆的出售方，与事实不符，不予采纳。根据一、二审查明的事实，董某委通过拍卖平台购买了49台保险公司拍卖的事故车辆，董某委对车辆维修后均已对外出售，属于经营行为，一审法院据此认定董某委属于《中华人民共和国消费者权益保护法》中规定的经营者，并无不当，予以确认。董某委明知出售的车辆发生过重大事故，且其对车辆进行了维修，但董某委在出售涉案车辆时未向购买方如实告知，且在合同上承诺无重大事故，明显具有欺诈的故意。一审判决支持陈某峰要求撤销涉案《宁波市二手车买卖合同》，并要求董某委返还购车款及购车款三倍赔偿的诉请，有事实和法律依据，予以确认。

浙江省宁波市中级人民法院依照《中华人民共和国民事诉讼法》第一百七十条第一款第一项之规定，判决如下：

驳回上诉，维持原判。

【法官后语】

二手车存在碰撞、剐蹭的缺陷不可避免，要求出卖人向买受人披露车辆存在的全部缺陷亦过于苛责，但不可否认的是，在二手车市场中，有部分经营者利用自身的信息优势，向买受人隐瞒二手车存在的重大缺陷以获利，更有部分经营者不履行市场主体登记义务，以个人身份销售车辆，以规避针对经营者的惩罚性规定。上述行为搅乱了二手车市场的有序经营，明显违背诚实信用原则。本案的争议焦点为1. 被告董某委是否为经营者；2. 被告董某委向原告隐瞒车辆为全损车是否构成欺诈。

一、个人经营者的认定

根据《中华人民共和国消费者权益保护法》第三条和《中华人民共和国反

垄断法》第十二条的规定，所谓经营者是指从事商品生产、经营或者为消费者提供其生产、销售的商品或者提供服务的自然人、法人和其他组织。经营者以营利为目的在一段时间内从事商品经营或者营利性服务的活动，属于经营活动。从经营活动定义来看，其特征包含营利性和长期性。

法人和其他组织，在设立之初就具有一定的设立目的，人民法院在判断其是否从事二手车经营活动时，往往会结合其经营范围、主要业务活动来判断其是否从事经营活动。与此相比，自然人作为民事主体，独立进行民事活动，几乎无时无刻不在参与市场经济活动，因此当自然人进入二手车交易市场，以个人身份进行二手车买卖活动，该买卖行为是否构成经营行为，自然成为原、被告双方争议的焦点。对自然人从事的经济活动是否构成经营行为判断，应当考虑自然人的行为是否符合长期性和营利性两个特征。

在审判实践中，由于自然人从事经营活动具有一定的隐蔽性，原告方在举证上也存在一定的困难，因此经常需要承办人通过询问原、被告双方，主动调查、调取证据等方式，查明案件事实。从事二手车经营活动，其主要包括购入和销售两个环节，自然人以个人名义从事二手车经营活动，仍然会留下相关痕迹，通常会表现为：（1）自然人名下登记有大量车辆，车辆变动登记频繁；（2）通过二手车拍卖平台购入大量车辆，或长期购入车辆，出售给不特定个人。

在本案中，原告通过调取网络平台中被告多次购买车辆并出售的销售记录，从而证明被告从事二手车经营活动具有一贯性，购买与销售车辆的频率，明显超出了个人处于车辆更新换代需求处置闲置车辆的目的，具有进行商业经营活动获利的经营特征。笔者认为，随着车辆登记制度的完善，二手车网络交易平台的发展，通过对车辆登记信息、网络交易信息登记录进行调查，结合交易活动的频率，相较于过去，利用网络收集信息，能使得人民法院更好地把握对从事经营活动的个人进行经营者认定。

二、二手车市场中“全损车”欺诈的认定

随着新车市场的繁荣，消费者对车辆更新换代的需求不断增加，二手车市场由此产生。机动车进入二手车市场，由于经过一段时间的使用，不可避免会产生瑕疵，因此消费者在进入二手车市场进行交易时也会对车辆存在的瑕疵有一定的心理预期，但是由于二手车交易具有价格高、车辆专业性强等特点，消费者在购置车辆后获知车辆存在新的质量问题以及瑕疵时，往往会认为受到了经营者的欺诈，因此就需要人民法院对经营者未告知车辆瑕疵信息的行为是否构成欺诈进行价值衡量和尺度把握。

对《中华人民共和国消费者权益保护法》第五十五条中的“欺诈”的构成要件，有学者认为采用“四要件说”，也有学者认为采用“二要件说”，主要争议集中在是否需要被欺诈方，被欺诈方因受欺诈产生了错误认识，被欺诈方因错误认识而作出意思表示。

在本案中，被告董某委明知车辆系经过保险公司理赔后的全损车，在进行维修后，仍告知消费者车辆无水泡、无火烧、无重大事故，存在明显欺诈的故意。值得注意的是，“全损车”并非民事法律中的概念，而仅仅是保险理赔中的概念，是指被保险车辆整体损坏或者严重损坏，丧失修复价值的，保险公司认定为车辆全损。这种情况一般由保险公司向车主全额赔偿，同时获得车辆处置权，保险公司委托车辆拍卖公司拍卖车辆残值，全损车经维修后流入二手车市场进行销售时，若经营者告知消费者车辆发生过事故，但未明确告知消费者车辆为全损车，对此经营者是否构成欺诈，有人认为全损车仅为保险理赔上的概念，全损车经维修后，只要符合我国机动车上路标准就可以进行交易，经营者告知消费者该车辆发生过事故，并告知车辆相关维修情况，即尽到了告知义务，虽未明确告知车辆为全损车，亦不宜认定为欺诈。也有人认为全损车一般证明车辆出现过重大事故，虽进行过维修，但全损车所经历的事故与一般事故具有重大差别，对消费者的消费心理具有较大的影响，未明确告知车辆为全损车的，应认定为欺诈。

笔者认为，依据《中华人民共和国消费者权益保护法》第八条和第二十条的规定，消费者享有知悉商品相关信息的权利，经营者负亦有主动向消费者提供商品真实、全面信息的义务。但所谓商品的全部信息，也应当考虑到汽车零售业的复杂性，从汽车零部件的生产、组装、运输，到最终销售环节，而二手车销售市场又增加了机动车的使用与流转，要求经营者将各个环节、各个方面的信息都予以收集并告知消费者，不仅会大大加重经营者的负担，使得二手车市场难以为继，同时不免使消费者落入了“信息的汪洋大海”，而忽视了对消费者知情权的实质性保护。故经营者所应提供的商品全面信息，并非指与商品有关的所有信息，而是指可能影响消费者人身健康、安全或一定财产利益的全部重要信息。

经营者仅告知消费者车辆发生过相关事故并进行零部件维修更换，而未明确告知车辆为全损车，该行为是否构成欺诈，应当考虑以下两个因素：(1) 是否影响到消费者做出缔约的意思表示。具体为经营者是否通过书面形式充分告知二手车维修情况，全损车此前事故造成的瑕疵在维修后是否仍会对车辆性能造成重大影响，是否会对消费者造成较大的不利影响，如果消费者在使用二手车过程中发现车辆存在诸多由于先前事故造成的性能故障，可能因此造成财产损失，也可倒推经营者隐瞒的全损车信息，会影响到消费者的作出缔约的意思表示。(2) 是否存在主观故意。笔者认为，经营者是否存在主观故意，不仅应当从经营者是否实际知晓车辆经历过重大事故，还应当判断经营者是否尽到了合理的注意和审慎义务，经营者相较消费者更易获得车辆信息，经营者在销售二手车时应当对二手汽车的来源是否合法、行驶里程、维修记录、交易记录、车辆存在问题等重要信息在出售前进行全面核查、检测，并将核查、检测的准确结果以书面或者其他可以确认的方式告知消费者。经营者未尽到审慎义务，未将二手车重要信息告知消费者的，可以认定经营者存在欺诈行为。

编写人：浙江省宁波市海曙区人民法院　葛艳君　於琼洁

42

招标人无正当理由拒不与中标人签订合同的违约处理

——工贸公司诉H公司预约合同案

【案件基本信息】

1. 裁判书字号

山东省东营市东营区人民法院（2021）鲁0502民初5553号民事判决书

2. 案由：预约合同纠纷

3. 当事人

原告：工贸公司

被告：H公司

【基本案情】

2020年7月29日，咨询公司接受H公司委托发布《招标公告》，该公告载明，招标人为H公司，招标代理机构为咨询公司，项目名称为供热材料采购项目；履约保证金为3万元。招标人和中标人应当自中标通知书发出之日起30日内签订书面采购合同。招标人无正当理由拒不签订合同的，双倍返还履约保证金。中标人无正当理由拒签合同的，不予退还履约保证金。

工贸公司向咨询公司缴纳保证金30000元并参与该项目投标，后该公司中标。工贸公司收到的《中标通知书》载明应在收到通知书之日起30日内签订书面采购合同，但招标人H公司其后无正当理由拒绝与中标人工贸公司签订书面采购合同。

工贸公司提起诉讼要求H公司双倍返还保证金60000元，支付直接损失57100元及利润损失556370.8元，以上共计613470.8元。

【案件焦点】

招标人无正当理由拒不与中标人签订合同时，应否赔偿中标人的履行利益。

【法院裁判要旨】

山东省东营市东营区人民法院经审理认为：《最高人民法院关于审理买卖合同纠纷案件适用法律问题的解释》第二条规定“当事人签订认购书、订购书、预订书、意向书、备忘录等预约合同，约定在将来一定期限内订立买卖合同，一方不履行订立买卖合同的义务，对方请求其承担预约合同违约责任或者要求解除预约合同并主张损害赔偿的，人民法院应予支持”，本案中，《竞争性磋商文件》明确约定“采购人和成交供应商应当自成交通知书发出之日起30日内签订书面采购合同”，根据上述约定，成交通知书的发出使得采购人与成交供应商均具有在一定期限内与对方订立采购合同的义务，从这个角度分析，成交通知书的内容、性质与上述法律条文中的“认购书、订购书、预订书、意向书、备忘录”并无实质区别，因此，应当认为《成交通知书》的发出使得采购人与供应商之间成立以签订书面采购合同为义务的预约合同，一方无正当理由拒不签订书面采购合同的，应承担预约合同的违约责任。关于上述法律条文中预约合同的违约责任如何界定，一般认为，预约合同的义务是签订合同的行为，并不是交易本身，违约预约合同仅导致丧失一次交易机会，并不涉及履行利益的赔偿，因此，此处的损害赔偿仅指信赖利益的赔偿。工贸公司主张的直接损失包括代理费19600元、成本费7500元以及向上游供货商缴纳的保证金30000元，仅能认定损失为19600元，而结合定金为30000元的事实，适用定金罚则已足以弥补原告损失，故工贸公司要求再支付直接损失19600元没有事实和法律依据。

山东省东营市东营区人民法院依照《最高人民法院关于适用〈中华人民共和国民法典〉时间效力的若干规定》第一条第二款，《中华人民共和国合同法》第三十二条、第一百七十四条，《最高人民法院关于审理买卖合同纠纷案件适用法律问题的解释》第二条，《中华人民共和国民事诉讼法》第六十七条之规定，判决如下：

一、H公司于本判决生效之日起十日内双倍退还工贸公司保证金共计60000元;

二、驳回工贸公司的其他诉讼请求。

判决后，双方当事人均未上诉，本判决现已生效。

【法官后语】

本案主要涉及中标通知书发出后，招标人无正当理由拒不与中标人签订合同时的违约责任处理问题。

司法实践中，因招标投标引发的纠纷并不鲜见，比较常见的问题是在中标通知书发出后，招标人或者投标人没有正当理由拒不与对方签订合同，此时双方之间的合同是否成立生效？这往往涉及认定违约方的责任承担问题。本案体现的典型性问题，即为如何认定招标投标合同的成立生效时间以及如何确定赔偿责任范围。

一、应将中标通知书发出定性为成立预约合同

关于招标投标合同的成立时间，目前有不同观点。第一种观点认为，根据《中华人民共和国招标投标法》第四十六条第一款规定“招标人和中标人应当自中标通知书发出之日起三十日内，按照招标文件和中标人的投标文件订立书面合同。招标人和中标人不得再行订立背离合同实质性内容的其他协议”，招标人与中标人签订书面合同时合同成立。招标投标合同作为依法应当采取书面形式签订的合同，应当在双方当事人签字或者盖章即签订书面合同时才成立。此种观点符合现行法律规定，但无法解释发出中标通知书的效力问题。第二种观点认为，《中华人民共和国民法典》第四百八十三条规定，“承诺生效时合同成立，但是法律另有规定或者当事人另有约定的除外”；第四百九十条第一款规定，“当事人采用合同书形式订立合同的，自当事人均签名、盖章或者按指印时合同成立”，根据上述法律规定，中标通知书发出后合同成立，签订书面合同后生效。第三种观点认为，中标通知书到达中标人时合同不仅成立，也同时生效，即不以签订书面合同作为合同生效条件。此种观点与法律规定存在直接冲突。第四种观点认为，合同在签订书面合同时成立，中标通知书发出使招

标人、投标人之间成立以签订书面合同为义务的预约合同，一方无正当理由不签订书面合同，应承担预约合同的违约责任。

从司法实践的情况看，第四种观点更具有合理性。首先，符合《中华人民共和国民法典》第四百九十条第一款关于“当事人采用合同书形式订立合同的，自当事人均签名、盖章或者按指印时合同成立”的规定。其次，《最高人民法院关于审理买卖合同纠纷案件适用法律问题的解释》（法释〔2012〕8号）第二条①规定：“当事人签订认购书、订购书、预订书、意向书、备忘录等预约合同，约定在将来一定期限内订立买卖合同，一方不履行订立买卖合同的义务，对方请求其承担预约合同违约责任或者要求解除预约合同并主张损害赔偿的，人民法院应予支持。”中标通知书就是招标人确认向中标人购买商品或服务的意向，并约定将来签订书面合同的承诺，与认购书、订购书、意向书等在内容和性质上并无不同。因此，将中标通知书发出定性为成立预约合同，与上述司法解释的精神是一致的。

二、违反预约合同时，违约方赔偿损失限于信赖利益损失

《中华人民共和国民法典》第四百九十五条第二款规定“当事人一方不履行预约合同约定的订立合同义务的，对方可以请求其承担预约合同的违约责任”，第五百七十七条规定“当事人一方不履行合同义务或者履行合同义务不符合约定的，应当承担继续履行、采取补救措施或者赔偿损失等违约责任”，根据上述法律规定，一方当事人违反预约合同订立本约的义务时，对方可以要求其赔偿损失。关于赔偿损失范围问题，一般而言，预约合同仅产生订立合同的义务，并不直接发生交货付款义务，因此违反预约合同仅仅是赔偿信赖利益损失，预约的违约损失在总体上应相当于本约的缔约过失责任范围，即相当于本约的信赖利益损失。在处理本案涉及的问题时，招标人无正当理由拒不与中标人订立书面合同的，中标人有权要求赔偿其受到的损失，包括参加投标所付

---

① 《中华人民共和国民法典》第四百九十五条作了修改，该条规定“当事人约定在将来一定期限内订立合同的认购书、订购书、预订书等，构成预约合同。当事人一方不履行预约合同约定的订立合同义务的，对方可以请求其承担预约合同的违约责任”。

出的标书费、招标代理服务费、交通差旅费、投标保证金的返还以及由于开具投标保证金所蒙受的损失、投标人为编制投标文件所投入的人力、物力和管理成本等必要费用；中标人无正当理由不订立书面合同的，招标人有权要求其赔偿组织招标所支付的成本和因未签订合同而另行招标需支付的费用等损失①。

综上，在招标投标纠纷中，中标通知书的发出在招标人与中标人之间成立预约合同法律关系，若一方当事人无正当理由拒不与对方签订合同，构成违约，若当事人已对违约责任进行约定，比如说约定定金、违约金，应按约定处理；若没有约定，违约方赔偿损失的范围应限于信赖利益损失。

编写人：山东省东营市东营区人民法院　尹庆雷

43

买受人违约情形下，前后系列买卖合同中出卖人可得利益损失的认定

——科技公司诉信息技术公司买卖合同案

【案件基本信息】

1. 裁判书字号

北京市第一中级人民法院（2021）京01民终9518号民事判决书

2. 案由：买卖合同纠纷

3. 当事人

原告（上诉人）：科技公司

被告（被上诉人）：信息技术公司

① 最高人民法院民法典贯彻实施工作领导小组主编：《中华人民共和国民法典合同编理解与适用》，人民法院出版社2020年版，第1115页。

【基本案情】

信息技术公司与科技公司于2018年11月8日签订《合同书》约定信息技术公司从科技公司购置设备，合同总额为1912566元。《合同书》还约定："在合同签订后3日内，信息技术公司支付10万元定金，科技公司在收到定金后下单生产，收到定金的当天合同正式生效""合同生效后，信息技术公司单方要求解除合同，科技公司有权扣除部分或全部定金"。信息技术公司于11月9日支付定金10万元。11月30日信息技术公司出具告知函，载明因诸多因素及不可抗力，该项目的总包方指定了该项目显示系统的硬件供货渠道，经多次与总包方沟通未果故终止《合同书》，定金10万元作为经济补偿。

科技公司主张可得利润，并提供其于11月9日与甲公司签订的《销售合同》，总价款62850元（该合同并未履行）。于11月12日，与乙公司签订的《合同书》，总价款840000元。后，84000元作为解约损失赔偿金。于11月19日，与丙公司签订的《销售合同》，总价款143599.44元，后，14360元作为解约损失赔偿金。

2018年11月30日，信息技术公司与总包方签订《合作协议》，总金额9720670元，并称因对方没有按照口头约定支付预付款，导致其没有垫资能力继续履行本案合同。且信息技术公司认为科技公司将工作交由第三人完成构成违约，依据转售行为合同差额主张可得利益损失不成立，定金足以弥补科技公司的所有经济损失。

【案件焦点】

在信息技术公司自愿以10万元定金作为赔偿的情况下，科技公司主张的可得利润是否应当支持以及损失数额如何认定。

【法院裁判要旨】

北京市海淀区人民法院经审理认为：信息技术公司能积极合理减损且其称并不知需从第三方采购，且合同中亦未明确约定由第三方供货。科技公司为合同所涉项目的付出不足以证明其主张，且定金足以弥补科技公司的损失，因此判决：驳回科技公司的诉讼请求。

科技公司提起上诉。

北京市第一中级人民法院经审理认为：根据《合同书》中的约定，定金具有解约定金的性质。《告知函》中有关终止合同，将 10 万元定金作为经济补偿的表述，可以视为信息技术公司行使了以丧失解约定金为代价的单方解除权，能够产生解除《合同书》的效果。鉴于《告知函》中解约的理由并非《合同书》中约定的解除事由，且并无任何证据证明存在“不可抗力”，“诸多因素”亦并无实质内容，因此信息技术公司单方解除合同仍是一种违约行为，科技公司主张的损失类型为可得利益损失，具有法律依据。

买卖合同当事人一方违约造成对方损失，对方主张赔偿可得利益损失的，人民法院在确定违约责任范围时，应当根据当事人的主张，依据民法典第五百八十四条、第五百九十一条、第五百九十二条、本解释第二十三条等规定进行认定。根据二审补充查明的情况：《合同书》B21 输出板在与案外人签订的合同中没有体现；单元底座的数量与乙公司签订的《合同书》中数量不同；显示屏与丙公司签订《销售合同》中不足以判断是否为同一标的物；触摸屏系统与甲公司《合同书》中的产品品牌不同，且后合同中摄像头等产品在《合同书》中均未体现，故科技公司主张的《合同书》金额减去案外三份合同金额的差额作为其全部可得利益损失的依据不足，法院仅将《合同书》中的拼接单元与乙公司签订的《合同书》中对应设备的总额之间的差额减去信息技术公司已经支付的 10 万元定金作为可得利益损失，经计算为 426000 元。据此判决：

一、撤销北京市海淀区人民法院（2020）京 0108 民初 40108 号民事判决；

二、信息技术公司于本判决生效后十日内赔偿科技公司经济损失 426000 元；

三、驳回科技公司其他诉讼请求。

【法官后语】

因可得利益损失具有天然的不确定性[①]，故其历来是司法实践中的难点问题。《中华人民共和国民法典》第五百八十四条规定："……损失赔偿额应当相当于因违约所造成的损失，包括合同履行后可以获得的利益……"与原"合同法对可得利益持鲜明立场"[②] 保持一致。在各类可得利益中，最高人民法院在《关于当前形势下审理民商事合同纠纷若干问题的指导意见》中将转售利润损失限定为在先后系列买卖合同中，因原合同出卖方违约而造成其后的转售合同出售方的可得利益损失。但实践中还存在出卖人向第三人购买产品后交付买受人的前后系列买卖合同，该类合同使可得利益损失的认定更加困难。

本案中，科技公司主张的其与案外人签订的合同总额与本案的合同总额的差价，实际是可得利益损失。对于该损失是否支持以及如何确定数额是本案难点问题。

一、本案与前后系列买卖合同中界定的转售利润情形并不相同

首先，本案系买受方信息技术公司违约，而意见中前后系列买卖合同的情形仅为出卖方违约。其次，科技公司系向案外人采购设备进行组装、调试，其后交付本案约定的产品并完成安装、指导工作。其从前手买入是在本案中卖出的基础。这与意见中规定双方买卖作为前手，买受人在后案中作为出卖人的情形明显不同。

二、关于设备先买后卖行为的认定

首先，本案存在就设备先买后卖行为，且本案产品交付义务的履行需以出卖人与案外人购买相应产品为前提，虽然《合同书》中亦有签订合同后几日内开始生产的规定，但从交付产品特性看，本案的生产活动并非需要生产车间、购买原料的加工定制行为，科技公司的主要义务是指向按信息技术公司要求组装整体设备并负责安装调试的义务，至于设备如何取得、制作，双方合同中并

---

① 刘承韪：《违约可得利益损失的确定规则》，载《法学研究》2013年第12期。

② 郭翔风：《违约损害赔偿中可得利益的司法判定》，载《人民司法（应用）》2017年第10期。

未明确约定需以出卖人亲自生产为前提。其次，本案买卖的产品为显示屏集成系统，科技公司从案外人处购买组装元器件符合该类商业行为的交易习惯，也符合商事主体对交易效率的追求，科技公司的转售行为并不违背行业惯例。最后，科技公司从何处采购、如何交付集成系统关系其产品渠道及市场资源，在信息技术公司并未明确将此作为合同内容的情况下，其无须告知其案外第三人存在的情况，信息技术公司亦不能以不知道案外第三人存在为由主张科技公司违约，进而拒绝赔偿损失。基于此，本案可以参照意见中前后系列买卖合同的转售利润损失确定可得利益。

三、具体的损失计算数额

根据《中华人民共和国民法典》规定的减损规则、损益相抵规则，科技公司提供了其与案外人签订的三份合同及对应产品清单，二审法院通过严格比对合同中的产品基本信息，将规格、型号、品牌、数量等无法与《合同书》附件对应的产品刨除，剩余产品的合同差价作为转售利润。同时，信息技术公司就科技公司扩大损失及因违约行为获利均无证据提交，因此本案的可得利益即转售利润=前后系列买卖合同中能够确认的产品合同差价。科技公司还应获得的损失赔偿范围=部分产品的转售利润-10万元定金。

司法实践中，本着鼓励交易，促进流通，守护秩序，倡导诚信的原则，应当对可得利益损失予以支持，不应因缺乏统一明确标准而有所回避。

编写人：北京市第一中级人民法院　任可娜

44

买卖合同中守约方在主张解除合同时明显受益，根据损益相抵原则对其解除合同违约金不予支持

——投资公司诉王某茹买卖合同案

【案件基本信息】

1. 裁判书字号

福建省安溪县人民法院（2021）闽0524民初4481号民事判决书

2. 案由：买卖合同纠纷

3. 当事人

原告：投资公司

被告：王某茹

【基本案情】

2018年3月5日，投资公司（甲方）与王某茹（乙方）签订《商品房买卖合同》及其附件、补充协议，合同约定：王某茹向投资公司购买商品房，总购房款698703元。《补充协议》约定：未能按期向按揭银行偿还到期贷款本息导致甲方承担担保责任的，乙方应在甲方向其送达告知函之日起3日内，将甲方代其向按揭银行偿还的全部款项（包括贷款本息）及甲方因此遭受的全部损失（包括律师费）支付给甲方。同时，自甲方实际承担上述款项之日起至乙方实际向投资公司支付全部款项之日止，乙方应按日向投资公司支付相当于上述全部款项万分之五的违约金；乙方逾期偿还按揭银行到期贷款利息本息累计达二次以上（含二次）或者按揭银行终止《借款合同》或者按揭银行通知投资公司承担担保责任的，甲方有权解除本合同，并要求乙方按照本补充协议的约定

承担违约责任；如因乙方原因导致本合同解除的，乙方应向甲方支付购房款总额的20%的违约金等。

《商品房买卖合同》签订后，王某茹于当日支付首期购房款238351元。同日，双方并办理案涉房屋备案手续。同年6月20日，王某茹与投资公司及按揭银行签订一份《个人购房借款及担保合同》，合同约定：由王某茹向按揭银行贷款480000元用于购买案涉房屋；投资公司同意为王某茹履行还本付息义务承担阶段性连带保证责任等。因王某茹未能按期偿还按揭款本息，按揭银行自2020年7月31日起从投资公司账户划扣，投资公司于2020年10月26日一次性还清尚欠款项，共代王某茹支付贷款本息440453.37元。2020年11月23日，投资公司向王某茹发出律师函：解除购房合同，要求王某茹限期偿还诉请款项，并将诉请款项与其购房款相互抵销。另通过安溪县房地产交易中介等获悉，涉案房屋所在区域现均价在12000元/平方米以上。

【案件焦点】

投资公司主张的合同解除违约金是否支持。

【法院裁判要旨】

福建省安溪县人民法院经审理认为：王某茹与投资公司签订的《商品房买卖合同》及其附件、补充协议系双方真实意思表示，内容不违反法律法规的强制性规定，合法有效，双方均应按照合同及相关附件、补充协议的约定履行合同义务。

一、关于合同解除的问题

本案中，王某茹在办理按揭贷款后，逾期偿还按揭银行到期贷款本息累计达二次以上，导致投资公司承担连带担保责任，已经达到了双方合同约定的解除条件。投资公司据此发函告知王某茹，合同自该函件到达王某茹之日时解除。因此，投资公司请求确认《商品房买卖合同》已于2020年11月27日解除，并要求王某茹配合投资公司办理《商品房买卖合同》的备案登记撤销手续及案涉商品房预告登记注销及抵押预告登记撤销手续，符合双方约定及法律规定，予以支持。

二、关于违约金的问题

双方虽在《商品房买卖合同》中同时约定了合同解除违约金和逾期支付贷款违约金的计算方法，但从合同解除违约金的条款表述来看，采取的是损失填补原则。鉴于当前安溪县城的房屋市场状况，投资公司选择解除合同并无损害其自身在本案合同中的履行利益和可得利益，甚至可获得更大利益。因此，在投资公司未举证其有其他履行利益和可得利益的情况下，其要求王某茹支付购房款20%的违约金，不符合法律规定，不予支持。但王某茹未能按期偿还按揭款导致的合同解除造成了投资公司代付按揭贷款本息及律师费的经济损失。故投资公司要求王某茹支付因逾期支付贷款而产生的违约金，符合合同约定，予以支持。其违约金可以投资公司实际代付款440453.37元为基数自2020年10月26日起按日万分之五计至合同解除日（2020年11月27日）止，计7047元。投资公司另要求王某茹支付律师费20000元，符合双方合同约定，予以支持，但要求按照日万分之五计算律师费的违约金，于法无据，不予支持。

福建省安溪县人民法院依照《中华人民共和国民法典》第五百六十二条、第五百六十六条、第五百八十四条、第五百八十五条，《最高人民法院关于适用〈中华人民共和国民法典〉时间效力的若干规定》第一条第三款及《最高人民法院关于适用〈中华人民共和国民事诉讼法〉的解释》第九十条规定，判决如下：

一、投资公司与王某茹签订的《商品房买卖合同》及其附件、补充协议已于2020年11月27日解除；

二、王某茹应于本判决生效之日起十日内配合投资公司办理《商品房买卖合同》及其附件、补充协议的备案登记撤销手续及地址在安溪县参内乡河滨北路C区16号楼2203号房的商品房预告登记注销手续、抵押预告登记注销手续；

三、投资公司应于本判决生效之日起十日内退还王某茹购房款258249.63元；

四、王某茹应于本判决生效之日起十日内支付投资公司逾期支付贷款违约金 7047 元及律师费 20000 元，计 27047 元；

五、驳回投资公司的其他诉讼请求。

前述相互抵扣后，投资公司应于本判决生效之日起十日内支付王某茹 231202.63 元。

判决后，双方当事人均未上诉，本判决现已生效。

【法官后语】

一、违约金的补偿性（赔偿性）

通说认为，根据《中华人民共和国民法典》第五百八十五条的规定，我国违约金制度主要性质为补偿性（赔偿性），惩罚性为特殊情况，即一般情况下当事人约定的违约金相较于因违约造成的损失过高或过低时，人民法院均可依当事人请求参考造成的损失依法予以调整。这里所谓的“损失”，依照《中华人民共和国民法典》第五百八十四条规定，包括守约方的实际损失和合同履行后的可得利益，并且以违约一方订立合同时预见到或者应当预见到为限。因此，当事人合意约定的违约金数额或计算方式是否被法院采纳，违约方的损失数额是一个重要的参考标准，换个角度，在守约方不仅没有损失反而还因违约方违约而获利的情况下，对双方合意的违约金该如何认定？

二、商品房买卖合同解除时存在守约方获利情况

商品房买卖合同有其特点：一是房地产开发企业一般处于强势地位，商品房买卖合同及相关补充协议、附件均由其单方制定，购房者签订商品房买卖合同时甚少会逐条细阅合同条款，甚至对违约条款购房者也多是全盘接受未予商议；二是在涉及合同解除时，根据近一段期间房地产市场行情及相邻区域同类型房产指导价，基本能判断出守约方在房产价格的差额上是否有损失及大致损失或获益数额；三是房产流通受合同解除影响较小，在原商品房买卖合同解除后，该房产又能迅速进行市场流通换取货币化。

商品房买卖中，商品房的价格根据市场供需关系存在波动，而近年来一段期间的价格趋势呈现整体向上增长态势，故在涉及房地产开发企业因购房者违约而解除商品房买卖合同并主张违约金时，就极可能发生解除合同时房价远高

于原合同约定，房地产开发企业在房价差额上存在获益的情况，此时若鉴于在商品房买卖合同中约定解除合同的违约金而全部或部分支持购房者需支付违约金的诉求，显然有失公平合理，并且让守约方因此而获利也与违约金的补偿性（赔偿性）不符。

三、损益相抵，守约方明显获利时解除合同违约金不予支持

综合前述考量，同时参照《最高人民法院关于审理买卖合同纠纷案件适用法律问题的解释》第二十三条规定“买卖合同当事人一方因对方违约而获有利益，违约方主张从损失赔偿额中扣除该部分利益的，人民法院应予支持”。即，守约方基于损害发生的同一原因而获得利益时，应将所受利益从所受损害中扣除，以确定损害赔偿范围，这也被称为损益相抵原则或损益同销原则。

损益相抵原则适用于所有买卖合同关系。买卖合同指向的标的物一般均有所谓的市场价，而市场价又会随着供需关系、运输成本、原料成本等因素波动，有时基于特殊时期其波动性极大。此时作为卖方若因买方未及时支付货款等原因而依约解除买卖合同，基于当时的市场行情，卖方可以迅速地以更高的价格找到下一手买家，因此对其解除合同的相关违约金由于其未因解除合同而受损害甚至有获利情形，相关违约金不宜支持。

具体到商品房买卖合同，其涉及合同解除时的违约金主张，应结合解除合同时的商品房买卖市场行情，在房地产开发企业明显能以远高于原合同价款再次出售房产，客观上房地产开发企业因购房者违约解除商品房买卖合同时非但未受损失反而受益，应根据损益相抵原则，对相关违约金主张不予支持。同理，在房产市场低迷，房价下行时，若因房地产开发商的违约行为，购房者依法或依约行使合同解除权，由于购房者对房价差额上未有损失，因此对其依房价波动而主张的损害赔偿或违约金，法院也不予支持。

本案中，法院另通过安溪县房地产交易中介等获悉，涉案房屋所在区域在案涉商品房买卖合同解除时均价在12000元/平方米以上，投资公司选择解除合同并无损害其自身在本案合同中的履行利益和可得利益，甚至可获得更大利益。因此，在投资公司未举证其有其他履行利益和可得利益的情况下，其要求王某

茹支付购房款20%的违约金，既不符合法律规定也有失公平原则，不予支持。

四、损益相抵原则在适用上的注意事项

其一，在举证责任分配上，对守约方明显获利的主张应由违约方承担相应举证责任，并且其举证证明标准应达到以交易当地一般经营者的判断确信守约方因解除合同确有获益，甚至所获得的利益远超过其遭受的损失。

其二，要考虑合同标的物特征及受原合同履行情况的影响程度。如交易的标的物为水果蔬菜类，该类标的物受时间影响容易出现腐烂的情况，尤其是葡萄、水蜜桃之类更为显著，卖方作为守约方即使在解除合同时市场行情大涨，也不能简单地以市场价大涨即认定卖方有获利，而应结合标的物是否已实际交付、交付情况等予以综合判定。

其三，考虑合同标的物的市场流通速度。市场行情具有不确定性，在合同解除时可能市场行情较好，但若合同标的物的市场流通慢，找到下一手买家需花费较大的缔约成本和周期，那么对解除合同时守约方的获益情况应谨慎评估。

其四，对损益相抵的极端情况，即解除合同时守约方的获利远高于其遭受损失，此处“远高于”认定标准笔者建议参考《最高人民法院关于审理商品房买卖合同纠纷案件适用法律问题的解释》第十二条、原《最高人民法院关于适用〈中华人民共和国合同法〉若干问题的解释（二）》第十九条、第二十九条的规定，参考解除当时交易地的物价部门指导价或者市场交易价，结合其他相关因素综合考量超过原合同价款30%，即可认为获益远高于损失。

编写人：福建省安溪县人民法院　沈聪明　张泓泽

45

合同价款不应随增值税税率的变动而调整

——纺织公司诉贸易公司买卖合同案

【案件基本信息】

1. 裁判书字号

浙江省绍兴市中级人民法院（2021）浙 06 民终 2675 号民事判决书

2. 案由：买卖合同纠纷

3. 当事人

原告（上诉人）：纺织公司

被告（上诉人）：贸易公司

【基本案情】

2018 年 1 月 23 日，纺织公司与贸易公司签订购销合同一份，约定由贸易公司向纺织公司购买人棉绉布印花（黑底黄花）23000 米，单价 11 元，人棉绉布染色（绣红）11300 米，单价 10.3 元，人棉绉布染色（卡其绿）22200 米，单价 10.3 元，人棉绉布染色（玖粉）19800 米，单价 10.3 元。付款方式为发货前支付 60%货款（款到发货），货物签收合格后开具 17%增值税票并付清剩余 40%货款。合同签订后，纺织公司向贸易公司发货人棉绉布印花（黑底黄花）22845 米，人棉绉布染色（绣红）11002 米，人棉绉布染色（卡其绿）21299 米，人棉绉布染色（玖粉）20324 米，其间，贸易公司陆续支付 520000 元。2021 年 4 月 2 日，纺织公司就讼争交易向贸易公司开具了价税金额合计 793341 元的增值税专用发票。

【案件焦点】

供货后的增值税税点差额应否在货款中扣减。

【法院裁判要旨】

浙江省绍兴市柯桥区人民法院经审理认为：纺织公司、贸易公司之间的买卖合同关系，由纺织公司提供的证据证明，系双方真实意思表示，且未违反国家强制性法律规定，该院依法予以确认成立并生效。现纺织公司已向贸易公司交付了价值793332.50元的货物，且已开具了相应的增值税专用发票，贸易公司未及时结清与纺织公司之间的货款，显属违约，故对于纺织公司要求贸易公司支付剩余货款的请求，该院予以支持。因合同中约定的税率为17%，现根据国家税收规定变更，仅能开具13%的增值税专用发票，故相应的税款应在本案中予以扣除31733.3元。因纺织公司系在本案审理过程中向贸易公司开具了相应的增值税专用发票，支付余款的条件在审理过程中才成就，故对于纺织公司的利息主张，该院不予支持。

浙江省绍兴市柯桥区人民法院依照《最高人民法院关于适用〈中华人民共和国民法典〉时间效力的若干规定》第一条、原《中华人民共和国合同法》第一百三十条、第一百五十九条之规定，判决如下：

一、贸易公司于本判决生效之日起十日内支付纺织公司货款241599.20元；

二、驳回纺织公司其他诉讼请求。

纺织公司、贸易公司均不服一审判决提起上诉。

浙江省绍兴市中级人民法院经审理认为：就税率调整后货款如何调整的问题，双方在合同中并未进行特别约定，且纺织公司在发货后已及时将码单或发货明细发送给贸易公司工作人员，贸易公司并未及时确认对账，纺织公司在贸易公司未确认金额的情况下显然无法及时开具增值税发票。因纺织公司对迟延开具增值税发票并无过错，且税率调整系正常商业风险，一审判决直接在货款中扣减税点显然不当。因此，贸易公司尚应支付纺织公司货款273332.50元。对于纺织公司的利息主张，因纺织公司是在一审审理过程中开具发票，一审判决对利息不予支持并无不当。

浙江省绍兴市中级人民法院依照《最高人民法院关于适用〈中华人民共和国民法典〉时间效力的若干规定》第一条，《中华人民共和国合同法》第一百三十条、第一百五十九条，《中华人民共和国民事诉讼法》第一百七十条第一款第二项之规定，判决如下：

一、撤销浙江省绍兴市柯桥区人民法院（2021）浙0603民初215号民事判决；

二、贸易公司于本判决生效之日起十日内支付纺织公司货款273332.50元；

三、驳回纺织公司的其他诉讼请求。

【法官后语】

增值税作为我国的核心税种，是近年来国家开展减税降负工作的重点，税率已多次发生下调。因此，对于履约期限较长的合同而言，在增值税税率发生变动后，是否将之视为情势变更，调整合同结算价款，关乎税收利益分配格局，司法实践对此存在颇多争议。本案明确了税率调整系正常商业风险，在当事人没有过错的情形下，增值税税率的变动一般不应成为合同价格调整的理由，具有一定的典型意义。

一、增值税税率变动一般不能引起合同价款的调整

从计税原理上讲，增值税是对商品生产、流通、劳务服务中多个环节的新增价值或商品的附加值征收的一种流转税，换言之，其计税基础是不含其本身的，因此增值税的计算需先将含税价换算成不含税价，再乘以适用的税率，以避免作为价内税的营业税发生重复计税问题。增值税的理论基础为税负层层转嫁，最终由消费者承担，如同一个独立于价款的系统，对企业的经营行为基本不会产生影响。当国家增值税税率下调时，从表面上看销售货物方享受了减税红利，但从本质上看，国家降低增值税税率的目的在于减轻企业税负、激发企业活力，最终由消费者受益。所以销售货物方开具低税率的发票并非擅自降税自肥，因为降税必将产生一系列连锁效应，但该效应的释放有一个过程，收受发票方在向其下家开具增值税发票时同样会因增值税税率下调而获益。如果法院在税率下调后，支持退还税款差额的诉请，实质上是使销售货物方在集体受

益的交易链条中无端丧失了该项政策的红利。

从风险负担的角度考虑，增值税的发生需以产生增值额为前提，销售货物而发生增值税应税销售行为，即应当缴纳增值税，故增值税的纳税义务人为销售货物方，即开具发票的一方。增值税税款作为开具发票方经营、销售成本之一，其在计算货物成本并确定货物单价与总价时往往会将其考虑在内，增值税税额及税率的变化的风险同样由其承受。换言之，如果增值税税率上调，也不影响合同双方已经约定的总价款。因此在销售货物方已经承担了税率变化风险的情况下，如果在税率下调时要求其退还税款差额，显然难谓公平。

况且，税率调整属于国家对市场经营活动采取的调控和管理行为，不受当事人意志左右，也非当事人的合同履行行为所致。在合同双方未基于税率变化对合同价款调整达成新的一致意见之前，基于意思自治原则，法院作为司法机关，对合同未约定的事项亦应当保持足够的谦抑性。至于将增值税税率调整认定构成情势变更，依据更为不足，增值税税率调整虽属于双方订立合同时不可预见的情况，但并非合同法律行为的基础性事实，税率的调整也不足以导致合同赖以成立的基础丧失，更不足以认定继续履行合同对于一方当事人明显不公平或者不能实现合同目的，故税率调整亦难以适用情势变更的相关规定。因此，在无特别约定情形下，司法机关不应进行过度干预，对于要求返还税款差额或调整结算价格的诉请，亦不应予以支持。

二、特殊情形下增值税税率变动后的价格调整规则

根据税收法定的原则，税种、税率等均属法律、行政法规强制性规定，不属于当事人可以约定的范畴，但是在实践中，司法机关仍然应当结合当事人双方在合同中关于价款的具体约定，最大限度地尊重当事人的意思自治，尽可能按照双方当事人的真实意思表示确定税率调整时的结算规则。例如合同约定的价款是否为含税价、是否注明适用的税率、是否包含合同执行过程中遇税率调整时的价款予以相应调整的约定等。

除双方当事人的特别约定外，纳税义务的发生时间也是增值税税率调整后合同价款是否予以调整的考量因素。依照《中华人民共和国增值税暂行条例》

第十九条的规定可知，增值税的纳税时间，是以收讫销售款项或者取得索取销售款项凭据的时间与开具发票时间孰早发生为准，来确定纳税义务发生时间。因此，虽然合同签订后增值税税率降低，但如合同纳税义务发生于税率调整前，则发票仍应按照调整前的税率开具，不存在退还税率差额的问题。但如果销售货物方处于担忧购买方无法按期支付货款的考虑，避免出现销售方未收讫款项即缴纳增值税的情况，人为地推迟开具增值税专用发票，即对于销售货物方纳税义务发生时间的推迟存在过错，则可以考虑对税款差额予以扣除。

本案中，纺织公司在发货后已及时将码单或发货明细发送给贸易公司工作人员，但贸易公司并未及时确认对账，纺织公司在贸易公司未确认金额的情况下显然无法及时开具增值税发票，因此纺织公司对迟延开具增值税发票并无过错。而双方在合同中也未对税率调整后货款如何调整进行特别约定，故一审判决直接在货款中扣减税点有所不当，二审予以纠正。

编写人：浙江省绍兴市中级人民法院　姚文通

46

出资不实或抽逃出资股东应当在未出资或抽逃出资本息范围内对债权人承担补充清偿责任

——Y公司诉S公司等买卖合同案

【案件基本信息】

1. 裁判书字号

河南省焦作市中级人民法院（2021）豫08民终1765号民事判决书

2. 案由：买卖合同纠纷

3. 当事人

原告（被上诉人）：Y 公司

被告（上诉人）：徐某刚、罗某红、邓某平

被告：S 公司

【基本案情】

B 公司与 S 公司签订采购订单采购电解液，订单金额共 145 万元。销售合同约定了付款期限及违约金。经对账，B 公司尚欠货款 894000 元。B 公司将上述合同债权 894000 元及利息转让给 Y 公司，同日向 S 公司发出债权转让通知书。S 公司对所欠货款事实无异议。

S 公司注册资本 4000 万元，股东徐某刚、罗某红、邓某平认缴资本分别为 2400 万元、1000 万元、600 万元。公开披露的 S 公司 2013 年、2014 年、2015 年报记载的股东实缴出资金额、时间前后不一。2018 年 5 月 14 日，股东徐某刚、罗某红、邓某平三人分别通过网上银行转账方式向 S 公司账户转账 900 万元、1000 万元、600 万元作为股东投资款，在同一天又将上述款项转出。Y 公司诉称，徐某刚、罗某红、邓某平三股东应在未出资范围内对 S 公司所欠上述货款及违约金承担清偿责任。四被告辩称，公司退回资金并不是抽逃，而是前期厂房、土地、设备投资对股东垫付款的返还。

【案件焦点】

徐某刚、罗某红、邓某平是否按期足额缴纳出资，是否存在抽逃出资行为。

【法院裁判要旨】

河南省焦作市中站区人民法院经审理认为：S 公司欠货款的事实无异议，法院予以确认。关于主张的违约金 169684 元及资金占用费问题。未超出依据合同约定的数额，予以支持。Y 公司请求的资金占用费双方的权利义务应当以销售合同的约定为依据，据此该主张法院不予支持。本案争议的核心是徐某刚、罗某红、邓某平是否对上述货款及违约金承担责任问题。徐某刚、罗某红、邓某平作为 S 公司的股东，通过网上银行同一天多次转入转出方式获得银行转账业务回单用以证明将股东投资款900万元、1000万元、600万元转入S公司账户的事实，但该转账行为明显不符合常理，S公司也并未实质收到该投资款，根据《最高人民法院关于适用〈中华人民共和国公司法〉若干问题的规定（三）》第十二条第四项“其他未经法定程序将出资抽回的行为”应当认定为股东抽逃出资行为的规定，四被告辩称的退回资金并不是抽逃，而是前期厂房、土地、设备投资对股东垫付款的返还理由不成立，且被告也未提供该出资抽回行为经过法定程序的证据，四被告的该主张法院不予支持，被告徐某刚、罗某红、邓某平对上述被告S公司不能清偿部分在抽逃出资本息范围内承担补充赔偿责任。

综上，依照《中华人民共和国合同法》第七十九条、第一百零七条、第一百零九条，《最高人民法院关于适用〈中华人民共和国合同法〉若干问题的规定（三）》第十四条第二款之规定，判决如下：

一、S公司于判决生效之日起十日内支付Y公司货款894000元及违约金（2021年1月6日之前的违约金为169684元，2021年1月7日以后的违约金以894000元为基数，以全国银行间同业拆借中心公布的贷款市场报价利率，从2021年1月7日起计算至货款结清之日止）；

二、被告徐某刚、罗某红、邓某平分别对上述被告S公司应付款项不能清偿部分在抽逃出资9000000元、10000000元、6000000元本息范围内承担补充赔偿责任。

徐某刚、罗某红、邓某平不服原审判决，提起上诉。

河南省焦作市中级人民法院经审理认为：一审法院认定上诉人抽逃出资并无不当。上诉人应当在抽逃出资本息范围内对公司债务不能清偿的部分承担补充赔偿责任。判决如下：

驳回上诉，维持原判。

【法官后语】

买卖合同纠纷中经常出现债权人将公司股东列为被告，以股东未足额出资或抽逃出资等理由要求其承担责任。作为公司股东，不得滥用公司法人独立地位和股东有限责任损害公司债权人的利益。但在实际经济生活中，有的公司股东未履行或者未全面履行出资义务或者出资以后通过各种形式抽逃出资，损害了公司债权人的利益。

本案中就需要对S公司的三位股东是否存在未按期足额缴纳出资和是否存在抽逃出资进行认定。笔者在接下来的论述中大篇幅地用到了举证责任分配，私以为对审理类似案件能提供清晰的思路具有一定的指导意义。

一、是否存在未按期足额缴纳出资

股东出资义务既是合同义务也是法定义务，三位股东辩称已全面履行了出资义务，但S公司公开披露的2013年、2014年、2015年报记载的股东实缴出资金额、时间前后不一，与三位股东自称的出资情况也不相同。另外三位股东举证的S公司在不同时间出具的收款收据与其举证的银行电子回单、转账记录等证据也不能相互对应。在三位股东自称以货币出资且早已届满认缴期限的情况下，所举证的相关证据并不能证明他们将相应的货币出资足额存入了S公司的账户。二位股东主张以厂房、土地、设备投资但也没有证据证明其办理了财产权的转移手续。

由于实务中，债权人证明股东未履行或未全面履行出资义务的难度很大，相比于公司和其他股东，债权人举证能力最弱，所以《最高人民法院关于适用〈中华人民共和国公司法〉若干问题的规定（三）》第二十条才规定了“当事人之间对是否已履行出资义务发生争议，原告提供对股东履行出资义务产生合理怀疑证据的，被告股东应当就其已履行出资义务承担举证责任”。在“谁主张，谁举证”的大框架下再将举证责任倒置。Y公司提供的高安支行的往来户历史明细清单用以证明三位股东在同一天将投资款转进转出证明公司实质上未收到投资款，符合司法实践中对股东存在未足额出资产生合理怀疑的表面证据或证据线索的特征。但三位股东却未提供强有力的证据证明其已经全面履行了出资义务。

二、是否存在抽逃出资

根据上述分析，三位股东不能举证证明其足额缴纳出资，与此同时，举证银行电子回单称在2018年5月14日通过网上银行将投资款900万元、1000万元、600万元转入S公司账户。在Y公司举证证明其在同一天将投资款转出S公司账户后，三位股东又称是S公司对前期厂房、土地、设备投资对股东垫付款的返还。关于认定抽逃出资需要同时具备形式要件和实质要件，三位股东将投资款同一天转进转出，符合形式要件，但是否符合实质要件“损害公司权益”，我们对其进行分析：实践中，公司成立初期需要购置大量的经营性资产，股东是有可能在初期垫付资金购置资产，在公司获得了相应资产正常运转盈利后，公司后期返还并不会导致资产减少，但三位股东需要提供相关凭证予以证明确实购买了相应资产，且要举证证明对前期厂房、土地、设备等资产的评估与返还的投资款对价一致。因三位股东既未举证证明前期非货币出资有财产转移手续，也未举证证明经法定程序抽回资金，更未举证证明资金抽回未损害公司权益。最终认定徐某刚、罗某红、邓某平存在抽逃出资并无不当。

三、股东应承担连带清偿责任还是补充赔偿责任

从本案Y公司诉请可以看出，请求的是三位股东承担连带清偿责任，法院终审判决三位股东承担补充赔偿责任。

笔者认为，依据《最高人民法院关于适用〈中华人民共和国公司法〉若干问题的规定（三）》第十三条第二款和第十四条第二款法律条文可知，三位股东是未履行或者未全面履行出资义务还是抽逃出资，承担的都是补充赔偿责任，而非连带清偿责任。法院的处理是正确的。

我们认为，公司资本是对公司债务的一般担保，股东如果瑕疵出资导致公司资本不足，是侵害公司债权人利益的行为，对公司债权人的责任性质属于侵权责任，当公司财产不足以清偿债务时，瑕疵出资的行为才产生损害债权人利益的结果，才能由股东在瑕疵出资范围内对公司债务承担责任。因此，补充赔偿责任符合侵权责任的基本法理，股东仅在公司不能清偿债务时对债权人承担补充赔偿责任既保护了债权人的权益，也符合公司的资本制度。

编写人：河南省焦作市中级人民法院　王胜利　元江丽

七、买卖合同的证据与时效

47

对作为案件审理依据的鉴定意见可以不完全采纳

——石材公司诉铝窗公司、蔡某烨买卖合同案

【案件基本信息】

1. 裁判书字号

福建省厦门市中级人民法院（2021）闽02民再11号民事判决书

2. 案由：买卖合同纠纷

3. 当事人

原告（反诉被告、被上诉人、再审申请人）：石材公司

被告（反诉原告、上诉人、再审被申请人）：铝窗公司

被告（上诉人、再审被申请人）：蔡某烨

【基本案情】

2013年12月31日，石材公司与铝窗公司、蔡某烨签订了一份《石材订购合同》（以下简称合同1）。合同1约定：石材公司向铝窗公司承包建设的工程供应“高层莆田锈大黄外墙干挂石材”，每2000平方米结算一次，铝窗公司预付该批次货款的65%；铝窗公司收到该批次的所有材料、发票及收货单原件后，支付至该批货物总额的95%，余款5%在该工程验收合格后一个月内支付。

结算数量按双方确认的加工细目、订单及现场签收人员确认的收货凭证为最终结算依据，若在合同履行过程中发生纠纷，由合同签订地即厦门市集美区人民法院管辖。除此之外，合同对供应货物规格、数量、质量标准、验收方式、单价、违约责任等方面进行了详细约定。2014年1月3日，双方又签订了一份《石材订购合同》（以下简称合同2），合同2内容除供应的货物名称（锈石外墙干挂石材）、规格、数量和价格外，其余合同条款与合同1条款一致。前述二份合同签订后，双方分别签订了三份《补充协议》及一份《联系函》，对部分规格石材的价格作了相应的变更。合同及协议签订后，石材公司陆续向铝窗公司、蔡某烨交付石材，对方在送货单上签字确认；铝窗公司、蔡某烨至今共支付货款10218500元给石材公司，被告使用石材公司所供应的石材的建设项目水晶湖郡B区二期建设工程经相关部门验收合格。双方当事人因对讼争石材的规格、单价、数量及总价款进行核对但未能达成一致意见，诉至法院。

【案件焦点】

1. 管理公司作出的《工程造价鉴定意见书》及《工程造价鉴定建议性意见书（市场价）》，能否作为本案处理的依据；2. 双方对合同中约定“圆柱与弧面板”的单价应如何认定，鉴定机构对该部分的鉴定意见是否合理。

【法院裁判要旨】

福建省厦门市集美区人民法院审理认为：关于石材公司所交付石材的规格、单价、数量、总价款。石材公司已经提交了合同、协议、送货单、对账单等作为证据，经计算，石材公司交付石材总价款为13053199.38元，扣除铝窗公司、蔡某烨已付款10218500元，铝窗公司、蔡某烨尚欠石材公司货款2834699.38元。依照《中华人民共和国合同法》《中华人民共和国民事诉讼法》规定，判决如下：

铝窗公司、蔡某烨应于本判决生效后十日内支付给石材公司货款2834699.38元及利息。

被告不服一审判决，提起上诉。

福建省厦门市中级人民法院经审理认为：各方当事人均确认本案金额存在争议的部分石材的计价面积在送货现场无法计算而必须在之后的结算中按照图纸进行计算，认为需委托专业鉴定机构根据图纸等资料对讼争石材的价款进行计算并作出认定，故对铝窗公司的鉴定申请予以准许。管理公司出具《工程造价鉴定意见书》及《工程造价鉴定建议性意见书（市场价）》，本项目鉴定金额为：11473149.79 元（其中：柱身弧板工程量 275.899 ㎡，柱身弧板总价 165539.4 元）。二审法院采信该鉴定结论作为认定讼争石材货款金额的依据，石材公司提供的柱身弧形板应按补充协议按弧面板（半径小于 5m）600 元/㎡计算，并根据《建设工程造价鉴定规范》文件中第 5.3.3 条的规定认定石材公司向铝窗公司所供石材工程鉴定金额为 11473149.79 元（不含无图纸部分）。认定石材公司交付铝窗公司石材总价款为 12020904.33 元，扣除铝窗公司、蔡某烨已付款 10218500 元，铝窗公司、蔡某烨尚欠石材公司货款 1802404.33 元。判决：

一、维持福建省厦门市集美区人民法院（2016）闽 0211 民初 3531 号民事判决第二项；

二、变更福建省厦门市集美区人民法院（2016）闽 0211 民初 3531 号民事判决第一项为：铝窗公司、蔡某烨应于本判决生效后十日内支付石材公司货款 1802404.33 元及利息。

石材公司申请再审。

福建省厦门市中级人民法院经审理认为：原二审委托鉴定机构作出的《工程造价鉴定意见书》及《工程造价鉴定建议性意见书（市场价）》，再审中经组织双方当事人进行质证，双方均已充分发表各自的意见。上述鉴定意见可以作为本案处理的参考意见，但不是全部采纳，而是部分采纳。双方对于合同中约定的圆柱部分单价分歧较大，合同中明确约定圆柱按面积计算，柱身 1450 元/㎡，柱头和柱底 2500 元/㎡，面积按最大弧长及高相乘数。从鉴定人员出庭接受质询时，其陈述与当事人核对的时候图纸中没有实心（柱），都是空心的事实来看，双方分歧的圆柱并非实心柱，而鉴定机构将合同中圆柱部分按弧面板的单价计算，以及从市场价格推断原合同订立的圆柱1450元/㎡为非板式石材柱身计算单价，并按补充协议弧面板（半径小于5m）600元/㎡计算，显然与当事人合同约定相左，且本院函询厦门市石材商会也得到印证。故本案圆柱部分应按照双方合同约定的单价1450元/㎡，并以其面积计价，该部分柱身工程量275.899㎡，柱身总价应为400053.55元。铝窗公司、蔡某烨尚欠石材公司货款应为2036918.48元（11707663.94元+547754.54元-10218500元=2036918.48元）。原二审对此事实认定有误，应予纠正。判决如下：

一、撤销本院（2018）闽02民终1766号民事判决和厦门市集美区人民法院（2016）闽0211民初3531号民事判决；

二、铝窗公司、蔡某烨应于本判决生效后十日内支付石材公司货款2036918.48元及利息。

【法官后语】

鉴定意见，作为我国民事诉讼中证据的种类之一，不仅需要满足作为证据的客观性、关联性和合法性特性，同时还要具备其独特的技术性和科学性，因而鉴定意见这一证据与其他证据形式最大的区别就在于它是具有科学性的意见证据。在同一个案件中，往往存在多种证据，而其他证据是否真实合法、证明效力问题有时需要依靠鉴定意见来确定，作为证据的鉴定意见想要帮助法官查明案件事实，就必须具备证据能力。鉴定意见是具有科学性的证据，鉴定人在出具鉴定意见时，往往会受制于自身的知识水平和主观判断，而直接影响鉴定意见的客观公正性，尽管其具备科学性和法律性，但仍然存在错误鉴定或虚假鉴定的可能性。本案中之所以部分采纳二审程序中形成的鉴定意见，就在于法官结合案件实际，发现合同中约定的圆柱部分单价分歧较大，从鉴定人员出庭接受质询时，其陈述与当事人核对时图纸中实际来看，双方分歧的圆柱并非实心柱，而鉴定机构将合同中圆柱部分按弧面板的单价计算，以及从市场价格推断原合同订立的圆柱1450元/㎡为非板式石材柱身计算单价，并按补充协议弧面板（半径小于5m）600元/㎡计算，显然与当事人合同约定相左，且再审合议庭在这一前提下进一步函询当地石材商会也得到印证。实践中，对于民事诉讼鉴定意见这一证据的把握，由于法官缺乏相关知识背景，使得在识别其他证据的真伪性时需要借助鉴定意见来判断，但也可以辅助以其他相关的证据，从而得到更为准确的案件事实判断，在这一前提下对鉴定意见做部分采纳是完全正当的。

本案还存在另一个问题，即一审中当事人没有申请鉴定，法院也未委托鉴定的情况下，二审或再审法院是否可以准许鉴定。关于这一问题，主要从两个方面考虑：一是审查鉴定的必要性。即该鉴定申请是否与查明案件基本事实有关、相关问题是否必须鉴定才能作出判断等。二是审查原审法院是否就相关待查明事实需要鉴定的问题向当事人作过释明。如果当事人经过释明后仍明确放弃司法鉴定申请或者未按照要求预交鉴定费用、鉴定材料的，此时需要对当事人放弃鉴定是否有正当理由作专门的询问和审查。如果当事人无正当理由未在原审法院指定的期间内申请鉴定，或者申请后未按照要求预交鉴定费用，则可以推定该当事人对相关待证事实的举证权利作了处分，一般对当事人在二审或者再审中提出的鉴定申请不予准许。通过对现行法和相关司法案例的梳理，关于当事人在二审或再审中申请鉴定，法院是否准许的问题，可参考以下思路进行处理：(1) 原则：实质重于形式，按照有无鉴定必要性区分。如果鉴定申请与查明案件基本事实有关且相关问题必须通过鉴定才能作出判断的，二审、再审法院应准许鉴定申请；若无鉴定必要性，二审、再审法院可不予准许再审申请。(2) 例外：虽有鉴定必要性，但原审法院就相关待查明事实需要鉴定作过释明，当事人原审怠于申请鉴定、不缴鉴定费、不提供鉴定材料且无正当理由，应推定当事人放弃了申请鉴定之权利，二审、再审法院可不再准许鉴定申请。

编写人：福建省厦门市中级人民法院　吴琦　王帆

48

消费欺诈证明标准问题

——尹某某诉某汽车销售公司买卖合同案

【案件基本信息】

1. 裁判书字号

北京市第三中级人民法院（2021）京 03 民终 13605 号民事判决书

2. 案由：买卖合同纠纷

3. 当事人

原告（上诉人）：尹某某

被告（被上诉人）：某汽车销售公司

【基本案情】

尹某系尹某某之子。2019 年 9 月 26 日，尹某代理尹某某与某汽车销售公司签订汽车销售协议，协议约定：甲方（出卖人）：某汽车销售公司，乙方（买受人）：尹某某；车型信息：车型大切 3.6L 豪华，车价 649900 元优惠 217000 元=432900 元，最终开票价 434900 元实际 432900 元，商业险 12137 元，选购精品费 3863 元，收款总计 449100 元-5000 元定金=444100 元……；1. 甲方在收全部款额后向乙方交付车辆，交付车辆时须同时提供：（1）销售发票；（2）车辆合格证及车辆一致性证书；（3）三包及保养手册；（4）车辆使用说明或用户使用手册；（5）随车工具及附件清单。2. 车辆交接时应当场验收，甲方应当场向乙方介绍车辆的基本使用功能等，如实回答乙方的提问，配合乙方对车辆进行验收；乙方应对所购车辆外观、内饰、配置、随车物件、使用功能及选装精品/配件等进行认真查验，如有异议应当场向甲方提出，由甲方按照双方协商的方式处理。落款处乙方签字为尹某代尹某某所签，同日尹某代尹某某向某汽车销售公司刷卡支付444100元，向税务部门交纳38486.73元税款，某汽车销售公司为尹某某开具434900元机动车销售统一发票，并交付车辆。签订合同及交付车辆地为北京市怀柔区某汽车销售公司4S店，当天尹某某并未到场，签订合同、支付款项，检查车辆、接收车辆全部流程均由尹某代理其完成。

在审理过程中，尹某某向本院申请对涉案车辆是否配置空气悬架系统以及底盘是否被拆解过进行鉴定，本院委托机动车鉴定公司进行鉴定，2021年3月4日机动车鉴定公司出具鉴定结论：该车没有空气悬架配置；无法判断底盘是否有过拆解。鉴定结论出具后，双方主要争议焦点在于涉案车辆是否应具备空气悬架系统，某汽车销售公司是否虚假陈述涉案车辆具备空气悬架系统导致尹某某陷入错误认识签订汽车买卖合同。尹某某诉讼请求为：（1）判令被告向原告退还购车款454100元及车辆购置税38486元；（2）判令被告支付赔偿金1362300元（454100元×3倍）；（3）本案诉讼费由被告承担。某汽车销售公司不同意尹某某的诉讼请求。

【案件焦点】

1. 涉案车辆是否应当具备空气悬架系统；2. 尹某某是否陷入错误认识签订汽车销售合同；3. 某汽车销售公司是否有欺诈的故意。

【法院裁判要旨】

北京市密云区人民法院经审理认为：首先，关于涉案车辆是否应当具备空气悬架系统。大切诺基不同版本的划分是厂家定义的，国家对此并无强制性规定，故大切诺基2017款豪华导航版是否应当具备空气悬架系统厂家应具备最终解释权，原告仅凭门户网站确定大切诺基2017款3.6L豪华导航版应具备空气悬架系统，依据不足，本院不予认定。

其次，尹某某是否陷入错误认识签订涉案销售合同。本院认为，空气悬架系统不属于隐蔽配置，从汽车中控台和轮胎底盘处均可判断。尹某向本院陈述在订购涉案车辆之前欲从天津港购车大切诺基豪华版，价格大概38万元到39

万元，具备空气悬架系统，但因为该车没有质保才退了天津的车去北京购买的涉案车辆。由此可以看出，尹某委托朋友购买大切诺基车辆时即明确的是大切诺基豪华导航版，在前往某汽车销售公司订购之前，也曾去天津港订购，对车辆版本、配置、价格有一定的认知。且原告诉称中某汽车销售公司的宣传页、销售人员的虚假告知让其错误认为该车具备空气悬架系统进而签订涉案销售协议。按一般生活常理，在其对汽车悬架系统有认知的情况下，其不可能在购车一个月之后为汽车保养时才知晓此事。另外，汽车产品说明书上也清晰显示空气悬架系统有无标志，原告阅读产品说明书对照自身车辆便可得知。原告对陈某、王某林的证言均不认可，但本院当庭联系刘某（音），刘某（音）表示购车后尹某曾电话联系其询问涉案车辆底盘是否曾被拆解，并没有询问是否有空气悬架系统。刘某（音）作为原告购车联系人其地位更为中立，其陈述与二人证言能够相互佐证，故本院综合全案证据，对陈某、王某林的证言予以确认。

此外，若按原告诉称中所称某汽车销售公司销售人员明确告知其涉案车辆有空气悬架系统，结合销售协议中“车辆交接时应当场验收，买方应对所购车辆外观、内饰、配置、随车物件、使用功能及选装精品/配件等进行认真查验，如有异议应当场向卖方提出”的约定及一般生活常理，原告应主动检查车辆是否如销售人员所述具备空气悬架系统。综上，本院难以认定尹某因陷入错误认识才签订涉案销售协议。

最后，关于某汽车销售公司是否有欺诈的故意。空气悬架系统并非豪华导航版和其他版本区分的重大特点，对原告是否决定购买车辆不具备决定性影响，某汽车销售公司作为正规 4S 店故意隐瞒价值几万元的空气悬架系统，可能付出百万级的赔偿，不符合经济理性人的一般判断。按照法律规定，当事人对欺诈、胁迫、恶意串通事实的证明，人民法院确信该待证事实存在的可能性能够排除合理怀疑的，应当认定该事实存在，即欺诈的认定标准要高于一般法律事实，结合全案证据及上文论述，本院难以认定原告举证达到“排除合理怀疑”的标准。另，若被告有意隐瞒车辆具备空气悬架系统的事实，按照常理便不会主动告知涉案车辆具备空气悬架系统以引起购车人的注意。

综上，原告主张被告存在欺诈行为并要求退还购车款、车辆购置税并赔偿损失的诉讼请求，缺乏事实及法律依据，本院不予支持，对被告合理的辩解意见，本院予以采纳，不合理意见不予采纳。

综上，依照《中华人民共和国民事诉讼法》第六十四条，《最高人民法院关于适用〈中华人民共和国民事诉讼法〉的解释》第九十条、第一百零九条，《最高人民法院关于适用〈中华人民共和国民法典〉时间效力的若干规定》第一条第二款之规定，判决如下：

驳回原告尹某某的全部诉讼请求。

尹某某不服原审判决，提起上诉。

北京市第三中级人民法院经审理认为：当事人对自己提出的诉讼请求所依据的事实或者反驳对方诉讼请求所依据的事实，应当提供证据加以证明，但法律另有规定的除外；在作出判决前，当事人未能提供证据或者证据不足以证明其事实主张的，由负有举证证明责任的当事人承担不利的后果。本案中，尹某某系以某汽车销售公司存在欺诈为由要求某汽车销售公司退还购车款、车辆购置税并赔偿损失，故尹某某应当就某汽车销售公司存在欺诈的情况予以举证证明。根据本案审理情况，本院认为，就本案现有证据难以认定某汽车销售公司在出售涉案车辆的过程中存在欺诈行为。理由如下：

一、关于涉案车辆应否配置空气悬架系统的问题

本案中，尹某某主张其向某汽车销售公司购买的涉案车辆应当配置空气悬架系统，主要的理由是生产商官网、汽车网站以及国内4S店提供的宣传资料、配置情况均表明3.6L豪华导航版大切诺基应配置空气悬架系统，故尹某某有理由相信其向某汽车销售公司购买的涉案车辆应当配置空气悬架系统。对此本院认为，首先，双方签订的汽车销售协议并未明确载明涉案车辆应当配置空气悬架系统，尹某某亦未举证证明双方已就其所称的宣传单、配置表载明的内容订入汽车销售协议达成一致意见，现尹某某主张某汽车销售公司交付的车辆应当符合相关宣传单、配置表载明的配置情况，依据不足，本院难以采信；其次，尹某某提出的相关宣传资料、汽车网站载明内容以及其他4S店销售人员的答复

中虽有关于 3. 6L 豪华导航版大切诺基对应配置的内容，但本案中并无充分证据表明双方曾经确认或者某汽车销售公司认可向尹某某出售的涉案车辆应当配置空气悬架系统，且相关宣传资料和汽车网站上也有关于车辆配置有可能变更、相关数据仅供参考、车型参配以实车为准等提示信息，该提示内容应不属于常人难以理解的内容，而就其他 4S 店销售人员的答复亦无法证明某汽车销售公司交付的涉案车辆应当具备空气悬架系统。故就本案现有证据来看，尹某某上诉提出其有理由相信涉案车辆应当配置空气悬架系统的主张依据不足，本院难以支持。

二、关于某汽车销售公司是否存在欺诈的问题

一般而言，民法上的欺诈行为是指一方当事人故意告知对方虚假情况，或者隐瞒真实情况，从而诱使对方当事人作出错误意思表示的行为。关于欺诈的证明标准，《最高人民法院关于适用〈中华人民共和国民事诉讼法〉的解释》第一百零九条规定，当事人对欺诈、胁迫、恶意串通事实的证明，以及对口头遗嘱或者赠与事实的证明，人民法院确信该待证事实存在的可能性能够排除合理怀疑的，应当认定该事实存在。根据该条司法解释的规定，当事人对欺诈事实的证明，应当达到"排除合理怀疑"的证明标准。本案中，尹某某主张某汽车销售公司在销售过程中隐瞒了涉案车辆未配置空气悬架系统的情况，但其在本案中提交的证据无法达到"排除合理怀疑"的证明标准。首先，就本案审理情况来看，空气悬架系统并不属于隐蔽配置，从汽车中控台等位置即可加以判断，结合尹某某就选车、购车过程所作陈述，其对涉案车辆的版本、型号、价格以及空气悬架系统配置等应当具备相当程度的认知，涉案车辆是否配置空气悬架系统应属通过现场查验即可发现的情况，某汽车销售公司应无理由对此加以隐瞒；其次，根据查明事实，涉案车辆随车交付的产品说明书上已经显示空气悬架系统有无的标志，对此尹某某通过阅读产品说明书对照自身车辆即可得知，现有情形不足以得出某汽车销售公司故意隐瞒涉案车辆未配置空气悬架系统的结论；再次，根据尹某某的上诉意见，仅空气悬架系统一项配置就价值七八万元，占涉案车辆总购车价款的 15%以上，对于该项配置，尹某某理应在购

车过程中明确告知某汽车销售公司涉案车辆需要具备该项配置并在与某汽车销售公司达成合意后购买，但就本案现有证据，难以认定尹某某在购车过程中曾明确告知过某汽车销售公司其想购买的车辆应当具备空气悬架系统及某汽车销售公司曾确认过诉争车辆具有该配置，在此情形下，本院难以认定某汽车销售公司在订立合同时具有欺诈的故意。同时，就本案查明情况，尹某在买车后一个多月的时候曾与刘某联系，但就一审法院向刘某核实的情况，尹某联系刘某仅询问涉案车辆底盘是否曾被拆解，并没有询问是否有空气悬架系统，如双方约定的涉案车辆应当配置空气悬架系统，在尹某发现该车不具备空气悬架系统的情况下，其并未就此向刘某提出异议，明显与常理不符。综合上述分析，本院认为，根据在案证据及查明事实，结合上述司法解释规定的关于欺诈的证明标准，并不足以认定某汽车销售公司在销售涉案车辆的过程中存在欺诈行为，故对尹某某提出的要求某汽车销售公司退还购车款、车辆购置税及支付赔偿金的上诉主张，本院难以支持。综上所述，尹某某的上诉请求不能成立，应予驳回；一审判决结果并无不当，本院予以维持。依照《中华人民共和国民事诉讼法》第一百七十条第一款第一项之规定，判决如下：

驳回上诉，维持原判。

【法官后语】

随着消费者维权意识的不断提高，当消费者购买产品或接受服务权益感到受到损害时就开始主动维权，在消费者维权诉讼中，消费欺诈是纠纷产生的关键，经营者提供商品或者服务是否存在欺诈行为就成为双方当事人争议的焦点。本案的争议焦点即为被告某汽车销售公司在出售涉案车辆的过程中是否存在欺诈行为。

一般而言，民法上的欺诈行为是指一方当事人故意告知对方虚假情况，或者隐瞒真实情况，从而诱使对方当事人作出错误意思表示的行为。消费欺诈与民法上的欺诈还有所不同，消费欺诈是指特别存在于消费领域，经营者在提供商品或者服务中，采取虚假或者不正当手段欺骗、误导消费者，致使消费者的合法权益受到损害的行为。消费欺诈应当满足以下构成要件：（1）消费者应当是为生活消费需要购买、使用商品或者接受服务而非生产和经营需要。(2)经营者主观上有欺诈的故意，客观上实施了欺诈的行为，故意隐瞒真实情况或者故意告知对方虚假情况。(3)消费者受骗作出错误意思表示，且该意思表示与经营者的欺诈具有法律上的因果关系。

关于欺诈的证明责任，作为消费者主张欺诈，按照“谁主张，谁举证”的一般举证原则，举证责任在消费者一方，消费者应就经营者存在欺诈的故意与行为、损害事实以及欺诈行为与损害事实之间存在因果关系等承担举证责任。至于证明标准，则应根据《最高人民法院关于适用〈中华人民共和国民事诉讼法〉的解释》第一百零九条规定，即当事人对欺诈、胁迫、恶意串通事实的证明，以及对口头遗嘱或者赠与事实的证明，人民法院确信该待证事实存在的可能性能够排除合理怀疑的，应当认定该事实存在。根据该条司法解释的规定，当事人对欺诈事实的证明，应当达到“排除合理怀疑”的证明标准。之所以对欺诈的证明标准作出不同于普通民事案件“高度盖然性”的要求，有观点认为，“主要是根据实体法的规定，将欺诈、胁迫、恶意串通的事实，在实体法立法上使用‘足以’‘显失公平’的表述，均反映立法者对此类待证事实拔高证明标准的意图；并且，但凡发生了欺诈、胁迫或恶意串通的行为，就会导致现有的法律关系无效或者可撤销。因而，从维护法律秩序的稳定性、保障交易安全的民商事立法目的来看，需要对这些事实赋予更高的证明标准”。

本案中，尹某某主张涉案车辆应配置空气悬架系统，某汽车销售公司在销售涉案车辆过程中隐瞒了该车辆未配置空气悬架系统的情况而构成欺诈，尹某某承担举证责任后，因其提交的证据无法达到“排除合理怀疑”的证明标准，法院最终判决驳回尹某某的诉讼请求。

编写人：北京市密云区人民法院　徐征征

49

厘清货款欠条与民间借贷欠条的区别

——黄某来诉郭某林买卖合同案

【案件基本信息】

1. 裁判书字号

广西壮族自治区蒙山县人民法院（2021）桂0423民初101号民事判决书

2. 案由：买卖合同纠纷

3. 当事人

原告：黄某来

被告：郭某林

【基本案情】

2018年5月20日被告郭某林在玻璃店黄某来处购买玻璃、不锈钢等材料共计货款17650元，自2019年8月10日立下欠条，约定在2019年12月底一次性付清。如果过期未付，被告愿意每月按货款总数4%利息计算，现原告主张从2020年1月1日起至货款期限到期之日止，月利息按1.28%计算。原告多次要求被告归还货款及支付利息未果。被告的行为已构成违约，债务应清偿。

【案件焦点】

被告于2019年8月10日立下的欠条作货款与作借款的区别。

【法院裁判要旨】

广西壮族自治区蒙山县人民法院经审理认为：被告在原告处购买玻璃、不锈钢等材料，双方之间的买卖合同关系合法有效。2019年8月10日经双方结算，被告尚欠原告货款 17650 元，并于当日立下欠条交原告收执。故原告请求被告支付尚欠货款 17650 元，有被告出具给原告收执的欠条予以证实，本院予以支持。根据《最高人民法院关于审理买卖合同纠纷案件适用法律问题的解释》第十八条第三款的规定，“买卖合同约定逾期付款违约金，但对账单、还款协议等未涉及逾期付款责任，出卖人根据对账单、还款协议等主张欠款时请求买受人依约支付逾期付款违约金的，人民法院应予支持”。在欠条双方约定被告应当在 2019 年 12 月底一次性付清全部货款，假如逾期未付清的，以所欠总货款数额为基数，按月利率 4%计算至付清所有货款时止，现原告主张从 2020 年 1 月 1 日起至被告给付完所有货款时止，以被告尚欠的货款 17650 元为基数，按月利率 1.28%计算逾期利息，符合法律规定，本院予以支持。

广西壮族自治区蒙山县人民法院依照《中华人民共和国合同法》第六十条、第一百五十九条、第一百六十一条，《最高人民法院关于审理买卖合同纠纷案件适用法律问题的解释》第十八条第三款，《最高人民法院关于适用〈中华人民共和国民法典〉时间效力的若干规定》第一条，《中华人民共和国民事诉讼法》第一百四十四条之规定，判决如下：

被告郭某林应于本案判决生效之日起三天内给付货款 17650 元及逾期利息（利息以 17650 元为基数，从 2020 年 1 月 1 日起至实际清偿之日止，按月利率 1.28%计算）给原告黄某来。

判决后，双方当事人均未上诉，本判决现已生效。

【法官后语】

本案中，原被告在欠条中约定被告应当在 2019 年 12 月底一次性付清全部货款，假如逾期未付清的，以所欠总货款数额为基数，按月利率 4%计算至付清所有货款时止。在此“以所欠总货款数额为基数，按月利率 4%计算”应该是原被告约定支付违约金的计算方式。这是否存在违约金过高的问题值得商榷。后因原告主张从 2020 年 1 月 1 日起至被告给付完所有货款时止，以被告尚欠的货款 17650 元为基数，按月利率 1.28%计算逾期利息，本院才予以支持原告的诉讼请求。

在很多买卖合同纠纷中，因买受人的原因而未能及时支付货款，出卖人便要求买受人出具欠条，并在该欠条上约定逾期支付欠款的，买受人应按月利息2分支付给出卖人直至全部欠款清偿时止。这样约定的计算利息的方式是按照民间借贷的利息方式计算，这样的约定是否可以受到法律保护呢？笔者认为，首先就当事人的“欠条”应当审查其基础法律关系。若欠条的内容或在庭审中查明，欠条是因买卖合同关系引起的一种结算方式，那么就应当适用《中华人民共和国民法典》中关于买卖合同及司法解释的相关规定，而不能认为该欠条所载明的欠款数额会转化为民间借贷的法律关系。有误解认为，既然货款经过买受人与出卖人的结算，所得出的欠款数额与民间借贷所欠数额在本质上是一致的，因为结算的行为会阻却之前的买卖合同欠款的状态，认为结算的行为会当然转化成民间借贷，同时因为两者的性质都是欠款。故对经过买受人与出卖人的结算所得出的欠款，只要双方约定月利息2分，都认为是双方的意思自治，法院不应当干涉该约定。但按照支付违约金的数额不得超过总价款的30%的规定，很多买卖合同的欠款所约定的月利息都会严重背离该项规定。应当对买卖合同与民间借贷的法律关系予以区分，以便适用相关法律规则。

笔者认为，买卖合同关系是出卖人按照约定向买受人提供商品而买受人按照约定向出卖人支付合理对价的法律关系，存在等价交换的关系。虽然民间借贷也是双向的法律关系，但民间借贷合同属于实践性合同，有其相应的法律构成要件，首先必须有借贷双方的合意，基于双方的意思表示而作出的行为，同时以出借人出借贷款而贷款人实际取得贷款为最终构成民间借贷法律关系，成立民间借贷合同。所以，为了能够更加公正审理买卖合同纠纷案件，恪守民事法律的公平原则，应当对“欠条”的性质加以界定，进而确定争讼的基础法律关系，明确审理方向。《最高人民法院关于审理民间借贷案件适用法律若干问题的规定》第十四条规定，原告以借据、收据、欠条等债权凭证为依据提起民间借贷诉讼，被告依据基础法律关系提出抗辩或者反诉，并提供证据证明债权纠纷非民间借贷行为引起的，人民法院应当依据查明的案件事实，按照基础法律关系审理。当事人通过调解、和解或者清算达成的债权债务协议，不适用前款规定。该规定显明法院在审理“欠条”案件中的中立地位，将举证责任分配给被告，由被告就基础法律关系的存在予以证明。这也充分表明，买卖合同的结算“欠条”与民间借贷的“欠条”在本质上是不一样的。所以在审理“欠条”案件时，如果基础法律关系明确为买卖合同关系，就应当适用买卖合同中归于违约金的法律及司法解释规定，而不能以民间借贷的相关利息计算的法律及司法解释作为裁判依据，否则就是适用法律不正确，不符合法律“三段论”的推理模式。因为法律事实作为小前提，法律规范作为大前提，若小前提或大前提因法律基础关系不对应，所推导得出的结论必然是错误的。

编写人：广西壮族自治区蒙山县人民法院　张廷强

50

合同相对性抗辩中应考量的因素

——商贸公司诉供应链公司、食品公司买卖合同案

【案件基本信息】

1. 裁判书字号

福建省厦门市同安区人民法院（2021）闽 0212 民初 3020 号民事判决书

2. 案由：买卖合同纠纷

3. 当事人

原告：商贸公司

被告：供应链公司、食品公司

【基本案情】

2021 年 1 月初，因经营需要，商贸公司经供应链公司介绍向食品公司购买香瓜子等零食，约定先支付 50%的货款后发货。2021 年 1 月 5 日、6 日，商贸

公司员工苏某栋向食品公司指定的账户即李某琴的账户分别转账5000元及41250元。但食品公司收到货款后至今未发货，经商贸公司多次催促，食品公司称未与商贸公司发生任何关系，上述款项系供应链公司拖欠食品公司的货款，拒不发货也不退款。为此，商贸公司向法院提出诉讼。

【案件焦点】

食品公司是否应当承担退还货款的责任。

【法院裁判要旨】

福建省厦门市同安区人民法院经过审理认为：

首先，根据食品公司提供的聊天记录可以证明，供应链公司向食品公司购买香瓜子等产品，并于2020年10月31日向食品公司订购第一笔46250元的订单，食品公司对供应链公司执行货到付款方式，后经食品公司多次催讨货款，供应链公司指示案外人苏某栋向食品公司账户付货款，而供应链公司向食品公司订购的第二笔88200元的订单，因为双方对于发货、付款时间商议不一致而未达成交易。双方有明确的买卖合意，且订单双方为供应链公司与食品公司，供应链公司与食品公司存在买卖合同关系。

其次，从商贸公司提供的证据仅能证明其通过供应链公司购买香瓜子等货物，付款是在供应链公司的指示下进行。结合食品公司提交的聊天记录来看，供应链公司向食品公司订购第二笔订单时并未表明是替商贸公司购买，且供应链公司向食品公司支付5000元及41250元货款时亦未表明是商贸公司购买货物的货款，而是在食品公司多次催讨之后支付的供应链公司与食品公司之间的第一笔订单的货款。账号变更通知书、销售订单并不是食品公司发给供应链公司，而是供应链公司发给商贸公司的，销售订单的双方也仅是供应链公司与食品公司，与商贸公司并无关联。根据合同相对性，商贸公司与食品公司之间并不存在买卖合同关系。

最后，供应链公司庭审中提出其是食品公司的代理商，但并没有证据证明，本院不予采信。退一步讲，即便供应链公司是食品公司的代理商，商贸公司向代理商购买货物也不需要告知食品公司，商贸公司的相对方仍然是供应链公司而非食品公司。

综上，食品公司并非商贸公司买卖合同关系的相对方，不应承担退还货款的责任。商贸公司要求解除其与食品公司的买卖合同的诉求，本院不予支持。

本案系买卖合同关系。商贸公司向供应链公司购买货物，并按照供应链公司的要求支付货款，商贸公司与供应链公司之间存在事实上的买卖合同关系，当事人均应依照约定及法律规定全面履行合同义务。现商贸公司支付了货款，而供应链公司经催告后至今未发货，商贸公司现要求供应链公司退还货款46250元，符合事实及法律规定，本院予以支持。关于利息。商贸公司与供应链公司之间未约定交付货物的期限，直至起诉之日，供应链公司既未发货又未退货款，该利息实质上为逾期付款违约金，故本院支持利息从2021年6月9日起计算至实际偿还之日止，按照全国银行间同业拆借中心公布的一年期贷款市场报价利率1.5倍计算，商贸公司诉求的逾期付款违约金按年利率6%，自2021年1月7日起计算至实际偿还之日止，没有事实和法律依据，本院不予支持。

判决后，双方当事人均未上诉，本判决现已生效。

【法官后语】

本案面对的主要是合同相对性这一理论问题。我国现有立法、司法以及学术观点都合同相对性的相关阐述，裁判者需要运用法理对其进行分析和阐释。

合同相对性原则是指合同项下的权利与义务只由合同当事人享有或者承担，合同仅对当事人具有法律约束力，对合同当事人之外的第三人不具有法律约束力。

尽管合同相对性规则包含了极为丰富和复杂的内容，且广泛体现在合同法的各项制度之中，但概括起来，笔者认为主要包含如下三个方面的内容：

一、主体的相对性

所谓主体的相对性，是指合同关系只能发生在特定的主体之间，一方合同当事人只能够向另一方当事人基于合同提出请求或提起诉讼。与合同关系当事人没有发生合同上的权利义务关系的第三人，不能依据合同向合同当事人提出请求或者提起诉讼。

二、内容的相对性

所谓内容的相对性，是指除法律、合同另有规定以外，只有合同当事人才能享有某个合同所约定的权利，并承担该合同约定的义务，合同当事人以外的任何第三人不能主张合同上的权利。权利义务是相互对应的，在双务合同中，合同内容的相对性还表现在一方的权利就是另一方的义务。由于合同内容及于当事人，权利人的权利须依赖于义务人履行义务的行为才能实现。

合同内容的相对性原理包括如下几项具体规则：第一，合同规定由当事人享有的权利，原则上不能由第三人享有。合同规定由当事人承担的义务，一般也不能对第三人产生拘束力。当然，随着现代产品责任制度的发展，许多国家立法扩大了产品制造商、销售商对许多与其无合同关系的消费者的担保义务和责任，有关这方面的问题，笔者将在后文进一步探讨。第二，合同当事人无权为他人设定合同上的义务。一般来说，权利会为主体带来一定利益，而义务则会为义务人带来一定负担或使其蒙受不利益。如果合同当事人为第三人设定权利，法律可以推定，此种设定是符合第三人意愿的，但如果为第三人设定义务，则只有在征得第三人同意之后，该义务方可生效，若未经第三人同意而为其设定义务，实际上是在损害第三人利益，因此，合同当事人约定的此种义务条款对第三人是无效的。第三，合同权利与义务主要对合同当事人产生约束力。但法律为防止因债务人财产的不当减少而给债权人的债权带来损害，允许债权人对债务人和第三人的某些行为行使撤销权及代位权，以保护其债权，这两种权利的行使，都涉及合同关系以外的第三人，并对第三人产生法律上的拘束力。因此，合同的保全也可以看作合同相对性的例外现象。

三、责任的相对性

由于违约责任以合同债务的存在为前提，而合同债务则主要体现于合同义务之中，合同义务的相对性必然决定合同责任的相对性。所谓违约责任的相对性，是指违约责任只能在特定的具有合同关系的当事人之间发生，合同关系以外的人不负违约责任，合同当事人也不对其承担违约责任。违约责任的相对性，包括三方面的内容：

第一，违约当事人应对因自己的行为造成的违约后果承担违约责任，而不能将责任推卸给债务履行的辅助人。根据合同法的一般规则，债务人应对其履行辅助人的行为负责。所谓债务履行的辅助人，是指根据债务人的意思辅助债务人履行债务的人，主要包括两类：一是债务人的代理人，二是代理人以外的根据债务人的意思事实上从事债务履行的人。履行辅助人通常与债务人之间具有某种委托或劳务合同等关系，但他与债权人之间并无合同关系，因此债务人应就履行辅助人的行为向债权人负责。

第二，在因第三人的行为造成债务不能履行的情况下，债务人仍应向债权人承担违约责任；债务人在承担违约责任以后，有权向第三人追偿。债务人就第三人的行为向债权人负责，既是相对性规则的体现，也是保护债权人利益所必需的。我国民法也确认了债务人应就第三人行为向债权人负责的规则。《中华人民共和国民法典》第五百九十三条规定："当事人一方因第三人的原因造成违约的，应当依法向对方承担违约责任。当事人一方和第三人之间的纠纷，依照法律规定或者按照约定处理。"这就进一步确认了因第三人的行为造成债务不能履行的情况下，债务人仍应向债权人承担违约责任的规则。

第三，债务人只能向债权人承担违约责任，而不应向第三人承担违约责任，因为只有债权人与债务人才是合同当事人。其他人因不是合同的主体，所以，债务人不应对其承担违约责任。总之，合同的相对性规则的内容是十分丰富的，但集中体现于合同的主体、内容、责任三个方面，而这三个方面的相对性也是相辅相成、缺一不可的。

编写人：福建省厦门市同安区人民法院　史雯雯

八、买卖合同的其他问题

51

以物抵债协议对原金钱债务履行请求阻却效力的认定

——实业公司诉建筑安装公司买卖合同案

【案件基本信息】

1. 裁判书字号

山东省东营市东营区人民法院（2020）鲁0502民初6311号民事判决书

2. 案由：买卖合同纠纷

3. 当事人

原告：实业公司

被告：建筑安装公司

【基本案情】

2016年12月8日，实业公司（乙方）与建筑安装公司（甲方）签订《抵房协议》，协议约定，因甲方赊欠乙方商混2206840元，甲方自愿用四套房屋作价2553450元抵偿上述相应债务；本协议签订后，甲乙双方共同完成相关《房屋买卖合同》的签订和购房收据、发票的开具；《房屋买卖合同》签订后，本协议所述房屋顶抵债务2553450元即时结清；若购房合同无法在房管局正式备案，乙方无法办理过户等手续，则视为甲乙双方未完成以房抵债事宜，乙方恢复对甲方享有的相应 2553450 元债权。

2017 年 5 月 26 日，实业公司（乙方）与建筑安装公司再次签订《抵房协议》，协议约定，因甲方赊欠乙方商混 1449428 元，甲方自愿以其自有一套房屋作价 687540 元抵偿上述相应债务；其余条款同原、被告于 2016 年 12 月 8 日签订的《抵房协议》一致。

被告至今未交付原告抵债房屋。

【案件焦点】

以物抵债协议超过合理期限未履行，债权人能否要求恢复原金钱债权的履行。

【法院裁判要旨】

山东省东营市东营区人民法院经审理认为：实业公司与建筑安装公司签订的《抵房协议》意思表示真实，依法成立并生效，当事人应按约履行。以物抵债作为债务清偿的方式之一，原债务与新债务之间的关系也是处理纠纷无法回避的问题，正如本案的争议。那么，新债务与旧债务是何种关系呢？是新债务代替了旧债务，还是新债务与旧债务并存呢？对于前者，则属于债的更改，当事人只能要求履行以物抵债协议。而对于后者，则属于新债清偿，只是增加了清偿债务的方式，原债务并不消灭。本院认为，除非当事人具有明确意思表示为债的更改，否则从保护债权人角度出发，应解释为新债务与旧债务并存，属于新债清偿。若当事人签订以物抵债协议的目的无法实现时，债权人有权要求债务人履行原债务，而且，由于以物抵债仅是清偿方式，该请求权的行使，不必以以物抵债协议被解除为前提。本案中，当事人不仅没有债的更改的意思表示，还进一步约定恢复原债权的情形，说明双方之间的以物抵债协议仅是新债清偿，也就是原金钱债务与以物抵债协议并存，而自签订协议至今，建筑安装公司既未交付抵债房产，也没有办理产权登记，实业公司有权要求建筑安装公司履行原金钱债务，且该权利行使并不以案涉《抵房协议》解除为前提。

山东省东营市东营区人民法院依照《中华人民共和国合同法》第九十四条、第一百零七条、第一百零九条、第一百六十一条，《中华人民共和国民法典》第五百六十五条，《最高人民法院关于适用〈中华人民共和国民法典〉时间效力的若干规定》第十条之规定，判决如下：

一、确认实业公司与建筑安装公司于2016年12月8日签订的《抵房协议》《补充协议》，于2017年5月26日签订的《抵房协议》于2020年12月14日解除；

二、建筑安装公司于本判决生效之日起十日内支付实业公司货款3240990元、逾期付款损失549505元，共计3790495元以及自2020年12月3日至实际给付之日的逾期付款损失（以3240990元为基数，按年利率4.75%计算）；

三、驳回实业公司的其他诉讼请求。

判决后，双方当事人均未上诉，本判决现已生效。

【法官后语】

本案主要涉及当事人签订以物抵债协议后，债权人还能否要求债务人履行原金钱债务的法律适用问题。

以物抵债是运用于解决各类债务纠纷的重要方式。以物抵债协议作为一种无名合同，通常是指债权人和债务人约定以他种给付代替原定给付的协议。由于以物抵债协议在立法层面缺乏规制，导致实务中呈现诸多分歧与困惑。就本案的典型性问题，体现在以下审判思路：

一、以物抵债协议原则上是诺成合同，除非当事人明确约定为实践合同

关于以物抵债协议性质问题。一般认为，以物抵债协议是诺诚还是要物合同，不能一概而论，首先要尊重当事人的约定。法律虽然对于以物抵债协议是否为要物合同并无明确规定，但并不排除当事人对此进行约定，即当事人可以基于意思自治约定抵债协议以债权人现实地受领债务或者取得抵债物所有权、使用权等为成立要件，若进行上述约定，则为要物合同。但若当事人并未明确作出上述约定时，因以物抵债协议是当事人之间关于如何清偿债务作出的安排，故在进行合同解释时，一般应当认为是诺成合同，当事人达成以物抵债协议合意时，协议成立并生效。

二、应审查以物抵债协议签订时间，以债务履行期限是否届满为区分标准

对于在债务清偿期限届满前达成的以物抵债协议，通常认为，具有流押、流

质条款性质，若抵债物已经交付的，构成让与担保，适用让与担保规则处理，若没有交付抵债物的，当事人不得要求确认物权或要求交付，应当按原法律关系主张权利，类似于《最高人民法院关于审理民间借贷案件适用法律若干问题的规定》第二十三条①。对此，《全国法院民商事审判工作会议纪要》第四十五条②作了详细规定。对于债务履行期限届满后达成的以物抵债协议，实践中一般认为，该协议一般不会导致抵债不公平，应认可其效力。对当事人要求交付抵债物的，应予支持；对当事人抵债后又反悔的，一般不予支持。

三、以物抵债协议签订后的新旧债务关系

于理论而言，以物抵债协议可能构成债的更改，所谓更改的意思，即是新债务成立、旧债务消灭之意思③；也可能构成新债清偿，新债务与旧债务处于并存状态，旧债务并不因新债务的成立而直接消灭，新债务的履行完毕才会导致旧债务也随之消灭。从有利于债权人解释的角度出发，除非合同对于债的更改有明确的意思表示，一般认为，以物抵债协议构成新债清偿。那么，在新旧债务并存时，债权人选择新旧债务的权利是否有所限制呢？正如有学者指出，债务人会因债权人择一行使请求权而同时准备新、旧债务的内容，以等待债权人选择行使。这对于债务人而言，无疑加重了其负担，实属不公平，不足以平衡双方当事人的利益关系。即使第三人与债权人达成新债清偿，若允许债权人择一行使请求权，第三人、债务人亦需要同时准备新、旧债务的履行，这亦不利于平衡三方当事人的关系，也不符合效益原则。④ 因此，仍应本着诚实信用

---

① 第二十三条第一款：当事人以订立买卖合同作为民间借贷合同的担保，借款到期后借款人不能还款，出借人请求履行买卖合同的，人民法院应当按照民间借贷法律关系审理。当事人根据法庭审理情况变更诉讼请求的，人民法院应当准许。

② 第四十五条：当事人在债务履行期届满前达成以物抵债协议，抵债物尚未交付债权人，债权人请求债务人交付的，因此种情况不同于本纪要第71条规定的让与担保，人民法院应当向其释明，其应当根据原债权债务关系提起诉讼。经释明后当事人仍拒绝变更诉讼请求的，应当驳回其诉讼请求，但不影响其根据原债权债务关系另行提起诉讼。

③ 施建辉：《以物抵债契约研究》，载《南京大学学报（哲学·人文科学·社会科学）》2014年第6期。

④ 房绍坤：《论新债清偿》，载《广东社会科学》2014年第5期。

和效益原则，认定新债务与旧债务之间存在先后顺序关系，债权人只能先行使新债务的请求权；若新债务届期不履行，或者新债务虽未明确约定履行期，但债务人明确表示或者以自己的行为表明不履行新债务的，此时，当事人签订以物抵债协议的目的无疑不能得到实现，则债权人有权请求债务人履行旧债务，而且，该请求权的行使，不以以物抵债协议被解除为前提①。

综上，以物抵债协议作为债务清偿的一种方式，原则上应为诺成合同，当事人就以物抵债达成合意，以物抵债协议成立并生效。同时，也要进一步审查以物抵债协议的签订时间，若签订时间在债务履行期限届满前，则视物有无交付，若交付，构成让与担保，若未交付，不得要求交付；若签订时间在债务履行期限届满后，则原则上应先履行以物抵债协议，在以物抵债协议未履行导致抵债目的无法实现时，债权人有权要求恢复原金钱债权的履行。本案根据上述法律适用规则，通过分析以物抵债协议的性质、新旧债务的关系，认定债权人有权恢复原金钱债权履行，充分保障了债权人的合法权益。

编写人：山东省东营市东营区人民法院　尹庆雷

52

部分个人合伙人弃权是否影响合伙债权实现的审查认定

——王某明诉建材公司买卖合同案

【案件基本信息】

1. 裁判书字号

重庆市第五中级人民法院（2021）渝05民终3940号民事判决书

---

① 司伟：《债务清偿期届满后的以物抵债纠纷裁判若干疑难问题思考》，载《法律适用》2017年第6期。

2. 案由：买卖合同纠纷

3. 当事人

原告（被上诉人）：王某明

被告（上诉人）：建材公司

第三人：刘某勇

【基本案情】

2019 年 10 月 28 日，建材公司与王某明、刘某勇签订合同，约定由王某明、刘某勇向建材公司供应煤炭，并对建材公司支付价款事项进行了约定。王某明与刘某勇系个人合伙关系，但未签订书面合伙协议。2020 年 1 月 6 日，经结算，确认王某明、刘某勇应收款为 577056 元。结算后，王某明在建材公司处运走价值 35000 元的砖坯用于冲抵货款。因建材公司未按约支付货款，王某明遂提起本案诉讼。

二审期间，刘某勇向建材公司出具承诺书一份，载明因其与王某明提供的煤炭不符合约定给建材公司造成经济损失约 100 万元，故其自愿放弃其份额对应的货款债权。

【案件焦点】

1. 部分个人合伙人对外主张合伙债权是否主体适格；2. 部分个人合伙人放弃其合伙份额可否产生部分债务免除的效力。

【法院裁判要旨】

重庆市永川区人民法院经审理认为：王某明、刘某勇与建材公司形成买卖合同关系。王某明按照合同约定提供了货物，建材公司应按时支付货款。现建材公司未按时支付货款构成违约，应承担相应的违约责任。

重庆市永川区人民法院依照《中华人民共和国民法典》第五百零九条、第五百七十七条、第五百八十三条、第五百八十四条和《中华人民共和国民事诉讼法》第一百四十四条之规定，判决如下：

建材公司于判决生效后五日内支付王某明货款 579221 元，并支付资金占用损失（以579221元为基数，自2020年2月21日起按全国银行间同业拆借中心发布的一年期贷款市场报价利率计算至付清之日止）。

建材公司不服一审判决，提起上诉。

重庆市第五中级人民法院经审理认为：建材公司是否应向王某明支付货款及付款金额属于本案争议焦点。首先，王某明与刘某勇合伙向建材公司供货，故案涉货款系合伙债权。现刘某勇明确表示放弃其份额，则王某明作为合伙人，可以代表合伙组织向建材公司主张货款。其次，刘某勇虽明确放弃其份额，但案涉货款系合伙债权，而非个人债权，刘某勇放弃其份额对合伙组织不能产生效力，故王某明仍可代表合伙组织向建材公司主张全部货款。刘某勇的份额可依据合伙关系另行向王某明主张。王某明已拉走价值35000元的砖坯冲抵货款，则该部分金额应在货款中予以扣除。

重庆市第五中级人民法院依照《中华人民共和国民事诉讼法》第一百七十条第一款第二项之规定，判决如下：

一、撤销重庆市永川区人民法院（2021）渝0118民初413号民事判决；

二、建材公司于本判决生效后五日内支付王某明货款542056元，并支付资金占用损失（以542056元为基数，自2020年2月21日起按全国银行间同业拆借中心发布的一年期贷款市场报价利率计算至付清之日止）。

三、驳回王某明的其他诉讼请求。

【法官后语】

合伙是民事主体合作经营事业的常态。个人合伙不同于合伙企业。因不具有民事主体资格，亦不属于非法人组织，个人合伙需全体合伙人共同执行合伙事务，共享利益、共担风险。故《最高人民法院关于适用〈中华人民共和国民事诉讼法〉的解释》第六十条规定，“未依法登记领取营业执照的个人合伙的全体合伙人为共同诉讼人”。然而，因合伙人内部发生矛盾，仅部分合伙人对外主张合伙债权是否主体适格、其他合伙人弃权是否影响合伙债权的实现，在法律实践中存有分歧，有待分析研究。

合伙债权属于连带债权。根据《中华人民共和国民法典》第九百六十九条第一款规定，“合伙人的出资、因合伙事务依法取得的收益和其他财产，属于合伙财产”。结合《中华人民共和国民法典》第五百一十八条第一款关于连带之债的规定，因合伙事务产生的合伙债权属于合伙财产，应认定为连带债权。现行诉讼法及司法解释并未对个人合伙是否属于必要共同诉讼作出规定，则依据《中华人民共和国民法典》第五百一十八条第一款对于连带债权行使方式的实体法规定，“债权人为二人以上，部分或者全部债权人均可以请求债务人履行债务的，为连带债权”，部分合伙人可以请求债务人履行全部债务。债权人以部分合伙人对外主张合伙债权主体不适格为由进行抗辩于法无据。此外，根据《最高人民法院关于适用〈中华人民共和国民事诉讼法〉的解释》第七十四条之规定，“应当追加的原告，已明确表示放弃实体权利的，可不予追加；既不愿意参加诉讼，又不放弃实体权利的，仍应追加为共同原告，其不参加诉讼，不影响人民法院对案件的审理和依法作出判决”。即使认定个人合伙对外主张债权属于必要共同诉讼，则部分合伙人拒绝参加诉讼，亦不影响诉讼进行。

部分个人合伙人放弃债权对债务人不产生债务免除的效力。合伙份额系合伙人对出资比例、事务执行、利润分配及债务承担等合伙权利义务享有的资格或地位。为维护合伙关系稳定和共同经营目的，除当事人明确约定或已清算分割外，合伙人对具体合伙财产（包括合伙债权）所享有的“份额”无法确定，故部分合伙人放弃其对尚未确定的合伙债权“份额”的主张无法成立。根据《中华人民共和国民法典》第五百二十一条第二款规定，“实际受领债权的连带债权人，应当按比例向其他连带债权人返还”。故否认部分合伙人的该项弃权行为，并不会损害其合法权利。反之，若允许部分合伙人肆意放弃其合伙债权“份额”，则易引发部分合伙人与债务人串通减损合伙财产的道德风险。

本案中，作为合伙人之一的刘某勇，不仅未积极配合合伙人王某明向债务人建材公司主张合伙债权，反而于一审判决作出后，向债务人出具放弃其合伙份额的声明。因合伙人之一的刘某勇怠于行使权利，王某明单独起诉债务人建材公司主张合伙债权，属于维护合伙体权益的行为，符合连带债权行使规则，诉讼主体适格。因刘某勇与王某明并未签订书面合伙协议，且双方就合伙份额存有争议，刘某勇向债务人建材公司出具的承认违约并放弃债权的声明不应得到支持。本案释明刘某勇可另案主张其合伙权益，有利于兼顾合伙债权实现与合伙人权益保障。实际上，刘某勇在本案判决之后，已经就本案的债权向王某明提起诉讼，王某明在诉讼中同意按照合伙份额向刘某勇支付相应货款，刘某勇的权利得到了实质保障。

编写人：重庆市第五中级人民法院　李明霞

53

能够控制出借银行账户的当事人应当承担民事责任

——张某文诉刘某、刘某赞买卖合同案

【案件基本信息】

1. 裁判书字号

山东省聊城市中级人民法院（2022）鲁15民终1446号民事判决书

2. 案由：买卖合同纠纷

3. 当事人

原告（被上诉人）：张某文

被告（上诉人）：刘某、刘某赞

【基本案情】

刘某与张某文系在张某文经营的网店上相识，继而发生业务关系。张某文从刘某处进购手套，后经双方结算，2021年9月15日，刘某向张某文出具欠据一张，内容为“欠条　2021年8月4日张某文从我处购买丁晴手套33230副，并支付我货款40540元钱，现因我无法提供上述货物，现承诺于2021年9月21日前退还张某文40540元钱，逾期未还的按照同期银行的贷款利率支付利

息。从2021年8月4日起逾期未还的按照同期银行的贷款利率支付利息。欠款人：刘某 日期2021年9月15日”。2021年9月30日，张某文与刘某通过微信确认欠条中的欠款数额实际应为44200元，刘某对欠款数额予以认可。诉讼过程中张某文要求刘某赞承担偿还其32000元货款的民事责任，并明确利息损失以44200元为基数，自2021年8月4日起按全国银行间同业拆借中心公布的一年期贷款市场报价利率计算至实际付清之日止。一审另查明，刘某赞和刘某二人系同村。刘某赞将自己名下的银行账户出借给刘某，用于接收张某文支付的货款。2021年8月7日15时02分，张某文向刘某赞的农行账户转账32000元，同日15时04分，刘某赞通过支付宝向刘某转账30000元，同日15时05分，又向刘某转账2000元。

【案件焦点】

出借银行账户的当事人是否应当承担民事责任。

【法院裁判要旨】

山东省聊城市阳谷县人民法院经审理认为：买卖合同是出卖人转移标的物的所有权于买受人，买受人支付价款的合同。本案中，原告与被告刘某虽未签订买卖合同，但原告已履行了支付货款的义务，故买卖合同成立并生效。依法成立的合同对当事人均具有法律约束力，双方应当按照约定履行己方的义务。被告刘某未全面履行如数交付货物的义务，其行为已构成违约，依法应承担违约责任。被告刘某尚需退还原告44200元的货款，其对欠款数额亦予以认可，故对原告要求被告刘某偿还44200元货款的诉讼请求，本院予以支持。对原告所主张的利息，因被告刘某长期不退还货款，其应当向原告支付占用货款的利息损失。关于利息计算标准，欠条中双方约定利息起算点为2021年8月4日，利率按照同期银行的贷款利率计算，但庭审后原告向本院提交利息计算补充说明，要求以44200元为基数，自2021年8月4日起按全国银行间同业拆借中心公布的一年期贷款市场报价利率计算至实际付清之日止，合理合法，本院予以支持。关于被告刘某赞的法律责任问题。《最高人民法院关于适用〈中华人民共和国民事诉讼法〉的解释》第六十五条规定，借用业务介绍信、合同专用章、盖章的空白合同书或者银行账户的，出借单位和借用人为共同诉讼人。《最高人民法院关于出借银行账户的当事人是否承担民事责任问题的批复》规定，出借银行账户是违反金融管理法规的违法行为，人民法院应当依法收缴出借银行账号的非法所得并可以按照有关规定处以罚款，还应区别不同情况追究出借人相应的民事责任。中国人民银行《人民币银行结算账户管理办法》（部分失效）第六十五条第一款第四项规定，存款人使用银行结算账户，不得有下列行为：（四）出租、出借银行结算账户。基于上述规定，本案中，刘某赞明知刘某向其索要账户是为了收取原告货款，仍将自己的个人账户提供给刘某，属于出借银行账户，是违反金融管理法规的违法行为，其存在过错，应当承担相应的民事责任。诉讼过程中，原告要求被告刘某赞承担偿还其 32000 元货款的民事责任。综合考虑本案实际情况，本院认为，刘某赞仅是出借个人银行账户给刘某使用，并未从中获利，结合刘某赞的过错程度和公平原则，刘某赞应当在刘某不能清偿的 32000 元货款本金范围内承担补充赔偿责任为宜。原告申请诉前保全交纳的保全申请费 520 元，系其支出的合理诉讼费用，依法应由被告刘某承担。综上，依照《中华人民共和国民法典》第五百零二条第一款、第五百零九条第一款、第五百七十七条和《最高人民法院关于适用〈中华人民共和国民事诉讼法〉的解释》第六十五条的规定，判决如下：

一、被告刘某于本判决生效之日起十日内退还原告张某文货款 44200 元及利息损失（以本金 44200 元为基数，自 2021 年 8 月 4 日起至实际履行之日止，按全国银行间同业拆借中心公布的一年期贷款市场报价利率计算）；

二、被告刘某赞在被告刘某不能清偿的 32000 元货款本金范围内承担补充赔偿责任；

三、被告刘某于本判决生效之日起十日内给付原告张某文保全申请费 520 元。

刘某、刘某赞不服一审判决，提起上诉。

山东省聊城市中级人民法院经审理认为：双方当事人争议的焦点问题为：

上诉人刘某赞应否承担补充赔偿责任。本案中，张某文向刘某赞银行账户转账发生于2021年8月7日，《最高人民法院关于出借银行账户的当事人是否承担民事责任问题的批复》自2021年1月1日起已被最高人民法院废止，一审法院适用该批复系适用法律错误，本院予以纠正。出借银行账户，是指个人或单位未按国家有关法律规定，将其个人账户或单位账户借给他人使用，借用人应对账户实际控制，用于自身经济活动。本案中，张某文虽然按照刘某的要求将32000元转入刘某赞的银行账户，但张某文未提供充分有效证据证明刘某对刘某赞的账户进行实际控制，用于自身经营活动，因此刘某对刘某赞的银行账户并不存在上述使用情形。且，张某文主张刘某与刘某赞之间存在合作或合伙关系，但根据张某文与刘某之间交易手套的过程及刘某向张某文出具欠条的行为，并不能证明刘某赞参与案涉买卖合同中，且张某文也没有证据证明刘某赞在出借账户中受益，刘某赞出借银行账户的行为与张某文的损失之间并没有直接因果关系。因此，一审判令刘某赞在刘某不能清偿的32000元货款本金范围内承担补充赔偿责任，缺乏事实基础和法律依据。综上，上诉人刘某赞的上诉请求成立。依照《中华人民共和国民事诉讼法》第一百七十五条、第一百七十六条、第一百七十七条第一款第二项、第一百八十二条之规定，判决如下：

一、维持山东省聊城市阳谷县人民法院（2019）鲁1521民初4156号民事判决第一项、第三项；

二、撤销山东省聊城市阳谷县人民法院（2019）鲁1521民初4156号民事判决第二项；

三、驳回被上诉人张某文的其他诉讼请求。

【法官后语】

本案主要涉及出借银行账户的当事人是否应当承担相应的民事责任。

在市场经济活动中，普遍存在将银行账户出借他人使用的现象，多数存在民间借贷纠纷中借用他人账户付款或收款，以及公司对外交易时不使用公户，而是借用员工账户等情形。一旦发生纠纷，对于账户出借人责任的认定就成为案件争议的重点。关于出借人的责任确定，可参照以下思路予以正确把握。

一、发生诉讼时如何确定出借人的诉讼地位

《最高人民法院关于适用〈中华人民共和国民事诉讼法〉的解释》第六十五条规定："借用业务介绍信、合同专用章、盖章的空白合同书或者银行账户的，出借单位和借用人为共同诉讼人。"该条是关于因借用业务介绍信、合同专用章、银行账户等行为发生诉讼时如何确定当事人诉讼地位问题的规定。《人民币银行结算账户管理办法》第四十五条规定，存款人不得出租、出借银行结算账户，不得利用银行结算账户套取银行信用。在一些民间借贷纠纷案件中，当事人借用资信较好的企业或个人的银行账户进行融资，会从外观上增强其融资信用或能力，与其成功融资存有因果关系，有必要保留出借银行账户这一项，这是为了使出借人能进入诉讼程序中，成为债权人主张权利的被告，为实体审理提供程序基础。出借人与借用人因借用银行账户，在借用人与他人发生民事纠纷时，就形成了不可分割的共同诉讼权利义务关系，按照该条规定即应当列为共同诉讼人。

二、出借银行账户的当事人应当承担民事责任的判定

通过借用人使用银行账户的时间和次数推断借用人是否达到对银行账户的控制权。审查当事人有无出借银行账户行为时，可要求当事人提供或法院主动调查相关当事人的银行流水明细，如明细显示借用人长期使用他人的银行账户进行与案涉争议相关的收款，也向案外人频繁大额支出，不能作出合理解释说明的，即应认定该借用人对银行账户达到了控制权。当然，银行账户的控制权既包括直接控制权，即银行账户的出借人直接将银行卡或网银的用户名、密码交付给借用人任意支配；也包括间接控制权，即银行账户的密码仍由出借人掌握，借用人只能通过向出借人下达指令的方式要求出借人为借用人的利益对账户进行收款或付款行为。在本案中，原告提交的证据仅能证明其按照刘某的指示将部分款项转入刘某赞的银行账户，但并不能证明刘某长期使用刘某赞的账户进行收付款，已经达到对其账户的控制权，故笔者认为刘某赞使用其银行账户偶发性代收款的行为并不等同于出借银行账户。

出借银行账户是否与债权人的损失具有直接因果关系、出借人对债权人损

失后果是否具有过错也是考虑出借人是否承担民事责任的重要判断依据。例如债权人有无因出借人出借银行账户导致其对债务人的借款用途和偿债能力作出误判。本案中，对于刘某被列为失信被执行人，原告在与其交易时未察觉该问题，也不能通过刘某赞代收货款即推断刘某赞知晓该情况，原告一直与刘某协商预付货款发货等问题，欠条也系刘某出具，故刘某赞用其账户代收货款的行为不能认定与原告的损失具有直接因果关系。

考虑出借人出借银行账户是否承担民事责任，还需考虑出借人与借用人是否存在利害关系、出借人是否在出借过程中获利（包括手续费、分享收益等）、出借人对债权人损失后果是否具有过错等因素。

三、连带清偿责任与补充赔偿责任的区别

出借银行账户的责任一般涉及连带清偿责任与补充赔偿责任。连带责任是指债务人有数人，债权人得请求全部之给付或各债务人负有全部给付之义务，唯因一次全部给付，而其债之全部关系归于消灭的债务关系。补充赔偿责任，是指多个行为人基于各自不同的发生原因而产生同一给付内同的数个责任，各个行为人负担全部履行义务，造成损害的直接责任人按照第一顺序承担责任，承担补充清偿责任的人只有在第一顺序的责任人无力赔偿、赔偿不足或者下落不明的情况下，才承担责任，并且可以向第一顺序的责任人请求追偿的侵权责任形态。很明显，连带责任人之间是一种责任均担的互相关系，但补充赔偿责任的最终承担者是主债务人。

因我国民法典对连带责任的适用持严格谨慎态度，需基于法律规定或当事人的约定才能产生。故银行账户出借人因出借银行账户行为需承担民事责任时，如无法律规定或当事人的约定基础，应适用补充赔偿责任，更能平衡债务人责任与保护债权人利益之间的关系。

综上，判定银行账户出借人是否承担民事责任及承担何种民事责任，并不因最高院批复的失效而直接认定无须承担责任，而应根据出借银行账户的具体类型及当事人的约定或法律规定，区分不同情形进行具体分析认定。

编写人：山东省聊城市中级人民法院　徐红杰　李敏

54

保证合同先于主合同签订时的保证责任认定

——贸易公司诉物流公司等买卖合同案

【案件基本信息】

1. 裁判书字号

北京市第二中级人民法院（2021）京02民初40号民事判决书

2. 案由：买卖合同纠纷

3. 当事人

原告：贸易公司

被告：物流公司、农业发展公司、发展公司

【基本案情】

2018年1月1日，被告农业发展公司向原告贸易公司出具《担保书》，表示同意为物流公司与贸易公司自2018年1月1日起签订的所有玉米贸易合同提供担保。同日，被告发展公司向原告贸易公司出具《担保书》，同意为物流公司与贸易公司自2018年1月1日起签订的所有玉米贸易合同提供担保。两份《担保书》均载明，《担保书》自保证人签字盖章之日起生效，至贸易公司与物流公司签订的所有玉米贸易合同终止后两年内始终有效。

2018年3月至5月，原告贸易公司与被告物流公司签订4份《玉米购销合同》，且向物流公司支付了货款。物流公司未全部供货，并出具《致歉函》《履约承诺书》，表示愿意承担违约金并保证交货，但仍未全部供货，未供货物部分货款金额为97899344.68元。

原告贸易公司与被告农业发展公司签订《最高额抵押合同》，约定为担保贸易公司的债权，农业发展公司将其3处不动产进行最高额抵押，担保的债权最高额限度为9000万元。后办理了抵押登记，但《不动产登记证明》的内容与《最高额抵押合同》不一致，3处不动财产的被担保主债权数额均为3000万元。

另查明，发展公司成立于2014年3月13日，自2017年5月2日起，股东为物流公司，持股比例为100%。

贸易公司为本案支付律师费50万元，并为本案诉前财产保全购买了财产保全责任保险，且已支付保险费107160元。

经询问，对于是否可以继续履行《玉米购销合同》，物流公司称不能继续履行。

【案件焦点】

1. 贸易公司是否有权解除涉案4份《玉米购销合同》并要求物流公司返还货款、支付违约金；2. 物流公司是否应向贸易公司支付律师费及财产保全责任保险费；3. 农业发展公司、发展公司是否应对物流公司的债务承担连带保证责任；4. 贸易公司是否有权对农业发展公司抵押给贸易公司的不动产享有优先受偿权。

【法院裁判要旨】

北京市第二中级人民法院经审理认为：关于第一项争议焦点。物流公司未按照合同约定的时限交付全部货物，且在出具《致歉函》《履约承诺书》后仍未完全履行交货义务，物流公司在本案审理中亦称不能继续履行合同，因此，物流公司迟延履行债务致使不能实现合同目的，贸易公司有权解除涉案4份《玉米购销合同》。合同解除后，贸易公司有权要求物流公司返还未供货部分货款97899344.68元。法院兼顾合同履行情况、当事人过错程度以及预期利益等因素综合考量，酌情认定物流公司支付相应的违约金。

关于第二项争议焦点。物流公司延迟履行债务时间较长，至今仍未全部履行债务，贸易公司因此提起本案诉讼，其支付的律师费系为实现债权而发生的合理费用，物流公司应向贸易公司支付。贸易公司要求物流公司支付的财产保全责任保险费，缺乏依据，不应支持。

关于第三项争议焦点。农业发展公司对其出具的《担保书》不持异议，故其应承担相应的连带保证责任。发展公司认为其不应承担保证责任，提出其出具的《担保书》中的买方卖方主体与涉案4份《玉米购销合同》不同，故该《担保书》与本案无关。法院认为，根据《担保书》的内容表述及贸易公司与物流公司交易情况，发展公司的主张依据不足，不予采信。发展公司提出《担保书》所担保的系还未发生的债权，债权的金额、种类并不明确，发展公司不应当承担保证责任。法院认为，《担保书》的出具时间虽然在涉案4份《玉米购销合同》之前，此时债权尚未实际发生，但鉴于自2017年5月2日起，发展公司即为物流公司的全资子公司，其对于物流公司与贸易公司之间的合同签订与履行情况应属知情，在本案诉讼前发展公司并未就其保证责任提出过异议，故对发展公司的此项主张不予采信。发展公司提出贸易公司提起本案诉讼已超过保证期间，故发展公司不应承担保证责任。法院认为，依据发展公司出具的《担保书》的内容，《担保书》自保证人签字盖章之日起生效，至贸易公司与物流公司签订的所有玉米贸易合同终止后两年内始终有效。依据涉案4份《玉米购销合同》的内容，涉案4份《玉米购销合同》均自贸易公司、物流公司盖章之日起生效，有效期至完成合同项下有关货物、货款结算支付及所有票据交付为止。因此，贸易公司要求发展公司承担保证责任尚未超过《担保书》中确定的保证期间，法院对发展公司提出的此项主张亦不予采信。综上，农业发展公司、发展公司均应依据各自出具的《担保书》就物流公司与贸易公司之间的债务承担连带清偿的保证责任。

关于第四项争议焦点。法院认为，不动产物权的设立、变更、转让和消灭，经依法登记，发生效力；未经登记，不发生效力，但是法律另有规定的除外。不动产登记簿是物权归属和内容的根据。不动产登记簿由登记机构管理。不动产权属证书是权利人享有该不动产物权的证明。不动产权属证书记载的事项，应当与不动产登记簿一致；记载不一致的，除有证据证明不动产登记簿确有错误外，以不动产登记簿为准。贸易公司与农业发展公司签订了《最高额抵押合同》，约定农业发展公司以其 3 处不动产就物流公司在涉案 4 份《玉米购销合同》项下的债务提供最高额限度为 9000 万元的最高额抵押担保，并将该 3 处不动产分别办理了最高额抵押登记，被担保主债权数额均为 3000 万元，上述 3 项不动产最高额抵押权经依法登记发生效力。因此，就物流公司对贸易公司的债务，贸易公司有权对农业发展公司的 3 项抵押财产享有优先受偿权，抵押财产所担保的最高债权额限度以《不动产登记证明》为准。

综上所述，依照《中华人民共和国民法典》第五百六十三条、第五百六十五条、第五百六十六条，《中华人民共和国合同法》第六十条、第一百一十四条，《中华人民共和国物权法》第九条、第十六条、第十七条，《中华人民共和国担保法》第十八条、第三十一条、第五十三条、第五十七条、第五十九条、第六十二条，《最高人民法院关于适用〈中华人民共和国合同法〉若干问题的解释（二）》第二十九条第一款，《最高人民法院关于适用〈中华人民共和国担保法〉若干问题的解释》第六十一条，《中华人民共和国民事诉讼法》第六十四条第一款之规定，判决如下：

一、被告物流公司内向原告贸易公司返还货款 97899344. 68 元；

二、被告物流公司向原告贸易公司支付相应违约金；

三、被告物流公司向原告贸易公司支付律师费 50 万元；

四、被告农业发展公司对上述债务承担连带清偿责任，被告农业发展公司承担连带清偿责任后，有权向被告物流公司追偿；

五、被告发展公司对上述债务承担连带清偿责任，被告发展公司承担连带清偿责任后，有权向被告物流公司追偿；

六、原告贸易公司在上述债权范围内，对被告农业发展公司的 3 处抵押不动产分别在 3000 万元限额内享有优先受偿权，被告农业发展公司在原告贸易公司实现抵押权后，有权向被告物流公司追偿；

七、驳回原告贸易公司的其他诉讼请求；

判决后，双方当事人均未上诉，本判决现已生效。

【法官后语】

保证合同是为保障债权的实现，保证人和债权人约定，当债务人不履行到期债务或者发生当事人约定的情形时，保证人履行债务或者承担责任的合同。保证合同可以是单独订立的书面合同，也可以是主债权债务合同中的保证条款。第三人单方以书面形式向债权人作出保证，债权人接收且未提出异议的，保证合同成立。本案中，被告农业发展公司、被告发展公司分别向原告贸易公司出具《担保书》，即属于此类情形。

本案中最有争议的一点是被告发展公司提出，发展公司出具《担保书》的日期在前，此时贸易公司与物流公司之间的4份《玉米购销合同》尚未签订，《担保书》所担保的系还未发生的债权，债权的金额、种类并不明确，发展公司不应当承担保证责任。发展公司提出的此项理由值得思考。

从保证合同的性质来说，保证合同是主债权债务合同的从合同。在普通保证合同的情况下，必须先有债权，然后才能设定保证合同，亦即保证合同的设定是以债权的存在为前提的，保证合同是为了担保已经存在的债权而设立的，债权不存在，普通保证合同也就无从设立。[①] 从保证合同的成立要件来说，保证合同的内容一般包括被保证的主债权的种类、数额，债务人履行债务的期限，保证的方式、范围和期间等条款。主债权债务合同签订前，债务金额、履行期限等不确定，保证合同的成立要件缺失。从风险负担和利益平衡来说，保证人是债权人、债务人之外的第三人，处于信息不对称的劣势地位，如果保证人对于债务金额没有合理预期，而作出保证，将面临巨大的风险，这也不符合利益平衡的要求，保证合同系单务合同，不遵循等价有偿原则，应避免给保证人设置过高的风险与责任。而且，法律已经为未来一定期间内连续发生的债权保证，进行了制度设计，规定了最高额保证规定，而最高保额制度顾及了风险负担与利益平衡问题，限定了保证人承担责任的上限。因此，笔者认为在一般情况下，如果保证合同签订在前，主债权债务合同签订在后，保证人提出异议，认为不

---

① 最高人民法院民法典贯彻实施工作领导小组主编：《中华人民共和国民法典合同编理解与适用（二）》，人民法院出版社2020年版，第1331页。

应当承担保证责任的，法院应予以支持。

然而，本案中存在特殊情况，保证人发展公司与债务人物流公司之间存在密切关系，发展公司是物流公司自成立以来的持股100%的股东，可以推定认为发展公司知晓物流公司的交易情况，在其作出《担保书》之后较长时间内一直未对担保事项提出异议，可以推定认为，发展公司已通过实际行为，认可其对于物流公司的后续债务承担保证责任。因此，在本案中法院没有采纳发展公司提出的此项抗辩承担保证责任的理由。

事实上，实践中与本案的交易模式相似的案例不在少数，本案中的裁判经验可以作为借鉴，具体裁判规则总结如下：

非最高额保证合同先于主债权债务合同签订的，在后续债务金额无法确定的情况下，保证人提出异议，认为其不应当承担保证责任的，法院应予支持，但在保证人与债务人具有密切关系，可以推定保证人知晓债务人交易情况，且保证人在债务发生后的合理期间内，仍不对保证事项提出异议的，保证人应当承担保证责任。

编写人：北京市第二中级人民法院　周维　张笑文

55

债务人配偶从债务人的生产经营中受益的，应在其受益范围内对债务承担连带责任

——蒋某强诉钱某、沈某买卖合同案

【案件基本信息】

1. 裁判书字号

江苏省无锡市中级人民法院（2020）苏02民终1192号民事判决书

2. 案由：买卖合同纠纷

3. 当事人

原告（被上诉人）：蒋某强

被告（上诉人）：钱某

被告（被上诉人）：沈某

【基本案情】

蒋某强向钱某采购一批价值100万元的电线电缆，钱某向蒋某强出具供货确认单，载明了电线电缆的规格型号，并约定钱某须在2019年1月15日前完成供货，如钱某未能供货，必须返还全部货款，蒋某强可解除买卖关系并要求钱某承担相应损失。蒋某强于2018年11月15日将100万元货款支付给钱某。因钱某未能按约供货，蒋某强诉至法院要求解除买卖合同，钱某与沈某连带返还其货款100万元及相应利息。后在本案一审庭审中，蒋某强与钱某一致确认解除双方之间的买卖合同关系，钱某同意返还蒋某强货款100万元。沈某认为涉案100万元货款发生在其与钱某分居、其起诉钱某离婚之后，如果该货款属实，则完全是钱某的个人行为，属于钱某的个人债务。

关于钱某与沈某离婚纠纷一案，江苏省宜兴市人民法院于2019年5月6日作出（2018）苏0282民初12260号民事判决，判决钱某与沈某离婚，并对夫妻共同财产依法进行了分割。该生效判决对钱某在银行的存款作出如下认定："法院依法查封了钱某银行存款680792.22元，因货币属于种类物，谁支配应当推定谁所有，因此，该款项法院认定为夫妻共同财产，由沈某与钱某平均分配，各得340396.11元。至于该款的来源及用途，与本案无关且涉及第三人，法院不予理涉。"

【案件焦点】

钱某主张沈某应与其共同承担涉案100万元货款返还责任的依据是否充分。

【法院裁判要旨】

江苏省宜兴市人民法院经审理认为：因钱某未及时履行合同约定的供货义

务，且双方一致同意解除合同，钱某与蒋某强之间的买卖合同应予解除，钱某应返还蒋某强支付的货款及利息。蒋某强与钱某发生买卖关系时，钱某与沈某正在处理离婚诉讼，蒋某强并未提供双方在离婚诉讼期间共同经营的相关证据，故沈某不应承担返还货款的义务。

江苏省宜兴市人民法院依照《中华人民共和国合同法》第九十三条、第九十七条、第一百零七条、第一百一十二条，《中华人民共和国民事诉讼法》第一百四十四条之规定，作出判决：

一、解除蒋某强与钱某签订的价值 100 万元的电缆买卖合同；

二、钱某于判决发生法律效力之日起十日内返还蒋某强 100 万元及利息；

三、驳回蒋某强对沈某的诉讼请求。

钱某不服一审判决，提出上诉。

江苏省无锡市中级人民法院经审理认为：根据钱某提供的产品销售合同及银行账户交易明细，钱某在收到蒋某强于 2018 年 11 月 15 日支付的 100 万元货款后，于当日向供货商李某东转账 30 万元，加上钱某账户中自有款项 27482. 22 元及后续多笔小额进账和出账，至 2018 年 11 月 25 日该账户内剩余 680792. 22 元。根据（2018）苏 0282 民初 12260 号生效判决认定的事实，法院在该案审理中依法查封了钱某银行账户内存款 680792. 22 元，将该款项认定为沈某与钱某的夫妻共同财产并平均分配。据此，沈某虽未直接参与钱某与蒋某强之间的电缆买卖事宜，但其在离婚案件中以夫妻共同财产为由实际分得的款项中包含蒋某强支付给钱某的货款，即沈某已从钱某的上述买卖经营活动中获取了收益。钱某自认其账户中剩余货款金额为 68 万元，则沈某应在其获益 34 万元范围内对钱某的债务承担连带责任。

江苏省无锡市中级人民法院依照《最高人民法院关于审理涉及夫妻债务纠纷案件适用法律有关问题的解释》第三条，《中华人民共和国民事诉讼法》第一百七十条第一款第二项之规定，判决如下：

一、维持江苏省宜兴市人民法院（2019）苏 0282 民初 4083 号民事判决第一项；

二、撤销江苏省宜兴市人民法院（2019）苏0282民初4083号民事判决第二项、第三项；

三、钱某于判决发生法律效力之日起十日内返还蒋某强100万元及利息；

四、沈某对上述100万元中的34万元及利息承担连带责任；

五、钱某在实际承担本判决第三项确定的付款义务后，可在判决第四项确定的金额范围内向沈某追偿。沈某在实际承担判决第四项确定的付款义务后，无权向钱某追偿；

六、驳回蒋某强的其他诉讼请求。

【法官后语】

本案核心争议点在于，债务人配偶未参与债务人从事的生产经营活动但享受了经营收益，是否应对债务承担连带责任。

一、夫妻在婚姻关系存续期间的生产经营收益归夫妻共同所有

我国法定夫妻财产制是婚后所得共同制，夫妻一方婚后所得财产原则上均为夫妻共同所有。该案审理时，《中华人民共和国婚姻法》尚未失效，《中华人民共和国民法典》已经颁布但尚未正式施行，根据原《中华人民共和国婚姻法》第十七条以及新施行的《中华人民共和国民法典》第一千零六十二条的规定，夫妻在婚姻关系存续期间所得的：（1）工资、奖金、劳务报酬；（2）生产、经营、投资的收益；（3）知识产权的收益；（4）继承或者受赠的财产（遗嘱或赠与合同中确定只归夫或妻一方的财产除外）均归夫妻共同所有。具体到该案例中，钱某因生产经营需要对外采购和销售电缆。虽然，钱某在对外商事活动中系以个人名义与他人磋商和订立合同、履行合同约定，其妻子沈某未直接参与该过程，但钱某如能顺利履行该买卖合同，其依约可获得的收益仍发生在其与沈某婚姻关系存续期间，该收益理应属于钱某与沈某的夫妻共同财产，沈某也可依据上述法律规定共享钱某因买卖行为而获得的收益。事实上，生效离婚判决对该事实业已作出了认定，将钱某个人银行账户中所收取的货款作为夫妻共同财产予以平均分割。

二、夫妻一方应在受益范围内对另一方的生产经营负债承担连带责任

关于夫妻共同债务的认定，《中华人民共和国民法典》吸收了原《最高人民法院关于审理涉及夫妻债务纠纷案件适用法律有关问题的解释》，在第一千零六十四条第二款规定，“夫妻一方在婚姻存续期间以个人名义超出家庭日常生活需要所负的债务，不属于夫妻共同债务；但是，债权人能够证明该债务用于夫妻共同生活、共同生产经营或者基于夫妻双方共同意思表示的除外”。其中，夫妻共同生产经营是指夫妻共同决定生产经营事项或者一方授权另一方决定生产经营事项或者夫妻另一方在生产经营中受益的情形。如前所述，钱某对外以个人名义与蒋某强订立买卖合同，该买卖行为发生在钱某与沈某分居、沈某向法院起诉离婚期间，鉴于该特殊情形的存在，加之债权人蒋某强亦无证据证明沈某共同参与了买卖经营活动。因此，该案中不存在钱某与沈某夫妻二人共同决定生产经营事项或者沈某授权钱某决定生产经营事项的情形。但是，根据生效离婚判决认定的事实和判项，沈某以夫妻共同财产为由实际分得的财产中确已包含蒋某强支付给钱某的部分货款，则沈某的获益行为客观上符合夫妻一方从另一方生产经营中受益的情形。在此前提下，钱某对蒋某强的该部分负债，应属夫妻一方在婚姻关系存续期间以个人名义为夫妻共同生产经营所负的债务，沈某应在其受益范围内对该部分债务承担连带责任。

所以，法院在审理该类案件时，不能因为买卖合同的签订主体仅为夫妻一方的就当然认定该经营行为并非夫妻共同生产经营、继而否认生产经营负债属于夫妻共同债务。还应当结合个案事实，考量未直接参与生产经营活动的配偶一方客观上是否从另一方生产经营活动中受益，除非债务人配偶对债务人的生产经营行为不知情且未从中受益，否则配偶应当在其受益范围内对债务承担连带责任。

编写人：江苏省无锡市中级人民法院　林中辉　杜凤君

56

民刑交叉案件中对同一事实的认定

——贸易公司诉粮食公司、种植合作社买卖合同案

【案件基本信息】

1. 裁判书字号

黑龙江省佳木斯市中级人民法院（2021）黑08民终969号民事裁定书

2. 案由：买卖合同纠纷

3. 当事人

原告（上诉人）：贸易公司

被告（被上诉人）：粮食公司、种植合作社

第三人：高某强

【基本案情】

2017年1月，粮食公司与种植合作社订立3000吨玉米采购合同。经领导指派，由粮食公司桦川分公司员工高某强到种植合作社进行监督，负责装车监管等事宜。由于种植合作社供货数量不足，种植合作社法定代表人刘某与高某强到贸易公司采购玉米，以完成其与粮食公司签订的玉米采购合同。但贸易公司明确表示不与种植合作社签订玉米采购合同。刘某向贸易公司介绍，高某强是粮食公司业务员。经过贸易公司对高某强业务员身份及其持有的粮食公司在汤原火车站运输玉米手续的真实性进行核实后，2017年1月7日，高某强代表粮食公司与贸易公司签订玉米采购合同，并由种植合作社及刘某为合同作担保。2017年1月11日，原告贸易公司按照约定将1244吨玉米运到火车站货场，由种植合作社负责将该玉米装上粮食公司铁路运输车皮，并按照粮食公司计划发

往丹东港，粮食公司收取了该1244吨玉米，但未支付贸易公司粮款1592320元。七日后，贸易公司向高某强索要玉米款，高某强称粮食公司已经将购粮款提前支付给了种植合作社，种植合作社也收取了粮款，但已经将粮款挪用，粮食公司无须再向贸易公司支付粮款。贸易公司多次向高某强催要粮款未果。2017年3月10日，高某强、刘某二人共同向贸易公司出具还款保证书，二人在保证书中约定：于2017年1月在贸易公司所购买的1244吨玉米共1592320元，在2017年3月10日已还款100000元，此合同已构成违约，经双方商定于2017年3月26日前还清所有欠款。逾期后，高某强与刘某在保证书中所承诺的剩余购粮款至今未还。

【案件焦点】

1. 民刑交叉案件中同一事实如何认定；2.《最高人民法院关于在审理经济纠纷案件中涉及经济犯罪嫌疑若干问题的规定》第十一条与《全国法院民商事审判工作会议纪要》第一百二十八条第二项的适用。

【法院裁判要旨】

黑龙江省汤原县人民法院经审理认为：本案中，高某强作为完全民事行为能力人，在明知自己无权代表粮食公司签订采购合同的情况下，仍以粮食公司的名义在合同签字确认处书写“粮食集团”字样并签字，涉嫌刑事犯罪。且种植合作社（法人刘某）转卖玉米后故意不支付货款的行为涉嫌刑事犯罪，已被公安机关立案侦查。依据《中华人民共和国民法典》第一百七十一条，《中华人民共和国民事诉讼法》第一百四十四条、第一百五十四条第三项，《最高人民法院关于在审理经济纠纷案件中涉及经济犯罪嫌疑若干问题的规定》第十一条之规定，黑龙江省汤原县人民法院作出如下裁定：

驳回贸易公司的起诉。

贸易公司不服一审裁定，提出上诉。

要求根据《全国法院民商事审判工作会议纪要》第一百二十八条第二项的规定进行实体审理。《全国法院民商事审判工作会议纪要》第一百二十八条第二项规定："同一当事人因不同事实分别发生民商事纠纷和涉嫌刑事犯罪，民商事案件与刑事案件应当分别审理，主要有下列情形：……（2）行为人以法人、非法人组织或者他人名义订立合同的行为涉嫌刑事犯罪或者刑事裁判认定其构成犯罪，合同相对人请求该法人、非法人组织或者他人承担民事责任的。"本案中，贸易公司认为高某强以粮食公司法人名义订立合同的行为涉嫌刑事犯罪，贸易公司作为合同一方请求合同相对方粮食公司承担民事责任，符合民商事案件与刑事案件应当分别审理的条件。

黑龙江省佳木斯市中级人民法院依照《中华人民共和国民事诉讼法》第一百七十条第一款第一项、第一百七十一条的规定，作出如下裁定：

驳回上诉，维持原裁定。

【法官后语】

民刑交叉亦可称为民刑竞合，即原属于民事法律调整的问题，由于不法程度严重，从而进入刑事责任领域。刑事责任具有惩罚和预防功能，而民事责任则以填平损害为目的，虽然功能不同，但均是为受侵害人提供一种救济手段，二者并行不悖。

随着经济犯罪与民事经济纠纷交叉共存情况时有发生，对于民刑交叉案件，究竟应该先刑后民，还是刑民并立，并不是价值判断问题，而是对"同一事实"判断问题。"同一事实"即"同一自然事实"。一是关于该自然事实能否纳入刑事案件立案范围问题。种植合作社转卖玉米后故意不支付货款，该事实应被纳入刑事范围案件。二是关于同一主体问题。无论侵权主体还是被告人都是刘某和高某强，属于同一主体。三是关于相对人是否一致问题。贸易公司既是民事案件的债权人，又是刑事案件的受害人，即相对人一致。四是关于行为本身问题。相同主体的行为本身作用于同样的相对人，即发生的事实为"同一自然事实"。五是对"同一事实"的认定。并非指民事法律规范和刑事法律规范作出规定要件事实，而是自然意义上的事实本身。如果民事案件中涉及的事实对刑事案件的审理、善后处置等有影响，也当属同一事实。

具体到本案，如果民事买卖合同确认无效，刑事犯罪也就无从谈起。2020

年《最高人民法院关于在审理经济纠纷案件中涉及经济犯罪嫌疑若干问题的规定》第十一条明确了民刑交叉案件中的“同一事实”以是否为“同一自然事实”为标准。对“同一自然事实”的认定，就是自然意义上的事实本身。民刑交叉案件中的“同一事实”以“同一自然事实”为标准，也就是自然意义上的事实本身。刑事侦查手段作为公权力实施方式的固有特点，与民事纠纷以当事人举证为主的调查方式相比，所查清的事实更有可能接近真相。民事纠纷中一方当事人本身就是刑事犯罪嫌疑人，而“纠纷”实质上就是犯罪。为节约司法资源，更有效地维护当事人利益，避免民、刑判决发生冲突，应当驳回民事起诉。

《全国法院民商事审判工作会议纪要》第一百二十八条第二项规定了具备合约背景的处理方式，以列举形式更加客观具体地明确了应当民刑分案处理的情形。当行为人构成合同诈骗罪、骗取贷款罪等罪名时，债权人未依据《中华人民共和国民法典》相关规定行使撤销权时，仍可追究合同相对方的违约责任，其前提是必须因不同的自然事实才能适用此项，本案正是因为发生的是同一自然事实才没有适用此项。

综上，审理民刑交叉案件应当以衡量责任主体作为首要标准，若责任主体不同，刑事程序和民事程序必须分案处理，避免因刑事程序对一方当事人追责而影响债权人对他方主体行使民事权利。刑民交叉案件涉及程序适用和事实认定，从民事司法实践来看，主要集中在刑事、民事程序适用顺序和涉犯罪合同效力认定两个方面，但我国法律并未对刑事程序和民事程序的适用顺序作出明确普适性规定。对于涉犯罪合同纠纷如何处理、合同效力如何认定，是刑民交叉案件中最为重要的实体问题。人民法院只有准确把握民刑交叉案件处理程序，才能最大限度充分维护受害人的合法权益。

编写人：黑龙江省佳木斯市汤原县人民法院　姜源泉

57

电子商业汇票非拒付追索权人
有权选择行使票据债权或原因债权

——电子装备公司诉科技公司买卖合同案

【案件基本信息】

1. 裁判书字号

上海市第一中级人民法院（2021）沪 01 民终 6453 号民事判决书

2. 案由：买卖合同纠纷

3. 当事人

原告（被上诉人）：电子装备公司

被告（上诉人）：科技公司

【基本案情】

2018 年 1 月 8 日，电子装备公司与科技公司签订设备采购合同，约定科技公司向电子装备公司采购光刻机一台，总价为 641 万元。合同约定，设备验收后的 30 天内科技公司支付剩余合同总额 10%的货款，逾期支付的每逾期一天应支付合同总额 0.05%的违约金，逾期违约金累计总额不超过合同总额的 5%。

合同签订后，电子装备公司依约将案涉设备进行了交付，科技公司也依约支付了前期 90%的款项，其中一笔 20 万元款项系科技公司通过背书转让电子商业汇票方式（以下简称系争汇票）。该系争汇票的承兑人财务公司因为刑事犯罪问题导致电子装备公司无法承兑系争汇票，电子装备公司至今未能成功承兑系争汇票。

此后，因科技公司未再向电子装备公司支付任何款项，电子装备公司遂起诉至法院。

法院另查明，电子商业汇票系统中显示：系争汇票金额为 20 万元，出票日为 2018 年 3 月 20 日，到期日为 2018 年 9 月 20 日，出票人为储运公司，承兑人为财务公司，收款人为化工公司。电子装备公司曾于 2018 年 9 月 20 日提示付款，因未获承兑，电子装备公司于 2019 年 8 月 2 日撤回提示付款，并于同日发起非拒付追索，被追索人为财务公司，同意清偿人为财务公司，同意清偿金额为 20 万元，现追索状态为非拒付追索待清偿。

另据上海票据交易所陈述，在电子承兑汇票交易中，完整的追索流程为由追索人发起追索，被追索人同意清偿，再由追索人点击签收确认，在签收确认后由被追索人线下完成承兑。电子装备公司并未点击签收确认系争汇票。

电子装备公司起诉请求：1. 科技公司支付电子装备公司货款 84.1 万元；2. 科技公司支付电子装备公司逾期付款违约金 32.05 万元。

科技公司辩称：仅认可尚欠电子装备公司剩余货款 64.1 万元，其余 20 万元其已通过系争汇票予以支付，已经履行相应付款义务。在该商业汇票未获兑付时，电子装备公司应在期限内行使票据追索权，无权要求其继续承担该部分的付款义务及违约金。

【案件焦点】

债务人以系争汇票履行合同付款义务，在该汇票未获兑付的情况下，债权人是否有权基于基础债权债务关系向债务人主张相应债权及迟延履行的违约责任。

【法院裁判要旨】

上海市浦东新区人民法院经审理认为：当事人应当按照约定全面履行自己的义务，当事人一方不履行合同义务或者履行合同义务不符合约定的，应当承担继续履行、采取补救措施或者赔偿损失等违约责任。现电子装备公司已经于 2018 年 9 月 14 日交付货物，交货至今科技公司并未提出质量异议，已经远超案涉合同约定的验收时间，应视为电子装备公司已经完成交货义务，科技公司理应按照约定支付全部货款。科技公司认可尚欠付货款 641000 元而非 841000 元，故本案的争议焦点在于科技公司背书转让给电子装备公司的系争汇票能否视为完成给付以及电子装备公司主张的违约金是否过高。法院认为，电子商业汇票仅为科技公司履行付款义务的一种方式，在电子商业汇票未实际承兑之前，科技公司在案涉合同项下的付款义务仍然存在。从法院查明的事实来看，科技公司虽然向电子装备公司背书转让系争汇票，但系争汇票因承兑人涉嫌违法犯罪而到期无法承兑，电子装备公司未能实际取得相应票据金额，科技公司在案涉合同项下对应金额的付款义务并未履行完毕，科技公司仍应支付该款项，故法院认为科技公司尚欠的货款金额为 841000 元而非 641000 元。

对于电子装备公司主张的违约金，法院认为当事人可以约定一方违约时应当根据违约情况向对方支付一定数额的违约金，也可以约定因违约产生的损失赔偿额的计算方法。约定的违约金低于造成的损失的，当事人可以请求人民法院或者仲裁机构予以增加；约定的违约金过分高于造成的损失的，当事人可以请求人民法院或者仲裁机构予以适当减少。现电了装备公司主张根据案涉合同约定要求科技公司支付违约金 320500 元，科技公司抗辩该违约金过高，结合本案合同履行情况，法院对该抗辩意见予以采纳，酌定科技公司支付电子装备公司违约金 168200 元。

对于科技公司抗辩的逾期交货问题，因科技公司在庭审中陈述将另案诉讼解决，故本案对该问题不再赘述。

《最高人民法院关于适用〈中华人民共和国民法典〉时间效力的若干规定》第一条第二款规定，民法典施行前的法律事实引起的民事纠纷案件，适用当时的法律、司法解释的规定，但是法律、司法解释另有规定的除外。因案涉合同订立于《中华人民共和国民法典》实施以前，故法院依据《最高人民法院关于适用〈中华人民共和国民法典〉时间效力的若干规定》第一条第二款的规定及 1999 年《中华人民共和国合同法》第六十条第一款、第一百零七条、第一百一十四条第一款和第二款、第一百五十九条、第一百六十一条之规定，判决如下：

一、科技公司应于判决生效之日起十日内支付电子装备公司货款

841000元;

二、科技公司应于判决生效之日起十日内支付电子装备公司违约金168200元。

科技公司不服一审判决，提起上诉。

上海市第一中级人民法院经审理认为：科技公司与电子装备公司作方系争汇票的直接前后手，双方之间既存在买卖合同关系，又存在票据债权债务关系。在系争汇票经电子装备公司向承兑人提示付款，但未得到承兑的情况下，电子装备公司有权选择票据的原因关系即买卖合同法律关系或票据债权债务法律关系维护其合法权利。关于科技公司提出电子装备公司怠于履行点击签收确认系争汇票义务的上诉意见，本院认为，电子装备公司虽在电子商业汇票系统中曾发起非拒付追索，但未通过点击签收确认系争汇票而完成追索流程，由此说明电子装备公司最终并未选择行使票据追索权。现电子装备公司选择买卖合同法律关系的债权请求权向科技公司主张该20万元货款，于法有据，应予支持。当然，电子装备公司选择以买卖合同法律关系行使权利后，不得再另行选择票据关系行使权利以使其债权得到重复受偿。科技公司关于其背书转让系争汇票即完成相应付款义务的上诉主张，缺乏法律依据，二审法院不予支持。

关于科技公司要求据实酌减违约金的上诉请求，二审法院认为，根据上述认定，科技公司未按约付款的金额仍为一审认定的84.1万元，一审法院已综合考虑合同履行情况，对于违约金进行酌减，并无不当，二审法院不再另行调整。故判决如下：

驳回上诉，维持原判。

【法官后语】

电子商业汇票与纸质商业汇票在法律要件上并无本质区别，但电子商业汇票在通常的承兑和拒绝承兑之外，尚存在承兑人或付款人收到提示付款指令后拒不做出应答、不签收提示付款信息、不做拒绝付款的操作、不实际付款等情形。承兑人因涉嫌违法犯罪到期无法承兑的情形应视为“因违法被责令终止业务活动”的法定情形，持票人有权发起非拒付追索。

在票据未获兑付时，债权人并非仅能行使票据追索权，其有权自由选择行使票据债权或原因债权，债权人有权基于基础债权债务关系向债务人主张相应付款义务。与此同时，原因关系中因票据未获兑付所导致的迟延履行责任，仍应由债务人承担。具体理由包括如下几点：

一、债权人合法获得票据后原因关系并不因此消灭

从法律属性上看，票据是一种金融债权证券，票据权利人可以对票据义务人行使付款请求权，有权主张确定数额金钱的支付。从票据性质来看，票据是一种支付工具和结算工具。因此，债权人通过背书或发票方式取得票据后仅是拥有一项付款请求权，并不等同于已经获得相应款项或已经实现债权，亦不能将取得票据等同于取得货币，更不能因此即认定原因关系就此消灭。与此同时，在原因债权上设定有担保的情形下，若认定原因债权消灭，则该原因债权上的担保权亦将随之消灭。在票据未获兑付的情形下，则债权人反而将因接受票据作为付款方式而丧失原来应有的担保权利，这不仅明显违背债权人的真实意思，也将使债权人难以获得应有的权利保护。

二、允许自行选择行使权利可以合理保护债权人

对于债权人而言，其在票据无法兑付的情况下可行使票据追索权，但票据追索权同原因债权在权利行使方法和效果上均不相同。票据追索权时效较短，而原因债权时效较长；票据追索权行使时需履行相应的保全手续，要求付款人提供拒绝承兑或拒绝付款的证明，否则将导致追索权消灭，而在行使原因债权时债权人较易于提供基础法律关系凭证，也无须承担额外的责任。因此，若一定要求债权人仅能行使票据追索权则对于债权人而言过分苛责，允许自行选择行使权利可以合理保护债权人。

三、债权人自由选择行使权利符合请求权竞合的处理规则

《中华人民共和国票据法》及相关法律规范并未规定在原因债权和票据债权并存时必须行使票据追索权。但根据《中华人民共和国民法典》第一百八十六条规定，在请求权发生竞合时受损害一方有权选择行使任一种权利主张。因此，在没有法律特别规定的情况下，应当允许债权人根据自身利益选择行使票

据债权或原因债权。

四、债权人选择行使原因债权不会发生双重获利

实践中，在法院判决支持债权人行使原因债权的同时，通常会在判决主文部分同时判令债权人将票据返还给债务人，或者确认票据权利由债务人享有。即便在电子商业汇票系统中，在判令支持债权人行使原因债权后，亦可以通过追索人在系统中发起追索、债务人予以签收的方式，将票据权利转移至债务人名下。因此，并不会发生债权人占有原因债权和票据债权双重利益的情形。

编写人：上海市第一中级人民法院　陆文芳　程勇跃

58

动产流动质押中质物交付的判断及责任认定

——营销公司诉H科技公司等买卖合同案

【案件基本信息】

1. 裁判书字号

上海市高级人民法院（2021）沪民终54号民事判决书

2. 案由：买卖合同纠纷

3. 当事人

原告（上诉人）：营销公司

被告（被上诉人）：H科技公司、T科技公司

被告：房地产开发公司、控股公司、建材厂、金某

第三人：物流公司

【基本案情】

卖方营销公司向买方H科技公司销售铜线胚，双方签订《铜材产品销售合

同》。H科技公司和T科技公司共同作为出质人、营销公司作为质权人、物流公司作为监管人，签订《货物质押及监管协议》，约定出质人同意将其所有的货物质押给质权人，出质人和质权人均同意将质押财产交由监管人存储监管，监管人同意接受质权人的委托并按照质权人的指示监管质物。

T科技公司（出租方）与物流公司（承租方）、营销公司（见证方）签订《仓库租赁合同》，约定T科技公司将其仓库及配套设施出租给物流公司使用，为履行《货物质押及监管协议》而存储货物。审理中，各方确认仓库中质押货物已远低于《货物质押及监管协议》约定的最低监管数量。

营销公司向法院起诉要求H科技公司支付货款、利息及违约金，并向H科技公司、T科技公司实现动产质权。

【案件焦点】

1. 案涉质权是否设立。具体而言：在动产流动质押的模式下，出质人H科技公司、T科技公司出质的货物是否实际交付；2. 质权人营销公司和监管人物流公司对案涉仓库货物的管控是否达到质权设立所应当达到的标准。

【法院裁判要旨】

上海市第一中级人民法院经审理认为：本案中，营销公司依据2017年协议要求H科技公司、T科技公司承担质押担保责任，H科技公司、T科技公司则抗辩称质押物未交付故质权未设立。关于系争质押物是否由监管人实际控制、质押物是否实际交付，本案中债权人、出质人与监管人订立三方监管协议，尽管协议约定物流公司系受营销公司的委托监管质物。但从质押物监管方式来看，物流公司与T科技公司签订《仓库租赁合同》，质押物仍存放在T科技公司仓库内。从《仓库租赁合同》的约定来看，仍由T科技公司负责场地和仓库货物的日常保管、进出库，而仓储物的灭失、损毁亦由T科技公司自行承担责任。同时，物流公司亦有权将货物质押及监管协议项下仓储、保管、监管义务转委托T科技公司履行。尽管合同也约定物流公司有权自行安排人员监管租赁场地，但从物流公司、T科技公司陈述的实际监管情况来看，物流公司仅派两名人员在工作时间至仓库进行进出库点数，并未取得对仓库货物的有效管控，质物出库时也并未取得监管人同意，因此，物流公司并未实际履行监管职责。事实上，法院保全谈话笔录中反映，系争货物已远不足约定的最低折算总重量。从各方在合同中的约定和实际进行的监管方式可见，本案中质押物实际上仍然由出质人管领控制，质押物并未实际交付，质权并未有效设立。鉴于以上理由，2017年《货物质押及监管协议》项下的质押物未交付，质权未设立。对营销公司主张实现系争质权的诉讼请求，本院不予支持。营销公司可另行向质押人H科技公司、T科技公司及监管人物流公司主张违约责任。

一审法院判决H科技公司向营销公司支付货款、利息及违约金，驳回营销公司实现动产质权的请求。

营销公司不服一审判决中有关质权未有效设立的认定，提起上诉。上海市高级人民法院依照原《中华人民共和国物权法》第二百零八条第一款、第二百一十二条，以及《中华人民共和国民事诉讼法》第一百七十条第一款第一项之规定，判决如下：

驳回上诉，维持原判。

【法官后语】

本案入选上海法院2021年参考性案例。本案的争议焦点在于：系争流动质押是否已设立，质权人能否实现动产质权。

一、出质人交付财产的判断

《中华人民共和国民法典》第四百二十九条规定："质权自出质人交付质押财产时设立。"动产流动质押中涉及出质人、监管人和质权人三方，质权人通过委托第三方监管来实现对质物的占有和控制。出质人应将货物实际交付给质权人委托的监管人。此时，出质人的"交付"不仅包括将财产交给监管人的瞬间行为，也包括由监管人实施持续控制。一则，质权担保功能的实现要求出质人在实质上交付动产。动产质权的设立有赖于交付，而交付需能实现担保功能的要求。质权担保功能的实现，取决于质权的留置效力与优先受偿效力。更为重要的是，在交付出质财产后，出质人无法再处分质物，故而质权人不会因出质人处分质物而丧失担保。惟其如此，当债务人不履行到期债务或者发生当事人约定的实现质权的情形时，质权人才得以与出质人协议以质押财产折价，或就拍卖、变卖质押财产所得的价款优先受偿。二则，流动质押中企业就动产再融资的需求亦要求存货维持在一定数量。之所以存在流动质押，是由于企业用于抵押的不是闲置存货，而是可能随时进入市场销售以维持经营所需的货物。监管方的介入使得质物既可保持流动性以确保生产经营所需，亦可维持在质押约定的最低价值或数量以上。因此，质物的持续控制是维持存货流动性的保障，监管人不仅需要“接收”质物，且需对质物进行“持续”监管，如此方可具有完整的公示效用，在实现存货流动性的同时满足实现质权的担保功能。

二、监管人实际控制的认定

质物不仅需由监管人接收，且应受监管人的实际管领控制，就此应从合同约定内容和实际监管情况两方面予以认定。第一，从合同约定内容看，质押监管合同应当为监管人代质权人占有支配质押财产提供依据和保障。本案中监管人与出质人签订的《仓库租赁合同》从实质上变更了《货物质押及监管协议》项下的监管义务承担，不仅未明确排除出质人随意占有支配质物的具体内容，反而将表面上已由出质人交付给监管人的质物又返还给出质人，导致出质人实际上仍可占有、处分质物。第二，从实际监管情况看，监管人需履行对质物的审核查验、保管监管等义务，实现有效的管领控制。我国的流动质押融资业务发展至今，多数情况下均由物流企业（如本案的物流公司）承担监管人的职责，代质权人检查、核验和管理存货。质权人通过监管人这样的专业机构协助，得以准确评估存货价值，提高债权实现的概率。但本案中，从合同约定内容和实际监管情况可见，出质人对质物仍可进行较为自主的占有支配。因此，本案质权亦未有效设立。

三、质权人合同利益的救济

当质权未设立时，质权人无法实现对质物的优先受偿权。此时，质权人、监管人和出质人的合同权利义务应由签订的质押监管协议予以调整。关于出质人的责任，质权人可以基于质押合同的约定要求出质人承担违约责任，但是不得超过质权有效设立时出质人应当承担的责任范围。在最高额质押的情况下，需注意质权人的受偿范围不应超过质押担保的最高限额。关于监管人的责任。监管人未履行监管职责时，质权人可以要求监管人承担责任。在流动质押融资中，监管人通常是有偿监管，监管人只有在因过错而未履行监管义务时，才需承担赔偿责任。对监管人有无过错的判断，需结合出质人、质权人的行为加以认定。如监管人已穷尽管控能力，则应认定为无过错。反之，如出质人谎报存货数量，而监管人未履行必要的核验义务，则应认定为存有过错。如有证据证明质权人在收到监管人有关质物存在风险的通知后，明知该风险却放任出质人转移质物的行为，则应相应减少监管人所应承担的责任。

编写人：上海市第一中级人民法院　成阳

九、信息网络买卖合同纠纷

59

电子商务合同成立后卖家不履行发货义务，且以虚假情况诱导消费者持续等待或者加价购买，应认定构成欺诈

——李某诉某家具公司、某网络公司信息网络买卖合同案

【案件基本信息】

1. 裁判书字号

北京互联网法院（2021）京 0491 民初 28900 号民事判决书

2. 案由：信息网络买卖合同纠纷

3. 当事人

原告：李某

被告：某家具公司、某网络公司

【基本案情】

某家具公司在某网络公司经营的电商平台开设某某网络店铺。2020 年 11 月 11 日，李某在涉案店铺下单购买茶几及斗柜各一件。而后，李某分别于 2020 年 11 月、12 月以及 2021 年 1 月、2 月、3 月、4 月，多次联系某家具公司客服人员询问发货时间，客服人员以“试组孔位有问题”“环保检查延误工期”“茶几不做了”等理由表示需推迟发货，让李某申请退款，或表示订单异常需

李某补拍差价链接才能发货。在某家具公司未发货期间，该公司于另一电商平台开设的店铺中仍在销售涉案同款茶几。2021年2月1日某家具公司赔偿李某234.94元，1月4日赔偿原告50元，某家具公司据此认为与原告的合同已经解除，原告认可收到两笔钱款，但不认可订单解除。

李某认为某家具公司履行合同过程中一再推迟发货构成欺诈，要求某家具公司承担履约责任交付家具，并按货款的三倍赔偿原告的损失5482.05元，某网络公司承担连带责任。二被告不同意原告的全部诉讼请求。某家具公司认为涉案合同已经解除，某网络公司已经对其延迟发货进行处罚，不应再对原告的损失进行补偿；某网络公司主张其并非本案争议所涉网络购物合同的当事方，已尽到自身义务，不应为卖家承担连带责任。

【案件焦点】

1. 涉案合同是否已经解除；2. 某家具公司是否构成欺诈承担三倍货款的惩罚性赔偿。

【法院裁判要旨】

北京互联网法院经审理认为：李某提交的证据能够证明其在某家具公司处购买了涉案商品，双方之间建立了网络购物合同关系，双方均应依约履行。

针对本案所涉茶几的订单，根据在案证据显示，原告已明确表示退款，且被告某家具公司亦主张该笔订单已经解除，双方就涉案茶几订单已经达成退款的合意，故对原告要求被告某家具公司退还茶几货款的诉讼请求，本院予以支持。针对涉案斗柜订单，本案中原告已向被告支付了涉案斗柜的货款，被告客服人员亦在聊天记录中明确表示分别购买斗柜和茶几送松木凳；履行过程中，原告明确表示不同意就涉案斗柜订单退款，被告某家具公司未举证证明其与原告之间存在就涉案斗柜订单达成解除合同的合意，亦未举证证明存在无法履行的情形。故，就被告某家具公司主张其按照平台规则赔付原告违约金，涉案订单已经解除故不需再履行发货义务的抗辩意见，本院不予采纳，原告要求某家具公司继续履行涉案斗柜、松木凳的发货义务，本院予以支持。

关于原告要求就涉案订单三倍赔偿的诉讼请求。本院认为，构成欺诈应当符合两方面条件，客观上欺诈方故意实施了欺诈行为，主观上受欺诈方因此作出错误意思表示，即消费者由于经营者故意的错误陈述、隐瞒真实情况陷入对商品的错误认识而作出意思表示。本案中，原告于 2020 年 11 月 11 日下单购买涉案商品后，于 2020 年 11 月至 2021 年 4 月间数次询问被告某家具公司发货情况，被告以试组孔位、环保检查等理由表示需延期发货，但并未提交任何证据予以证明，后联系原告时又表示有现货，仍需要原告补拍差价链接才能发货。原告在双十一活动期间于网络店铺购买了涉案商品，卖家的发货义务系合同履行的应有之义，而某家具公司却较长时间内拒不履行发货义务，且未举证证明存在合理事由；在原告要求被告某家具公司发货期间，被告在其他平台继续销售涉案同款茶几。某家具公司在涉案订单的履行过程中以虚假信息诱导原告持续等待发货或补拍差价，存在欺诈，故对原告要求就涉案订单，按照三倍货款进行赔偿的诉讼请求，本院予以支持。

关于某网络公司是否承担责任，本院认为，根据已查明的事实，某网络公司系电子商务平台的经营者，平台上公示了买卖合同相对方的信息，原告亦知晓涉案订单的销售方为某家具公司，原告提交的证据不能证明某网络公司存在作为平台应承担连带责任的其他情况，故对原告要求被告某网络公司交付产品、赔偿损失的主张没有事实和法律依据，本院不予支持。

综上，依照《中华人民共和国消费者权益保护法》第五十五条、《中华人民共和国民事诉讼法》第六十四条之规定，判决如下：

一、本判决生效之日起七日内，被告某家具公司退还原告李某茶几货款 783.15 元；

二、本判决生效之日起七日内，被告某家具公司向原告李某交付“斗柜”“松木凳”各一件；

三、本判决生效之日起七日内，被告某家具公司赔偿原告李某 5482.05 元；

四、驳回原告李某的其他诉讼请求。

判决后，双方当事人均未上诉，本判决现已生效。

【法官后语】

近年来，网络购物作为网络信息技术的衍生服务在生活场域中得以广泛应用，并日益替代传统线下交易成为消费者购物的基本方式。在诸家电商平台推出的“购物节”活动更成为一场网购狂欢，因为限定了代金券、“满减”、“红包”等优惠的使用时间和场景，吸引了大量消费者，使得短期内交易量猛增，纠纷和争议也相随而生。本案即为消费者在“双十一”期间购买商品后，商家拖延发货而引发的纠纷。

拖延发货属于履约过程中的违约行为，是否适用《中华人民共和国消费者权益保护法》第五十五条的惩罚性赔偿，需要根据具体情况进行分析。民事欺诈行为是指在设立、变更、终止民事权利和民事义务过程中，故意告知对方虚假情况，或者故意隐瞒真实情况，诱使对方作出错误的意思表示的行为。客观上欺诈方故意实施了欺诈行为，主观上受欺诈方因此作出错误意思表示，即消费者由于经营者故意的错误陈述、隐瞒真实情况陷入对商品的错误认识而作出意思表示。

一、客观上欺诈方故意实施了欺诈行为，即网络交易经营者主观上有欺诈的心理状态，与此同时在客观上又实施了欺诈行为

相较于传统的线下交易，网络交易瞬时性、变化性更强，尤其在本案所涉交易发生的“双十一”这样的购物节期间交易量猛增，网络交易经营者对其履约能力存在认知误差是不可避免的，但是这种误差应限于合理范围内，并遵守诚实信用原则。在认定欺诈过程中，考虑到消费者对商品或服务熟悉程度较低、举证能力较弱，除非经营者能结合客观事实提出高度盖然性的反证，否则推定其存在主观过错。本案中，商家“双十一”期间以较低的价格吸引消费者购买，增加其网络店铺的流量和交易量，而后履约时在消费者反复催促发货的情况下，告知消费者无法发货需等待或者重拍差价链接购买。同时，又在其经营的其他平台店铺中继续售卖同款商品。虽然其主张是因为做工、环保检查以及未及时撤回其他平台的商品信息导致，但并未提交证据予以证明，故应属于经营者故意隐瞒履约的真实情况，客观上故意实施了欺诈行为。

二、主观上受欺诈方因此作出错误意思表示

此要件中包含两层意思，一是相对人因欺诈而陷入对事实的错误认识；二是相对人基于错误认识而作出意思表示，即若无该错误，相对人不会作出该种意思表示。在“双十一”网络购物节这样的场景中，消费者的专注侧重点除与平日交易时无异的商品品质及售后服务之外，无非就是价格及交付时效这两个因素。因此，在履约过程中，消费者基于对“双十一”期间的低价优惠选择下单购买涉案商品，其作出的是按照优惠价格购买商品的意思表示，这一意思表示中必然包含如期收货的期待，在而后的履约过程中，消费者因不想放弃低价优惠而选择继续等待也属常见。商家作为销售者在有货的情况下推托无货可发，并多次承诺消费者新的发货时间，使得消费者基于作出继续等待的选择，在交易中付出更多的时间成本及机会成本，主观上因此商家隐瞒真实情况作出错误意思表示。

综上，本案在当前网购发货纠纷频发的情况下，探讨履约过程是否适用惩罚性赔偿的问题。确立合同履行过程中欺瞒消费者，侵害了消费者的意思决定自由，此时当事人双方建立的信赖关系较之缔约时更加紧密，背信程度更高，应当受到惩戒。这对在法律框架下规范电子商务经营者的履约行为，促进电子商务健康有序发展有重要意义。

编写人：北京互联网法院　张倩　柴榕翔

60

二手商品网络买卖合同信息披露义务履行不到位造成合同目的不能实现，买家有权要求退货退款

——杨某桥诉毛某祥信息网络买卖合同案

【案件基本信息】

1. 裁判书字号

北京互联网法院（2019）京0491民初40120号民事判决书

2. 案由：信息网络买卖合同纠纷

3. 当事人

原告：杨某桥

被告：毛某祥

【基本案情】

2019年8月30日，杨某桥通过网络购物平台在毛某祥处购买涉案商品。

购买前，杨某桥与毛某祥沟通：杨某桥问“你昨天给我拍了交易的视频可以给我个截图吗？我好去问问卖家视频不好转给他”；毛某祥回复“提供订单详情截图显示，卖家为L数码代购”。杨某桥问“去年买的对吧，配件啊，包装盒都在对吧”；毛某祥回复“是的”；杨某桥问“可以再拍一下吗，如果方便的话，盒子啊之类的，你的图片有点模糊”；毛某祥拍了涉案商品的包装盒和涉案商品；杨某桥问“盒子编号和腔体都能对上吧”；毛某祥回复“那必须啊”；杨某桥问“耳机墙体没磨损划痕吧”；毛某祥回复“德行的啊”。

购买后，杨某桥通过微信公众号查询该序列号，回复称“你购买的是国行，去年8月出厂的。关于你的问题，所有的图都有序列号，只有防伪标签才

是国行独有”。2019 年 9 月 3 日，杨某桥与毛某祥沟通称“我刚才已经通过售后证明了 21069 这个序列号是国行专有序列号了，现在鉴定都不用鉴定了”；毛某祥回复称“那我就不知道了，买的时候说的是海外版”。

毛某祥于庭审中主张通过某二手平台上某用户购买涉案商品，并提供订单信息截图，双方聊天记录可见于 7 月 30 日沟通涉案产品交易问题，毛某祥问“你这个是国行的吗”，卖家回复称“在 L 数码代购那买的时候说是海外版”。

另查明，杨某桥提供的公司官网显示耳机、有线话筒产品总代理为某电子科技公司，该公司于 2016 年 4 月 26 日发布的德国某品牌耳机核心经销商实体店包括北京地区的 T 商店。杨某桥前往 T 商店实体店拍摄的涉案商品与正品二代耳机对比图显示，经销商提供的正品耳机中字母 O 为小写。杨某桥提供的海外版图片显示，海外版耳机 NO 中字母 O 为小写。涉案商品中字母 O 为大写，且两者字体及颜色都存在差距。

杨某桥于 2021 年 1 月 21 日，将涉案商品邮寄到电子科技公司售后，1 月 26 日，该公司将该商品退回杨某桥，并标明非某品牌产品，退回。

【案件焦点】

1. 被告是否以欺诈手段订立合同，双方订立合同是否存在重大误解；2. 涉案标的物是否为仿冒品而致使合同目的不能实现。

【法院裁判要旨】

北京互联网法院经审理认为：原告向被告购买涉案商品，双方之间形成信息网络买卖合同关系。当事人对自己的诉讼请求和主张事实负有举证之责，举证不能的，应承担不利后果。本案中被告作为卖家告知原告涉案商品购买自网络购物平台店铺且提交订单详情截图，并称涉案商品为德行版本，并未披露其商品收购自闲鱼其他买家的事实。事实上，原告在核实被告提供的网络购物平台店铺后才购买的涉案商品，被告不如实披露购买渠道，使得原告无法真正核实涉案商品来源。原被告在庭审中均认可购买渠道以及是否经过多次交易对涉案产品价格都存在影响。原告当庭提交了证据证实涉案商品存在问题，首先通过查询涉案商品序列号发现涉案商品可能是国行产品，其次通过与正品经销商同类商品对比的方式发现涉案商品与正品存在差异，最后将涉案商品邮寄给经销商售后，得知涉案商品非某品牌产品。对于上述证据，被告虽然均不认可，但其并未提交任何相反证据。本院认定的事实系基于现有证据和证据规则的相关规定而做出的法律上的推导和认定，法律事实不完全等同于“自然事实”。故被告交付涉案商品存在问题，致使不能实现合同目的，现原告有权要求被告退货退款。原告主张被告支付因此产生的交通费用，原告并未举证证明，本院不予支持。

北京互联网法院依照《中华人民共和国民法典》第五百六十六条、第六百一十条，判决如下：

一、解除原告杨某桥与被告毛某祥于 2019 年 8 月 30 日签订的订单编号为 60000684853700××××的合同；

二、本判决生效之日起十日内，被告毛某祥返还原告杨某桥其支付的货款 2800 元，原告杨某桥向被告毛某祥退还涉案商品耳机一件（现状返还，退货运费由被告毛某祥负担）；

三、驳回原告杨某桥的其他诉讼请求。

判决后，双方当事人均未上诉，本判决现已生效。

【法官后语】

在商品交易中，影响消费者消费的主要因素是价值感知，即消费目标符合价值预期。二手商品交易，即由于消费者的个人原因，使商品在使用一段时间后或者从未使用过的情况下闲置，然后进行再次交易的情形。在二手商品交易中影响交易的主要因素，除价值感知外，还有风险感知。

网络二手交易市场与传统二手交易市场相比，具有更为丰富的信息量，获取信息渠道自愿且高效。但与此相对应的是，网络二手商品交易中，存在更为突出的信息不对称情况，参与交易的双方所掌握的信息的数量和质量不对等，掌握有效信息多的一方是交易进行的主导者，为了可以使己方能够得到最大的利润，可能会对他人做出隐瞒甚至是诈骗，而网络信息披露的方式，也使得信息隐瞒更加容易，缺乏信息的一方利益往往很难避免遭受损失。

因此，在二手商品交易中，风险感知是影响交易成交率的主要因素。消费者在风险未知的线上二手交易过程中，为了减少交易中存在的风险和不确定性，通过阅读展示信息、交流沟通等渠道收集处理各种信息，对卖家的信任度进行判断、行为做出预测。用信息和信任填补信息不对称的问题，降低交易的不确定性。

在二手商品交易中，消费者感知风险程度主要通过商品信息、卖家信誉、来源信息、交流感知。

商品信息只有卖家通过文字、图片、视频的方式进行描述，买家依据上述信息进行判断，由于二手平台交易规则的限制，在商品信息中作假、隐瞒重大瑕疵等情况极易导致买家发现后退货且平台认定责任方为卖家的情况，故商品信息存在风险程度较低，多用于进一步了解商品情况。

传统交易中，可通过品牌、店铺的知名度、口碑等信息判断卖家信誉。在二手交易平台中，主要通过卖家的芝麻信用等信用评分、卖家历史成交记录及评价等信息考量卖家信誉，卖家信誉高低可以直接对双方信任度、购买意愿产生极大影响，直接影响交易成功率。

二手商品尤其是电子产品，其产品来源信息是判断产品真伪、质保等关键信息的要素，不同渠道购入的同型号商品也可能存在极大差异，是有关交易双方利益的关键信息。

即使是同款商品在购买时长相同的前提下，也会因为原主人的使用习惯造成不同程度的损坏，通过交流和沟通判断原主人的信誉及商品的使用情况也是二手交易的重要判断过程。相较于传统交易通过语言、动作、表情去判断，网络二手交易主要通过在线聊天形式进行交流，判断依据的信息基础相对薄弱和片面。

综上所述，在网络二手商品交易中，相较于传统二手交易，买家判断是否购买的信息依据相对片面，购买过程存在更多的不确定和不可控的问题，买家需要承受更大的风险。商品信息、卖家信誉、来源信息、交流感知对购买意愿影响极大。本案中，涉案商品卖家存在隐瞒商品来源信息，隐瞒其通过二手交易获得涉案商品的事实，造成买家对卖家信誉、来源信息、交流感知均存在极大误差，且涉案商品实际信息与卖家披露信息存在关键差异，卖家致使不能实现合同目的，买家有权要求卖家退货退款。

编写人：北京互联网法院　崔丽萍　汪倩

61

经营者与消费者建立微信群协商所售商品质量、价款、数量、履行地点及履行期等内容不属于网络电商经营方式

——电子公司诉服装公司买卖合同案

【案件基本信息】

1. 裁判书字号

江苏省泰州市中级人民法院（2021）苏12民终750号民事判决书

2. 案由：买卖合同纠纷

3. 当事人

原告（上诉人）：电子公司

被告（被上诉人）：服装公司

【基本案情】

胡某吉系电子公司法定代表人，服装公司系生产案涉产品的企业，董某鹏与丁某均系服装公司高级管理人员，胡某吉与董某鹏是商学院培训班同学。电子公司因需要购买案涉产品发放给员工使用，胡某吉经其他同学介绍与董某鹏电话联系商谈购买案涉产品。2020年3月2日，胡某吉、董某鹏及丁某三人组建购买微信聊天群。

2020年3月2日，胡某吉首先在微信群内询问“订货价格是多少”，丁某回复“我们定价20元/只，因为很多人找董总，所以只有董总的朋友和同学是15.4元/只”。后双方微信中商定订购数量为10000只，丁某按照胡某吉要求向其发送了产品的型号、规格、照片、包装等。同月4日，胡某吉在微信群内询问“如何可以订到货?”董某鹏回复“4月10号”。同月5日，丁某问“现在交期4月10日至15日之间可以吗?”胡某吉回复“可以”。胡某吉于当日向服装公司法定代表人账户汇款154000元。当月12日12：16，胡某吉问“我们购买的产品何时有货”，丁某当即回复“原定4月10日”“下午我看下，能提前就提前”；12：25，丁某又回复“提前到3月底交”；13：49，董某鹏发微信“@胡某吉　把你的收货地址联系人，电话发我。我争取让他们这个周末给您发货”。胡某吉于2020年3月17日00：16回复说“好的”；但当日09：35，胡某吉发微信“你们的产品资源比较紧张。我已经买了1万个同类产品。请把你们的安排给其他人吧。请退款给我。多谢”。当日10：22董某鹏回复“@胡某吉　我搞不懂您的意思，当时给您安排到交期是4月25日，您付了全款。我们之所以收全款，就是考虑到下单取消。我们现在已经想办法提前给您发运”。当月20日，胡某吉在微信群内发送“我们没有合同，也没有样品。也无法证明你们的货是我们要的。请不要发货。我们会有人和你们联系。请等通知。多谢合作”。当月21日，服装公司将案涉货物通过物流公司送至电子公司处，但电子公司拒收。

电子公司以服装公司未及时发货且双方未签订书面合同为由诉至法院，要求服装公司退还货款154000元并赔偿因服装公司迟延发货导致复工延迟损失计100000元。诉讼中，电子公司主张服装公司系网络电商销售商品，根据《中华人民共和国消费者权益保护法》第二十五条的规定，经营者通过网络、电视等方式销售产品，消费者享有7日内无理由退货权。

【案件焦点】

双方发生的买卖合同是否是以网络电商等方式进行的买卖方式。

【法院裁判要旨】

江苏省泰州市海陵区人民法院经审理认为：电子公司与服装公司通过微信聊天方式就案涉货物的单价、型号、规格、数量、价款、交货时间等内容达成合意，双方形成买卖合同关系。双方在微信聊天中最终确定发货时间为2020年3月底，服装公司于2020年3月21日发货，电子公司无权拒收货物并要求服装公司返还货款。电子公司系有限责任公司，其购买案涉产品并非因为生活消费需要，故其不是《中华人民共和国消费者权益保护法》规定的“消费者”，其不享有该法第二十五条所规定的“7日内无理由退货权”。判决如下：

驳回电子公司的全部诉讼请求。

电子公司不服一审判决，提出上诉。

江苏省泰州市中级人民法院经审理认为：《中华人民共和国消费者权益保护法》第二十五条规定的经营者以网络电商方式销售商品，消费者有权自收到商品之日起7日内无须说明理由即可退货，旨在保护无法与经营者就商品质量、价款等重要内容进行直接、充分、平等协商而处于弱势地位的消费者。电子公司与服装公司虽系通过手机微信方式联系买卖产品事宜，但因并非经营者服装公司单方面以网络、电视、电话、邮购等方式面对不特定的对象发布广告并销售商品，而是与购买方电子公司通过微信进行了详尽协商，并就标的物的质量、数量、型号、规格、价格、履行期及履行地点等合同主要内容进行了明确约定，即微信群是双方协商沟通合同内容的通信工具而非销售商品的交易平台。据此，本案不符合《中华人民共和国消费者权益保护法》第二十五条规定，电子公司无权根据该规定单方面在收到货物7日内无理由解除合同。因电子公司与服装公司就所买卖产品的数量、型号、规格、单价、付款方式、交货期限等合同主要内容达成了一致意见，故双方之间的买卖合同成立并生效。因服装公司按合同约定期限履行了交付标的物的合同义务，故电子公司无权单方面解除合同。

江苏省泰州市中级人民法院依照《中华人民共和国民事诉讼法》第一百七十条第一款第一项之规定，判决如下：

驳回上诉，维持原判。

【法官后语】

网络销售在给消费者带来便利、满足个性化需求、低价格等优势的同时，也存在许多不足之处。主要表现为：(1) 买卖双方缺少直接沟通交流机会，消费者在购买商品时只能根据或完全依赖经营者广告或宣传资料获取商品相关信息，无法进一步知晓商品更详尽信息，从而可能产生错误认识甚至重大误解。(2) 消费者体验受限制，消费者通过网络方式购买衣服、食品等商品时，无法通过正常的基本感觉即味觉、触觉、嗅觉等方式亲身体验商品，而仅能通过经营者提供的网络视觉信息作出购买决策。(3) 经营者购买商品时因经营者夸大宣传或者不实宣传而一时冲动购买商品，待清醒冷静时发现自身并不真实需要该商品。正是因为上述缺点，《中华人民共和国消费者权益保护法》第二十五条赋予了通过互联网（包括网络、电视、电话、邮购等）购物的消费者享有“七天无理由退货”权利，即消费者在“网购”过程中，除了购买部分不适用无理由退货规定的商品外，可以在自收到商品之日起七日内无条件退货。该条款旨在保护无法与通过网络、电话、抖音等单方面方式宣传或推销商品的经营者就商品质量、价款、履行期等重要内容进行直接、充分、平等协商而处于弱势地位的消费者。

现实中，虽然一些消费者与经营者系通过微信、电话等方式商谈买卖商品，但并不能一概认定为网络销售，故而无权享有“七天无理由退货”权利。特别在司法实践中，存在部分消费者确实以微信、电话等方式与经营者多次联系、协商并最终购买了商品，但并不属于网络交易方式，当消费者利用上述规定而主张己方绝对享有“七天无理由退货”权利时，需要首先准确界定网络销售的边界。

网络销售是指各经济主体或者法律主体借助互联网技术或者依托互联网技术的电子商务平台提供产品或者服务并达成交易的销售行为，其最鲜明特征在于经营者系通过网络、电话、电视、邮购等单方面方式宣传或推销商品，而消费者仅对所购买商品数量、交货地点等格式化内容具有选择权，而对商品质量、价款、规格、履行期等重要内容无权与经营者进行直接、充分、平等协商，甚至很多情况下消费者无法知晓经营者到底是谁。而本案中，电子公司与服装公司之间虽系通过手机微信方式联系买卖产品事宜，但不符合网络销售特征，具体理由为：第一，对于双方协商买卖产品的过程而言，是由购买方的胡某吉经过其他同学介绍而主动与出卖方的董某鹏以微信方式聊天，而非由出卖方服装公司或其工作人员单方面以网络、电视、电话、邮购等方式面对不特定的对象发布广告销售商品或推销商品。第二，双方虽系通过微信聊天的联系方式，因此双方的微信是双方协商沟通合同内容的通信工具，而非服装公司销售商品的交易平台。第三，电子公司的胡某吉与服装公司的董某鹏、丁某等人就产品的型号、数量、单价、交货时间及地点、付款方式等重要内容进行了反复、多次协商，特别是双方还就产品的质量（即检验检测报告）重要内容进行了确认。这与经营者单方面以网络、电话等方式销售商品存在本质区别，也是确定本案当事人订立买卖合同方式与网络销售模式存在区别的关键所在。据此分析，本案不符合《中华人民共和国消费者权益保护法》第二十五条规定，电子公司无权根据该规定在己方收到货物7日内无理由解除合同。

需要说明的是，本案中电子公司是否为消费者存有争议，但这不影响认定其无权享有“七天无理由退货”权利的结论。

编写人：江苏省泰州市中级人民法院　丁万志

62

出卖人应对其销售的手机是否存在瑕疵承担举证责任

——王某真诉电子商务公司、A贸易公司信息网络买卖合同案

【案件基本信息】

1. 裁判书字号

福建省厦门市中级人民法院（2021）闽02民终5082号民事判决书

2. 案由：信息网络买卖合同纠纷

3. 当事人

原告（上诉人）：王某真

被告（上诉人）：A 贸易公司

被告：电子商务公司

【基本案情】

2021 年 2 月 20 日，原告通过电子商务公司运营的购物平台网站上的 A 品牌产品自营店购买手机一部，订单号为 14035142××××，货款金额为 4948 元。2021 年 2 月 21 日 11 时 58 分，原告取得案涉手机。原告拆开外包装后开机查看案涉手机，认为案涉手机的屏幕有个黑点。2021 年 2 月 21 日 12 时 23 分，原告向购物平台提交案涉手机的售后申请，并附上案涉手机的照片，注明“右下角有一个小黑点，在屏幕内”。2021 年 2 月 21 日 12 时 42 分，购物平台向原告出具审核意见，并告知原告，配送将在预约时效上门取件，将在收到商品后送到厂家售后进行检测，周期为 3-7 天（如需返厂检测，周期会延长至 15-20 天），如确认性能故障会尽快处理，非性能故障将原物返回。2021 年 2 月 21 日 18 时 19 分，配送上门取件成功。购物平台向原告提供了取件条码号、返修号。2021 年 2 月 22 日，配送将案涉手机送至备件库并进行维修。2021 年 2 月 22 日，厦门电子商务公司向原告开具了一张厦门增值税电子普通发票，明确货物名称为手机，数量为 1 台，单价为 4387.61 元，价税合计 4947.98 元。

原告向购物平台网站上的 A 品牌产品在该购物平台自营店的客服人员反映该部手机的右下角有个黑点，要求换货，并提供了锁屏密码、申请售后的服务单。A 品牌产品在该购物平台自营店的客服人员表示，换货都是全新未拆封的商品，需要售后检测，请求原告将售后单备注改换货为退货。原告表示，要求换货。

2021 年 3 月 6 日，A 贸易公司的授权服务商出具服务报告书，载明用户为王某真的产品故障描述为“右下角有一个小黑点，在屏幕内”，服务类型为“保外”，故障诊断及分析过程为“工厂检测：因非授权改装而导致的问题不在保修范围内，库存价 4933 元”。此后，原告向购物平台的客服人员了解什么时候可以退货以及要求提供手机的出厂检验报告，并要求退款。购物平台的客服向原告发送了内容为“关于订单14035142××××检测结果工厂检测：因非授权改装而导致的问题不在保修范围内，库存价：4933元，无法退款处理”的短信。原告向购物平台的客服要求退款及退一赔三，并要求提供手机返厂检测报告至原告的电子邮箱。购物平台的客服将A贸易公司的授权服务商出具的服务报告书通过电子邮箱发送给原告。

【案件焦点】

1. 信息网络买卖合同的相对方如何确定；2. 出卖人在出售案涉手机的过程中是否存在欺诈行为。

【法院裁判要旨】

福建省厦门市同安区人民法院经审理认为：本案中，原告举示的发票体现的销售方为厦门电子商务公司、购买方为原告，足以证明本案的买方为原告，卖方为厦门电子商务公司。原告举示的发票足以证明电子商务公司作为网络交易平台向原告提供了销售者的真实名称、地址。原告主张网络交易平台承担赔偿责任的前提为网络交易平台提供者不能提供销售者或者服务者的真实名称、地址和有效联系方式的，电子商务公司作为网络交易平台向原告提供了销售者的真实名称、地址，故电子商务公司无须向原告承担赔偿责任。因此，本院认定原告与厦门电子商务公司成立信息网络买卖合同关系，原告与电子商务公司不成立信息网络买卖合同关系。

出卖人在出售案涉手机的过程中是否存在欺诈行为。案涉商品为手机，属于类似计算机、电视机的耐用商品，原告在取得案涉手机的当日就将案涉手机通过配送退件，案涉手机的有关瑕疵举证责任应由被告厦门电子商务公司承担。根据服务报告书，案涉手机存在因非授权改装而导致的问题。综观本案实际情况，本院认为，案涉手机非授权改装的时间发生在原告取件之前的可能性更大。原告系基于生活消费需要购买案涉手机，故其权益应受《中华人民共和国消费者权益保护法》的保护。本案中，案涉手机在厦门电子商务公司向原告出售之前曾发生非授权改装是影响消费者购买行为的重要决定因素。在原告业已举证证明厦门电子商务公司隐瞒案涉手机存在非授权改装的情况下，厦门电子商务公司对于其自身的主观意思存在举证优势，应当由厦门电子商务公司就其不存在隐瞒案涉手机存在非授权改装的故意承担举证责任，然综合其举证情况，难以认定厦门电子商务公司对于案涉手机的真实情况不知情，也难以认定厦门电子商务公司不存在向原告隐瞒案涉手机真实情况的故意。对于厦门电子商务公司否认欺诈的抗辩意见，本院不予采信。因厦门电子商务公司存在欺诈的违约行为致使原告无法实现合同目的，原告有权依法解除原告与厦门电子商务公司的信息网络买卖合同。因原告未通知厦门电子商务公司解除信息网络买卖合同，直接以提起诉讼的方式依法主张解除信息网络买卖合同，故本院依法认定双方的信息网络买卖合同自起诉状副本送达厦门电子商务公司之日即 2021 年 5 月 7 日解除。合同解除后，因该合同取得的财产，应当予以返还。原告诉请返还货款 4828 元，予以支持。原告诉请厦门电子商务公司依法支付三倍价款即赔偿款应为 4828 元×3＝14484 元，超出部分，不予支持。依照《中华人民共和国民法典》第五百零九条、第五百六十三条、第五百六十五条、第五百六十六条、第五百七十七条，《中华人民共和国消费者权益保护法》第二十三条、第四十四条、第五十五条，《中华人民共和国民事诉讼法》第六十四条第一款之规定，判决如下：

一、原告王某真与被告 A 贸易公司的信息网络买卖合同自 2021 年 5 月 7 日解除；

二、被告 A 贸易公司应于本判决生效之日起五日内向原告王某真返还货款 4828 元并支付价款三倍的赔偿款 14484 元，合计 19312 元；

三、驳回原告王某真的其他诉讼请求。

王某真、A 贸易公司不服，提起上诉。

福建省厦门市中级人民法院经审理认为：讼争合同系厦门电子商务公司与王某真之间的真实意思表示，王某真依约支付对价，有权请求厦门电子商务公司交付符合约定的产品。在案的服务报告书可以证明厦门电子商务公司交付的手机经过了“非授权改装”，结合王某真签收货物和售后申请的时间差，一审法院认定“非授权改装”发生王某真取件前是正确的。厦门电子商务公司作为讼争手机的销售主体，有充分的举证便利，证明其向王某真交付的产品符合双方约定或已经明确告知讼争手机经过“非授权改装”的事实，否则应承担举证不能的法律后果。然而厦门电子商务公司提交的证据仅能概括反映厦门电子商务公司类型产品的进销渠道，并不能具体反映讼争手机的产销情况，更不足以完成前述举证义务。一审法院认定厦门电子商务公司否认欺诈的抗辩理由不能成立，并无不当，据此判决解除讼争合同，判令厦门电子商务公司返还货款，增加赔偿金额是正确的，应予以维持。综上，厦门电子商务公司的上诉请求不能成立，应予驳回；一审判决认定事实清楚，适用法律正确，应予维持。依照《中华人民共和国民事诉讼法》第一百七十条第一款第一项之规定，判决如下：

驳回上诉，维持原判。

【法官后语】

《中华人民共和国消费者权益保护法》于2013年第二次进行修正，并纳入了网络购物的内容。《中华人民共和国消费者权益保护法》的该次修正，在举证责任方面作了更利于消费者的规定。该法第二十三条第三款规定“经营者提供的机动车、计算机、电视机、电冰箱、空调器、洗衣机等耐用商品或者装饰装修等服务，消费者自接受商品或者服务之日起六个月内发现瑕疵，发生争议的，由经营者承担有关瑕疵的举证责任”。这是法律层面首次明确规定经营者应当就耐用商品或者服务承担产品瑕疵举证责任，实现了经营者的“举证责任倒置”。对于大宗耐用商品，电脑、冰柜、洗衣机等大型电子商品或装修等大型服务，如消费者在接受商品或服务的半年以内发现瑕疵的，此类商品或服务的瑕疵举证责任则由出卖人或提供人即经营者来承担。与经营者相比，消费者对于一些特殊商品专业性技术信息的不了解，导致消费者要想证明所购商品存在瑕疵非常困难。该条款的内容突破了“谁主张，谁举证”的一般举证规则，帮助大宗商品或大型服务的消费者解决了诉讼中的“举证难”问题。如果经营者不能提供证据证明商品没有质量问题或者损害是由消费者个人原因造成的，应承担举证不能的不利后果。《中华人民共和国消费者权益保护法》第五十五条赋予了消费者三倍价款赔偿请求权，消费者主张三倍价款赔偿请求权得以成立的前提是经营者存在欺诈行为。因此，经营者是否适用“举证责任倒置”是认定经营者是否存在欺诈行为的重要因素，并进而决定到消费者三倍价款赔偿请求权的成立与否。

根据《中华人民共和国消费者权益保护法》《中华人民共和国民事诉讼法》以及司法解释的相关规定，消费者提起合同违约之诉，需要举证证明产品购自经营者处以及产品不符合预期使用用途或产品瑕疵。仅在极个别的情况下，才会由经营者承担相应部分的举证责任，也就是说，在网络购物中出现举证责任倒置的情形非常少，仅仅在特殊领域才由生产者或经营者承担举证责任，现有的法律法规对于网络交易中产生的纠纷的举证责任主要还是在于消费者自身。在网络购物纠纷中，仅对耐用商品的瑕疵纠纷适用举证责任倒置。网络购物纠纷中，消费者仍是承担举证责任的主角。

根据《最高人民法院关于审理买卖合同纠纷案件适用法律问题的解释》“一、买卖合同的成立”，网络购物的消费者以发票主张存在买卖合同关系的，人民法院应当结合当事人之间的交易方式、交易习惯以及其他相关证据，对买卖合同是否成立作出认定。根据当前的网络购物实践，出卖人根据网络购物平台的规则均应向消费者开具电子发票，认定网络购物的出卖人和买受人即消费者的主体适格不存在难度。

消费者提起合同违约之诉的审理重点就在于经营者销售的产品是否符合预期使用用途或是否存在瑕疵。《中华人民共和国消费者权益保护法》的第二十三条第三款对于解决消费者举证难、维权难，保护消费者合法权益有巨大的促进作用，但是消费者举证责任倒置的适用范围有待进一步明确。第二十三条第三款采用列举式的立法模式，列举了一部分适用举证责任倒置规则的商品和服务，但有必要进一步进行明确。根据该法条规定来看，立法者的本意是将一些科技含量较高的商品适用举证责任倒置规则。因此，诸如智能手机、数码相机、摄像机等科技含量较高的商品并未纳入该法条，故智能手机、数码相机、摄像机等科技含量较高的商品是否能适用举证责任倒置仍存在不同观点。由于我国法律对于耐用商品或者服务的概念及范围不明确，一般消费者对于科技含量较高的商品或技术含量较高的服务的知悉程度明显不如经营者。科技含量较高的商品出现瑕疵时，一般消费者的举证难度明显大于经营者。因此，耐用商品或者服务的含义与范围应当通过司法解释或司法判例进一步明确。

随着网购规模不断扩大，假劣货的流通速度更快、体量更大。对于一些商品，尤其是科技含量较高的商品而言，让消费者举证存在质量瑕疵确实勉为其难，而较高的鉴定成本也会阻却消费者提起诉讼。《中华人民共和国消费者权益保护法》第二十三条规定了个别商品及服务的“举证责任倒置”的情况。这种“举证责任倒置”的规定“解脱”了消费者。因为纠纷发生后，消费者无需委托鉴定机构对商品进行鉴定，也消除了对举证不利后果的顾虑及担忧。之所以对商品限定在耐用品上，是基于耐用品拥有较为稳定的性能，经营者对于该种性能的指标较为熟悉并且因经营者具备一定的专业知识而较为容易举证。因此，手机、照相机、摄像机等商品纳入《中华人民共和国消费者权益保护法》第二十三条规定的“适用举证责任倒置”耐用品的范围具有合理性和必要性。

《山东省消费者权益保护条例》第二十八条第二款规定“经营者提供的机动车、计算机、电视机、电冰箱、空调器、洗衣机、手机、照相机、摄像机等耐用商品或者装饰装修等服务，自消费者接受商品或者服务之日起六个月内发现瑕疵并发生争议的，经营者应当证明该瑕疵非因商品或者服务的自身质量问题导致。经营者不能证明的，应当依照国家规定或者当事人约定履行退货、更换、修理等义务”。这是省级地方性法规，虽然不具有全国层面的统一规范性，但是手机、照相机、摄像机等商品应当具备一定的耐用性且具有一定的科技含量符合公众认知。因此，笔者认同手机、照相机、摄像机等商品应当适用六个月的举证责任倒置规则，且排除情形为消费者人为故意所致。

本案中，原告举示的发票体现的销售方为厦门电子商务公司、购买方为原告，足以证明本案的买方为原告，卖方为厦门电子商务公司。案涉商品为手机，属于类似计算机、电视机的耐用商品，原告在取得案涉手机的当日就将案涉手机通过配送退件，案涉手机的有关瑕疵举证责任应由被告厦门电子商务公司承担。根据服务报告书，案涉手机存在因非授权改装而导致的问题。原告系基于生活消费需要购买案涉手机，故其权益应受《中华人民共和国消费者权益保护法》的保护。案涉手机在厦门电子商务公司向原告出售之前曾发生非授权改装是影响消费者购买行为的重要决定因素。在原告业已举证证明厦门电子商务公司隐瞒案涉手机存在非授权改装的情况下，厦门电子商务公司对于其自身的主观意思存在举证优势，应当由厦门电子商务公司就其不存在隐瞒案涉手机存在非授权改装的故意承担举证责任，然综合其举证情况，难以认定厦门电子商务公司对于案涉手机的真实情况不知情，也难以认定厦门电子商务公司不存在向原告隐瞒案涉手机真实情况的故意。厦门电子商务公司提交的证据仅能概括反映厦门电子商务公司类型产品的进销渠道，并不能具体反映讼争手机的产销情况，更不足以完成前述举证义务。厦门电子商务公司作为讼争手机的销售主体，应承担举证不能的法律后果。因厦门电子商务公司存在欺诈的违约行为致使原告无法实现合同目的，原告有权依法解除原告与厦门电子商务公司的信息网络买卖合同。合同解除后，因该合同取得的财产，应当予以返还。厦门电子商务公司依法应向原告支付三倍价款即赔偿款。

相比手机、照相机、摄像机等耐用品，其他商品的产品特性不具备稳定、耐用的特点，为了限制消费者滥用诉权，确定耐用品和服务的内容范围并且明确由消费者承担有关商品质量的初步举证责任是十分必要的。首先，消费者因手机、照相机、摄像机等耐用品的瑕疵引发诉讼的话，消费者应当负有举证证明其与出卖人成立买卖合同关系。其次，消费者仅需证明自己不存在损坏手机、照相机、摄像机等耐用品的行为，即是消费者应当在民事诉讼中说服审判人员或合议庭组成人员确信手机、照相机、摄像机等耐用品的瑕疵并非消费者所致。此举在很大程度上相当于降低了消费者的举证责任。作为原告的消费者仅需承担说服性负担，使审判人员或合议庭确认、支持其主张，消费者的举证负担也由此减轻。

至于经营者因销售给消费者手机、照相机、摄像机等瑕疵耐用品的举证不能，与经营者是否存在欺诈行为的认定。笔者认为，只需注意审查经营者是否导致消费者权益受损的客观结果和经营者是否尽到“合理人注意标准”的义务。消费者权益受损的客观结果可以根据耐用品是否存在瑕疵直接判定，不存在难度。至于经营者的“合理人注意标准”。笔者认为，“合理人注意标准”可以进一步具体细化为瑕疵产品的瑕疵程度、产生瑕疵的因素及可能性、预防瑕疵产品的成本以及修复成本等指标。人民法院只需要根据前述指标，运用客观的判断标准即可证明经营者是否尽到“合理人注意标准”，消费者的举证责任得以减轻。综上，我国的司法审判实践应当完成经营者“合理人注意标准”的认定，在消费者诉讼领域的举证责任分配模式降低消费者的举证成本，解决消费者面临的举证困难，进而完善经营者是否存在欺诈行为的认定。

网络消费者在享受到快捷购物体验时，也承受着互联网经济中所蕴含的巨大风险。人民法院在面对网络消费、网络金融、“互联网+”等新兴事物的冲击与法律适用的衔接之间，难免有些措手不及。网络购物纠纷与其他传统纠纷一样，证据的收集与提供、事实的证明与认定决定了诉讼结果的走向。当事人如何承担举证责任对诉讼双方而言举足轻重。网络购物纠纷中，消费者对商品瑕疵、商家欺诈等问题的证明存在成本高昂、周期较长等困难。处于弱势的消费者如果一味依赖法官在个案中运用公平原则维护其权益，恐怕无法充分有效彰显法律的公平与正义，更容易造成法律适用的偏差。维权是一个道阻且长的过程，消费者在维权过程中始终处于劣势状态，所以更需要在诉讼中利用举证责任的杠杆来平衡双方的举证能力和败诉风险。由于网络购物纠纷的特殊性，仅仅规定买卖双方的举证责任还是难以切实解决纠纷，维护买卖双方的利益。在买卖双方切实履行应尽义务的前提下，还需要参与的第三方积极推动行业自治，才能营造一个更良好更健康的网络购物环境。法律亦应规定，一旦出现网络购物纠纷，这些电子商务平台有义务协助相关部门调查，提供相应的证据材料。在举证责任的分配上，充分考虑各方的举证能力和不能举证所需承担的不利后果，并结合证据特性、技术发展等影响举证责任分配的要素谨慎分析，公平分配举证责任，在“互联网+”时代实现促进网络消费经济快速健康发展与维护消费者权益的双赢局面。

编写人：福建省厦门市同安区人民法院 施纯在

63

电商平台是否有权依照用户协议取消订单及处理个人信息的合法性

——蔡某宗诉电子商务公司网络购物合同案

【案件基本信息】

1. 裁判书字号

上海市高级人民法院（2021）沪民申441号民事判决书

2. 案由：网络购物合同纠纷

3. 当事人

原告（上诉人、再审申请人）：蔡某宗

被告（上诉人、再审被申请人）：电子商务公司

【基本案情】

2019年8月11日14时10分左右，蔡某宗使用QQ号关联Y购物平台，生成Y购物平台的账户进行下单购买五湖大豆油4瓶，使用优惠券后实际价款103.60元，并支付成功。蔡某宗订单付款成功后即被系统取消订单，付款被退回支付账户，在账户订单栏目查询不到该订单。之后，蔡某宗分别在2019年8月11日和12日下单均被取消，隐藏订单。

蔡某宗在2019年8月7日至2019年8月11日期间，通过Y购物平台多个与其有关联的账户、设备、IP地址下单购买成功大豆油订单30个，每个订单四桶，合计120桶，其中通过涉案订单账户购买了16桶，其间另下单购买了大

量洗发水等商品。上述订单收货人、联系电话大多数为蔡某宗本人，送货地址为“福建漳州市平和县城区永兴路某超市”。

蔡某宗2019年8月11日涉案交易被取消原因为系统判定为“异常订单或经销商订单”。

首次使用QQ账户、微信账户、手机号等登录Y购物平台，会自动弹出会员协议，点击同意后，方能同步注册Y购物平台账户。Y购物平台《服务协议及隐私声明》约定，账户管理：Y购物平台只允许每位用户使用一个网站账户。如有证据证明或Y购物平台有理由相信您存在注册或使用多个Y购物平台网站账户的情形，Y购物平台有权采取冻结或关闭账户、取消订单、拒绝提供服务等措施，……订单生效规则：销售方仅向消费者提供商品或服务，若销售方根据您过往的购买记录、购买数量、IP地址、设备号、退货率、投诉率等因素合理怀疑您并非因生活消费购买商品或服务，则销售方有权单方取消订单（该部分内容首部加★标记、文字加粗加黑、特别提醒等合理方式，提醒注册会员注意该条款）。

首页公示的《违规Y购物平台账号处理规则》《违规订单处理规则》规定：出现出告、转让，借用Y购物平台账号等非注册人持有、使用行为，有权限制注册、登录、领券，下单等客户行为。一人或多人合意使用一个或者多个Y购物平台账号购买商品或服务超过正常生活消费需求的订购行为……有权取消订单、无任何赔偿、补偿。

Y购物平台平台是B2C（企业针对个人开展的电子商务活动的总称）电商平台，企业用户有专门的企业频道。Y购物平台已被电子商务公司收购。

【案件焦点】

1. 被申请人是否有权取消申请人网络购物订单；2. 被申请人是否滥用及损害申请人个人信息、申请人关于“合理怀疑”之证据来源是否合法。

【法院裁判要旨】

上海市嘉定区人民法院经审理认为：1. 原告注册Y购物平台账户时同意

《用户服务协议》，该《协议》相关约定并不违反法律法规的规定，故对原告有约束力。2. 原告在 2019 年 7 月 26 日至 2019 年 8 月 11 日期间，通过 Y 购物平台多个与自己关联账户，购买明显超过其生活消费需求数量的大豆油，且收货地址多数为某超市，被告依据《协议》中账户管理及订单生效的规定，系统判断订单为“异常订单或经销商订单”，并取消原告的订单的行为合法有效。3. 被告取消订单后立即退还了价款，没有造成原告损失。

上海市嘉定区人民法院依照《中华人民共和国合同法》第八条、第九十三条、第九十六条，《最高人民法院关于贯彻执行〈中华人民共和国民法通则〉若干问题的意见（试行）》第六十八条，《中华人民共和国电子商务法》第三十一条、第四十九条，《中华人民共和国民事诉讼法》第十三条第二款、第六十四条第一款之规定，判决如下：

一、被告电子商务公司应于本判决生效之日起七日内恢复原告蔡某宗交易订单号信息（包括取消订单原因）；

二、驳回原告蔡某宗请求赔偿 500 元的诉讼请求。

原告与被告均不服一审判决，提出上诉。

上海市第二中级人民法院经审理认为：1. 电子商务公司通过《服务协议及隐私声明》告知用户相应的权利义务，对于订单的取消事项也以醒目方式予以提示，涉案交易因出现关联账号异常状况被电子商务公司取消交易，取消订单的行为符合服务协议约定，且不违反法律法规的规定。2. 订单取消原因与订单信息之间并非互为排斥关系，订单的成立或取消信息应当及时向消费者披露，电子商务公司应当恢复涉案交易中的取消订单原因信息。3. 为保证蔡某宗的知情权，电子商务公司可以考虑采取具备操作可能的明示方式将相应信息告知蔡某宗。

据此，上海市第二中级人民法院依照《中华人民共和国民事诉讼法》第一百七十条第一款第一项之规定，判决如下：

驳回上诉，维持原判。

蔡某宗申请再审。

上海市高级人民法院经审查认为：首先，关于被申请人是否有权取消申请人网络购物订单问题。本院认为，从协议内容来看，上述条款性质系平台将相对优惠的价格之交易对象限定为普通消费者，而非以转售营利为目的的购买者。上述内容属于正常商业考量和市场行为范畴，并未违反国家关于市场竞争秩序及消费者权益保护方面的强制性规定。在此基础上，协议约定“若销售方根据您过往的购买记录、购买数量、IP 地址、设备号、退货率、投诉率等因素合理怀疑您并非因生活消费购买商品或服务”之条件下，“销售方有权单方取消订单”之权利，系对违约后果之约定，亦不违反相关强制性规定。上述协议内容以首部加★标记、文字加粗加黑、应视为平台已尽提示说明之义务。申请人注册 Y 购物平台账户时，通过点击同意的形式在线签署该协议后注册成功，应视为已知晓并同意协议内容，故上述权利义务属于当事人意思自治确定，对双方均有约束力。申请人对首页公示的《违规订单处理规则》内容也应当知情。现被申请人根据涉案账户订单显示的收货人、收货手机号、收货地址、购买商品和数量，以及下单 IP、设备号等信息均关联指向申请人的事实，认为其存在“购买商品或服务等数量超过正常生活消费需求的订购行为”，已经构成对申请人“并非因生活消费购买商品或服务”之合理怀疑，并据此按照协议约定取消订单并无不当。

其次，关于被申请人是否滥用及损害申请人个人信息，其关于“合理怀疑”之证据来源是否合法问题。本院认为，被申请人作为 Y 购物平台的实际运营主体，为维护电商平台正常交易秩序，在确保相对人知情权并取得其同意后，可以在合理、必要的限度内依法收集、处理履行合同必需的相关交易信息和个人信息，这也符合《中华人民共和国民法典》第一千零三十五条关于处理个人信息的规定，即处理个人信息应当遵循合法、正当、必要原则，并应征得该自然人同意，公开处理信息的规则，明示处理信息的目的、方式和范围，且不违反法律、行政法规的规定和双方的约定。而本案中被申请人用以支持其“合理怀疑”的信息来源，即收货人、收货手机号、收货地址、购买商品和数量，以及下单 IP、设备号等信息，并未超出合同履行目的及必要范畴，事先业已在协议中明确告知，申请人通过点击同意的形式在线签署该协议后注册成功，应视为已知晓并同意协议内容。申请人也未能提供证据证明被申请人存在买卖或者损害其个人信息的相关行为，故对其主张本院难以支持。

综上，一、二审法院认定事实清楚，适用法律正确，但说理部分不够充分，本院已予阐明。蔡某宗的再审申请不符合《中华人民共和国民事诉讼法》第二百条第一项、第二项、第四项、第五项、第六项规定的情形。

依照《中华人民共和国民事诉讼法》第二百零四条第一款、《最高人民法院关于适用〈中华人民共和国民事诉讼法〉的解释》第三百九十五条第二款之规定，裁定如下：

驳回蔡某宗的再审申请。

【法官后语】

本案的难点在于明确电商平台是否有权依照用户协议取消订单及处理个人信息的合法性。对于个人信息处理的合法性基础及电子商务合同的效力问题，该案的审理提供了较为统一的裁判思路，对类似案件的审判具有一定借鉴价值。具体涉及以下几个维度的考量：

一、电子合同的成立具有一定的特殊性，应根据《中华人民共和国民法典》《中华人民共和国电子商务法》规定及双方协议进行综合判定

电商平台与用户之间签订的电子合同成立与否主要依据《中华人民共和国民法典》第四百九十一条第二款，“当事人一方通过互联网等信息网络发布的商品或者服务信息符合要约条件的，对方选择该商品或者服务并提交订单成功时合同成立，但是当事人另有约定的除外”。从来源上看，《中华人民共和国民法典》的这一规定借鉴了《中华人民共和国电子商务法》第四十九条的规定。该条分为两款，第一款规定：“电子商务经营者发布的商品或者服务信息符合要约条件的，用户选择该商品或者服务并提交订单成功，合同成立。当事人另有约定的，从其约定。”这一规定与《中华人民共和国民法典》第四百九十一条第二款的规定基本相似。但第四十九条第二款规定“电子商务经营者不得以格式条款等方式约定消费者支付价款后合同不成立；格式条款等含有该内容的，其内容无效”。该款规定较为特殊，在实际适用中存在个别问题。首先，立法

内涵有待明确，若消费者一方已经支付了款项，但根据相关约定，合同在此时仍然没有成立。如果立法本意如此，则完全破坏了合同成立的基本逻辑。其次，支付价款与合同成立的关系被扭曲。消费者支付价款，在形态日益多样化的电商业态中，往往具有不同的法律内涵，如果将其与合同成立问题直接挂钩，会导致一些正常的商业模式的运行上遇到不可克服的困难。例如，在拼团这一商业模式中，用户付款后合同即成立，在拼团失败的情况下，商家将面临违约风险。最后，无益于进行价值平衡。目前有一群人常常超过正常生活消费需求而多次、大量订购优惠产品或利用软件、技术手段、拆单或其他方式薅商家的“羊毛”（俗称“羊毛党”），商家如果取消订单，则将面对“羊毛党”提出的各种带有勒索性质的补偿要求，如果不予以满足，则会在各地法院层出不穷地提出要求商家履行合同的诉讼。商家可能因为一个无心之失，承担过大的责任。

本案中，电商平台在其《服务协议及隐私声明》中规定“若销售方根据您过往的购买记录、购买数量、IP地址、设备号、退货率、投诉率等因素合理怀疑您并非因生活消费购买商品或服务，则销售方有权单方取消订单”，该条规定是否违反《中华人民共和国电子商务法》第四十九条第二款将直接决定电商平台取消订单的合法性。

在此之前需要明确《中华人民共和国民法典》第四十九条第二款与《中华人民共和国电子商务法》第四十九条的关系。事实上，由于《中华人民共和国民法典》编纂中并没有追求将民商事领域此前所有的立法规则，都纳入到《中华人民共和国民法典》中，也不可能都一一明确指出在《中华人民共和国民法典》编纂之后，先前的相应规则是否仍然可以继续适用。因此在这种情况下，如果机械地理解《中华人民共和国民法典》第十一条的规定，将所有没有被明确废止的既存立法中的法律规则，都一概视为《中华人民共和国民法典》之外的特别法，显然不合适。这种法律适用思路将严重缩减《中华人民共和国民法典》的编纂所可能具有的制度革新意义以及《中华人民共和国民法典》对整个民商事法律体系所可能具有的价值统合与制度革新意义。[1] 就此而言，在运用

① 王利明：《正确适用民法典应处理好三种关系》，载《现代法学》2020年第6期。

“一般法与特别法”的关系模式来处理和论证前《中华人民共和国民法典》时代民商事领域的法律规则的适用时，需要格外谨慎，进行积极论证。并非所有那些在形式上没有被废止的《中华人民共和国民法典》之外的规则，都可以主张其相对于《中华人民共和国民法典》所具有的特别法地位，而是需要具体分析相关规则是否具有实质的妥当性，以及如果按照《中华人民共和国民法典》的规则来进行处理，是否会产生利益衡量上的重大失衡。[①] 只有符合这些前提条件，才可以基于特别法优先于一般法的适用规则，排除《中华人民共和国民法典》中的相关规则的适用。因此应该在不完全否认《中华人民共和国电子商务法》第四十九条第二款的形式上的有效性的前提下，寻求解决问题的路径。

二、电商平台有权依据双方签订协议取消监测到的异常订单，即解除双方之间签订的网络购物合同

在不完全否认《中华人民共和国电子商务法》第四十九条第二款的形式上的有效性的前提下，可从以下角度来进行解释论层面上的理解。

首先，该款规定所针对的对象必须是消费者。因此如果有充分证据证明交易相对人不属于消费者，其购买不属于正常的以消费为目的的购买，那么就不满足《中华人民共和国电子商务法》第四十九条第二款适用的前提。关于消费者的界定问题，在法律适用上一直存在很大争议。目前的主流观点是需要通过具体购买行为的特征（购买数量以及其他背景因素）来判断相关主体是否属于消费者。就《中华人民共和国电子商务法》第四十九条第二款的适用而言，薛军教授认为，还应该运用恰当的标准，将那些属于职业“羊毛党”的群体也排除在正常消费者的范畴之外。[②] 该款的设立目的在于保护正常的消费者，而不是使之成为“羊毛党”用以胁迫商家，获取不正当利益的工具。如果有证据表明，相关行为人明显属于以获得不当利益为目的的下单，那么也不应该在该条保护的范围之内。基于以上思路，相关电子商务平台经营者以及其他经营者在设置相应的格式条款时，可以考虑设置一些除外条款，把非消费者，以及其他

① 薛军：《电子合同成立问题探析》，载《法律适用》2021 年第 3 期。
② 薛军：《电子合同成立问题探析》，载《法律适用》2021 年第 3 期。

不属于本条保护范围的行为人排除出去，从而在遇到这类主体的时候，可以直接取消订单，以保护自己的权益不受不法侵害。

随着市场经济的迅速发展，电子商务模式呈现多元化形态，每种模式都有其独特的优势。电商经营者基于降低交易成本、拓展基础客户、实现利润最大化等考虑，往往采取多种经营模式，比如某一平台仅针对正常生活消费的普通消费者，针对企业用户另有专门通道，平台在用户协议中限定用户群体属于正常商业考量和市场行为范畴，是市场经济发展的客观需要。

本案中，电子商务公司旗下Y购物平台作为电商平台，基于正常商业考量，在《服务协议及隐私声明》中将相对优惠价格的交易对象限定为普通消费者，而非以转售营利为目的的购买者。本案中，蔡某宗在2019年8月7日至2019年8月11日期间，通过Y购物平台多个与其有关联的账户、设备、IP地址下单购买成功大豆油订单30个，每个订单四桶，合计120桶，其中通过涉案订单账户购买16桶，其间另下单购买了大量洗发水等商品。蔡某宗购买物品数量明显超过其生活消费需求，并不属于普通消费者。而电商平台关于交易对象的限定未违反国家关于市场竞争秩序及消费者权益保护方面的强制性规定。在此基础上，协议约定"若销售方根据您过往的购买记录、购买数量、IP地址、设备号、退货率、投诉率等因素合理怀疑您并非因生活消费购买商品或服务"之条件下，"销售方有权单方取消订单"之权利，系对合同解除权之约定，并不违反相关强制性规定。相关协议内容以首部加★标记、文字加粗加黑、应视为平台已尽提示说明之义务。在蔡某宗签署该协议后，协议内容对双方均具有约束力，电子商务公司有权依据该协议取消监测到的异常订单，即解除与蔡某宗之间的合同。

三、电商平台为维护交易秩序处理用户个人信息具有个人信息处理规则的合法性基础

电商平台为维护交易秩序处理用户个人信息具有合法性。根据《中华人民共和国民法典》第一千零三十五条规定，平台处理用户个人信息，需满足相应条件。首先，Y购物平台《服务协议及隐私声明》明确："Y购物平台有权对

用户的注册信息及购买行为进行查阅，如发现注册信息或购买行为中存在任何问题的，有权向用户发出询问及要求改正或者做出冻结或关闭账户、取消订单等处理。”“本Y购物平台网站（包括PC端、移动端及应用程序）由电子商务公司运营并由其关联公司提供各种支持”“可能获取的个人信息类型包括：(1)注册信息……(2)个人或公司联系方式……(3)订购信息……(9)您的设备信息……(10)您的行为或交易信息……”同时，Y购物平台首页公示的《违规订单处理规则》也明确了个人信息处理原则：“违规订单的情形包括但不限于以下行为：……一人或多人合意使用一个或多个Y购物平台账号购买商品或服务等数量超过正常生活消费需求的订购行为……利用软件、技术手段、拆单或其他方式，为套取优惠、折扣、赠品、运费或其他利益而注册一个或多个Y购物平台账号、一人使用等一或多个Y购物平台账号，或合意他人使用同一或多个Y购物平台账号进行下单的行为……若出现以上第一条中的任一情形，用户承诺自愿接受Y购物平台或商家对违规订单进行任一项或多项操作：1. 取消订单；2. 不发货；3. 对已出库、发货的订单进行拦截、退回……若出现本规则中规定的违规订单情形，Y购物平台、商家将采取取消订单、不予发货、不向客户提供商品或服务等措施，无任何赔付、补偿……”；其次，用户已在线签署了《服务协议及隐私声明》协议，应视为已知晓协议并同意协议内容；最后，Y购物平台对个人信息的处理遵循合法、正当、必要原则。对于该原则的理解，可参考GB/T 35273—2020《信息安全技术 个人信息安全规范》7.3个人信息使用的目的限制的规定，即个人信息控制者使用个人信息时，不应超出与收集个人信息时所声称的目的具有直接或合理关联的范围。而本案中电商平台用以支持其“合理怀疑”的信息来源，即收货人、收货手机号、收货地址、购买商品和数量，以及下单IP、设备号等信息，并未超出合同履行目的“发现购买行为中存在的问题”范畴。故可以认为，Y购物平台对个人信息的处理遵循合法、正当、必要原则。综上，电商平台有权根据协议对符合规定的个人信息进行处理，即电商平台为维护交易秩序处理用户个人信息具有合法性。

编写人：上海市高级人民法院　顾全　高佳运　蔡一博

ISBN 978-7-5216-3273-6

图书在版编目（CIP）数据

中国法院2023年度案例. 买卖合同纠纷 / 国家法官学院，最高人民法院司法案例研究院编 .—北京：中国法制出版社，2023. 5

ISBN 978-7-5216-3273-6

Ⅰ. ①中… Ⅱ. ①国… ②最… Ⅲ. ①买卖合同-合同纠纷-案例-汇编-中国 Ⅳ. ①D920. 5

中国国家版本馆CIP数据核字（2023）第026351号

策划编辑：李小草　韩璐玮（hanluwei666@163. com）
责任编辑：孙静　　封面设计：李宁

中国法院2023年度案例. 买卖合同纠纷
ZHONGGUO FAYUAN 2023 NIANDU ANLI. MAIMAI HETONG JIUFEN

编者/国家法官学院，最高人民法院司法案例研究院
经销/新华书店
印刷/三河市紫恒印装有限公司
开本/730毫米×1030毫米　16开　　印张/21　字数/295千
版次/2023年5月第1版　　2023年5月第1次印刷

中国法制出版社出版
书号ISBN 978-7-5216-3273-6　　定价：78.00元

北京市西城区西便门西里甲16号西便门办公区
邮政编码：100053　　传真：010-63141600
网址：http：//www. zgfzs. com　　**编辑部电话：010-63141787**
市场营销部电话：010-63141612　　**印务部电话：010-63141606**

（如有印装质量问题，请与本社印务部联系。）